さくらと寅さん

茂木　繁

目次

目次……3

プロローグ　倍賞千恵子さんのモノローグ

さくらと桐子と民子の三重奏……7

第一部　寅さんの帰還・ふられたりふったりの寅さん（第一作～第一〇作）

男はつらいよ（第一作）（一九六九年）（寅♥光本幸子）……28
続・男はつらいよ（第二作）（一九六九年）（寅♥佐藤オリエ）……30
男はつらいよ　フーテンの寅（第三作）（一九七〇年）（寅♥新珠三千代）……33
新・男はつらいよ（第四作）（一九七〇年）（寅♥栗原小巻）……35
男はつらいよ　望郷篇（第五作）（一九七〇年）（寅♥長山藍子）……37
男はつらいよ　純情篇（第六作）（一九七一年）（寅♥若尾文子）……40
男はつらいよ　寅次郎奮闘篇（第七作）（一九七一年）（寅♥榊原ルミ）……43
男はつらいよ　寅次郎恋歌（第八作）（一九七一年）（寅♥池内淳子）……46
男はつらいよ　柴又慕情（第九作）（一九七二年）（寅♥吉永小百合）……49
男はつらいよ　寅次郎夢枕（第一〇作）（一九七二年）（寅♥八千草薫）……53

第二部　リリーと北で出会って南で暮らす・逡巡する寅さん（第一一作〜第二五作）

男はつらいよ　寅次郎忘れな草（第一一作）（一九七三年）（寅♥浅丘ルリ子）……56
男はつらいよ　私の寅さん（第一二作）（一九七三年）（寅♥岸惠子）……59
男はつらいよ　寅次郎恋やつれ（第一三作）（一九七四年）（寅♥吉永小百合）……62
男はつらいよ　寅次郎子守唄（第一四作）（一九七四年）（寅♥十朱幸代）……65
男はつらいよ　寅次郎相合い傘（第一五作）（一九七五年）（寅♥浅丘ルリ子）……68
男はつらいよ　葛飾立志篇（第一六作）（一九七五年）（寅♥樫山文枝）……71
男はつらいよ　寅次郎夕焼け小焼け（第一七作）（一九七六年）（寅♥太地喜和子）……76
男はつらいよ　寅次郎純情詩集（第一八作）（一九七六年）（寅♥京マチ子）……81
男はつらいよ　寅次郎と殿様（第一九作）（一九七七年）（寅♥真野響子）……87
男はつらいよ　寅次郎頑張れ！（第二〇作）（一九七七年）（寅♥藤村志保）……93
男はつらいよ　寅次郎わが道をゆく（第二一作）（一九七八年）（寅♥木の実ナナ）……97
男はつらいよ　噂の寅次郎（第二二作）（一九七八年）（寅♥大原麗子）……103
男はつらいよ　翔んでる寅次郎（第二三作）（一九七九年）（寅♥桃井かおり）……109
男はつらいよ　寅次郎春の夢（第二四作）（一九七九年）（寅♥香川京子）……116
男はつらいよ　寅次郎ハイビスカスの花（第二五作）（一九八〇年）（寅♥浅丘ルリ子）……123

幕あいコラム　顔立ちか心映えか……130

第三部　寅さんのカウンセリング・後見役の寅さん（第二六作〜第四一作）

男はつらいよ　寅次郎かもめ歌（第二六作）（一九八〇年）（寅♥伊藤蘭）……139
男はつらいよ　浪花の恋の寅次郎（第二七作）（一九八一年）（寅♥松坂慶子）……144
男はつらいよ　寅次郎紙風船（第二八作）（一九八一年）（寅♥音無美紀子）……151
男はつらいよ　あじさいの恋（第二九作）（一九八二年）（寅♥いしだあゆみ）……158
男はつらいよ　花も嵐も寅次郎（第三〇作）（一九八二年）（寅♥田中裕子）……165
男はつらいよ　旅と女と寅次郎（第三一作）（一九八三年）（寅♥都はるみ）……171
男はつらいよ　口笛を吹く寅次郎（第三二作）（一九八三年）（寅♥竹下景子）……177
男はつらいよ　夜霧にむせぶ寅次郎（第三三作）（一九八四年）（寅♥中原理恵）……186
男はつらいよ　寅次郎真実一路（第三四作）（一九八四年）（寅♥大原麗子）……194
男はつらいよ　寅次郎恋愛塾（第三五作）（一九八五年）（寅♥樋口可南子）……202
男はつらいよ　柴又より愛をこめて（第三六作）（一九八五年）（寅♥栗原小巻）……214
男はつらいよ　幸福の青い鳥（第三七作）（一九八六年）（寅♥志穂美悦子）……221
男はつらいよ　知床慕情（第三八作）（一九八七年）（寅♥竹下景子）……230
男はつらいよ　寅次郎物語（第三九作）（一九八七年）（寅♥秋吉久美子）……244
男はつらいよ　寅次郎のサラダ記念日（第四〇作）（一九八八年）（寅♥三田佳子）……253
男はつらいよ　心の旅路（第四一作）（一九八九年）（寅♥竹下景子）……263

第四部　甥の満男の支えに徹する・寅さんの黄昏（第四二作〜第四九作）

男はつらいよ　ぼくの伯父さん（第四二作）（一九八九年）（満男♥後藤久美子）……267
男はつらいよ　寅次郎の休日（第四三作）（一九九〇年）（満男♥後藤久美子）……270
男はつらいよ　寅次郎の告白（第四四作）（一九九一年）（寅♥吉田日出子・満男♥後藤久美子）……273
男はつらいよ　寅次郎の青春（第四五作）（一九九二年）（寅♥風吹ジュン・満男♥後藤久美子）……275
男はつらいよ　寅次郎の縁談（第四六作）（一九九三年）（寅♥松坂慶子・満男♥城山美佳子）……278
男はつらいよ　拝啓車寅次郎様（第四七作）（一九九四年）（寅♥かたせ梨乃・満男♥牧瀬里穂）……283
男はつらいよ　寅次郎紅の花（第四八作）（一九九五年）（寅♥浅丘ルリ子・満男♥後藤久美子）……287
男はつらいよ　寅次郎ハイビスカスの花　特別篇（第四九作）（一九九七年）（寅♥浅丘ルリ子）……289

エピローグ　寅さんの復活

男はつらいよ　おかえり　寅さん（第五〇作）（二〇一九年）（寅♥浅丘ルリ子・満男♥後藤久美子）……296

あとがき……312

プロローグ　倍賞千恵子さんのモノローグ

さくらと桐子と民子の三重奏

キラ星の如く輝く映画スターや歌手の中には、人生を伴走してくれていそうな感覚になれる人がいるものだ。倍賞千恵子さんは、さしずめその一人である。

『下町の太陽』や『さよならはダンスの後に』といった耳になじんだ歌声を聞きたくて、七八歳になる彼女のリサイタルにサントリーホールまで出かけて、「くちびるに歌を持った」日々がしばらく続いたこともある。高倉健さんと共演した『幸福の黄色いハンカチ』『遥かなる山の呼び声』『駅ＳＴＡＴＩＯＮ』も素晴らしいが、圧巻は渥美清さんと共演した『男はつらいよ』シリーズで、その映画は『女はせつないよ　さくらと寅さんの泣き笑い物語』と別称を付けてみたくなるほど、馬鹿な兄貴の妹役としてその一部始終を見せられると、どこか亡くなった妹に雰囲気が似ていることから往時のやりとりも連想されて、限りない親近感を覚えてしまうのだ。

前作『随筆の玉手箱』をようやくのことで本にして、特に校正のつらさにはうんざりして、もうそろそろこんなことはやめてしまおうと思っていた矢先のことだった。その頃には既に始まっていたが、ＢＳテレビ東京で毎週土曜日に『男はつらいよ』全五〇作の放映があるのを知って、第3作から遅ればせながら録画し始めて半ば近くにまで達し、本にできそうな豊饒な材料がにわかに出現して、これを機会にまとめなければなるまいと、どこか背中を押された気分になりかかっていたところへ、日本経済新聞で毎月読み切りの「私の履歴書」に、このタイミングで何と彼女が登場したのである。これが決定打となって、ようやく心が決まった。そこで、先ずはこの本のプロローグとして、彼女の手記をもとに、彼女の人生とそれにまつわる映画の傑作の概略をたどってみることにしたい。

令和五年一二月に連載された彼女の「私の履歴書」の書き出しは、その年の五月二五日に松山空港の通路で絨毯に足を取られて大腿骨骨折したことに始まる。高齢者は転ぶこと、風邪をひくことがとりわけ禁物とされる。だから、あたら自分の身体に負担をかけるほどなら、義理を欠けとも言い伝えられているほどだ。私の父親も亡くなる前に居間で転倒して大腿骨骨折する経過をたどったが、彼女はすぐさま東京に戻って人工関節を入れる手術を受けて、歩行訓練や発声練習に懸命に取り組み、三週間ほどで退院する。何はともあれ、六月二五日にコンサートを控えていて、「ファンの方々が待っているから、その期待を裏切ってはいけないよ」という亡き母が叱咤激励していた声に忠実に従ったからである。その涙ぐましいまでの頑張りは、彼女の履歴書全般に一貫して通底する姿勢である。

「『二兎を追うものは一兎をも得ず』という諺とは裏腹に私は『歌』と『映画』を追いかけてきた。この二兎を通じて素晴しい人々との出会い、触れ合い、そして楽しく仕事してきたからこそ今の自分があると深く感謝している。」との彼女の語録は、今では歌手と俳優を兼ねることも当たり前となったが、大リーガーとして驚異的な活躍を見せる大谷翔平選手の二刀流にも似て、その才能が近似する世界にあればなおのこと、可能性の広がりを諺で自ら封印するような愚は避けるに越したことはない。それに、人生百年時代と言われる今日、一兎を得たその先に派生する二兎をも新たなチャンスととらえて果敢にチャレンジしていくようでなければ、活動を息長く続けて、人生が与えてくれる恵みに感謝し、己を超えた世界と共々にその時々の生きがいを分かち合う喜びを得ていくことは難しい。

さて、昨年末には寅さんとお似合いの源公役だった仲良しの佐藤蛾次郎さんの死に遭い、執筆当時八二歳になった彼女は、かつて問いかけてみた住職に「死ぬとは、即ち生きることです」と喝破された言葉を胸に、「最期まで精いっぱい生きよう」と覚悟を決めるのだ。

倍賞という珍しい本名の姓の由来は、秋田佐竹藩の足軽で二倍の恩賞を受けたことに端を発するという。その秋田から上京した市（都）電の運転士がいて、市（都）バスにいた茨城出身でモデルの経験もある美人車掌と結ばれて、一九四一年（昭和一六年）六月二九日に彼女は次女として巣鴨で生を享けたが、段々と空襲が激しくなって、桜川沿いの桜が有名で自然豊かな茨城県の現在の桜川市に疎開して小学校五年生まで過ごしている。その地名にさくらの名前がついているのも、『男はつらいよ』の寅さんの妹の本名が車櫻であるだけに、偶然ながら将来を暗示しているかのようである。父は召集されるが、満洲で敗戦を迎えて帰還すると、やがて運転士に復帰し、五つ下に美津子さん、八つ下に弟が生まれて、姉妹三人弟二人の大家族となった。彼女は歌が好きで、小学校の校内放送で生徒代表に選ばれて、マイクの前で童謡『木の葉のお船』を歌ったこともある。放課後も、先生からピアノのレッスンを受ける児童に選ばれていて、「栴檀は双葉より芳し」を地で行くかのようだ。また、近所の知人に連れられて東京・浅草の国際劇場の美空ひばりのコンサートを三階席から見ている。

「自分で望んだわけではないのに気が付くと歩むべき道が自然と目の前に現れる―。私の人生はこの繰り返しだった気がする。」との彼女の述懐は、人生はたくまずして巡り合わせた運の積み重なりであり、大いなるものに導かれての二人道中であることを改めて思わされる。若い頃は実力こそ全てと思っていた自負の心も、高齢になるにつれて次第に矯められて、人生の峠からたどり来た道を眺めやれば、懸命にその都度努力を惜しまなかった自分の周りにいた数限りない有名無名の協力者のその先には、大いなるものが控えてじっと見守っていることに得心させられるのである。

一家は一九五二年に東京・滝野川に移るが、そこは人情味あふれる下町で、最初のヒット曲『下町の太陽』や『男はつらいよ』の舞台と同じような生活環境で、間取りは六畳と三畳の二間だけの、狭いながらの楽しい我が家だった。姉とはよく映画館に通い、けんかが強い妹は、後に新日本プロレスの副社長になる末の弟が泣かされて帰ってくるたびに、その仕返しに忙しい。三つ年下の上の弟は野球に夢中で、日大三高でセンバツ準優勝を果たし、後に日産自動車の野球部監督となる。

ある日、のど自慢に二つ上の姉が葉書で応募するが、選曲が『リンゴ追分』で、子供は童謡を歌う決まりだったため失格となり、「ひとりでは心細い」と姉に言われて一緒に応募していた彼女が出場し、『里の秋』を歌って鐘を三つ鳴らすと、音楽関係者の目に留まり、みすず児童合唱団への入団となる。表参道まで練習に通い、父の運転する電車に乗り合わせて胸を張るも、家計に負担がかかっているのを気にしながら、頑張っているうち、選ばれてテレビやラジオにも出演するようになるが、中学一年でポリドールからレコード・ソロデビューする直前に、その作曲家がキングレコード所属であったため発売中止の憂き目を見る。
子どもの声が出にくくなって、中学までで合唱団は辞めて、受験勉強に励んでいた頃、両親がSKD付属松竹音楽舞踏学校の願書を持ってきて、高校入試前の腕試しのつもりで受験し、約二〇倍の競争率に奮い立って負けん気の強さを発揮する。そして入学した三年間、歌やバレエ、タップダンス、日本舞踊、楽器演奏、上級生との上下関係や礼儀作法を仕込まれる中、六〇人いた同期は進級試験でどんどんふるい落とされて、卒業の頃は半分となる。あこがれのOGは草笛光子さんだった。

一九六〇年にSKDに入団し、首席で卒業した新入りにこの年から付与された初代バトンガールを務めると、松竹から女優にスカウトされる。演技にはあまり興味がなかったものの、SKDに戻れる日を待ち望みながら無我夢中で取り組み、二作目の『水溜り』では、首になった女子工員役で、マッチを擦らせてスカートをめくる客の渥美清さんと共演する。国際劇場に出かけては、未練のため息をついていたが、初恋の人との交換日記程度の付き合いも、相手が就職して大阪に行ったため、終わってしまう。撮影が嫌で、監督からは「学芸会じゃないんだよ」と雷を落とされ、ストレスは高じる一方だった。駄目だしが二〇回以上に及んだこともあり、茨城弁の訛りがあると言われて、女優乙羽信子さんの指導を受けるなど、まるでロボットみたいで、SKDの舞台が恋しいばかりに、撮影所のある大船から江ノ島へ出かけては、「**映画なんて大嫌いだぁ!**」と海に向かって叫んでいた。しかし、「好きこそものの上手なれ」ではあるけれど、大嫌いだと思っているものから何とも抜けられなくなって、結局はそれがその人の進んでいく確固たる道となり、ライフワークとして評価されていくこともよくあることである。仕事においても、はたまた様々な組み合わせにおいても。

大嫌いだと思ってはいても、だんだんと有名人になって地元に後援組織もできてくると、覚悟もできてくる。そんな頃、妹の美津子さんも同じ学校に進むようになる。映画の出演は途切れなく続き、一年間に一三本も撮った年もある。目まぐるしく配役が変わるので頭が混乱し、疲労も重なって、電車を乗り過ごして撮影に一時間以上遅刻したこともある。出向いた京都撮影所では、宝塚歌劇団出身の有馬稲子さんが監督から指導を受けているのを目の当たりにして、「**そうか、いくら大スターになっても演技の研さんは続くんだな**」と思いを新たにしている。

ついでながら、有馬稲子さんと言えば、二〇〇四年四月一五日に赤坂御苑で開催された春の園遊会の場面が想起される。天皇陛下が中央の人だまりまで来られると、新聞記者が一斉にメモを取り始めるが、続く皇族のお一人お一人がお通りになられると、人垣はすぐにほどけて、今度はその最前列で話題の中心となっていた方々の中で、一際華やぐ女優の有馬稲子さんをとり囲んで人垣ができた。青いドレスに身を包み、しゃれた帽子にファッション・グラスで装いをこらした彼女は、まだまだ瑞々しさと若々しさを保ち、記念写真をせがむファンの要求にも快く応じていた。佐分利信さんとの共演の五所平之助監督の『「通夜の客」より わが愛』、小津安二郎監督作品の初々しい娘役の『彼岸花』、『東京暮色』などの作品を通じて、その美貌にどれほど見とれてきたことだろうか。

閑話休題、演技の研さんが限りなく続くことに関して、歌手にして映画や舞台の大スター杉良太郎さんは、『媚びない力』の中で、「『役者を殺すには刃物は要らぬ。拍手の一つでもすればいい』です。安易に褒めてしまうと、役者は自分はうまいんだと勘違いをして、芸を磨こうと努力しなくなってしまう」と述べ、「芸の世界では、『死ぬまで勉強』とよく言われます。それはどの職業にも通じることでしょうが、学ぶ手を止めた時点でその人間は終わり」であり、「『こんなもんじゃダメだ、まだまだできるはずだ』と、『ちょっと』に本気で挑んでいく」「プロ中のプロ」の覚悟を伝えている。

さて、八年間頓挫していた歌手デビューの話が、当時待ったをかけたキングレコードのディレクターからあり、松竹から承諾を得た彼は、キングからも「歌える映画スター」を出したいと、数か月も手弁当でレコード店を回り、放送局にリクエスト葉書の山となるほど懸命に書き続けた結果、その本気度が本物であるのを認められたかのように、ついに『下町の太陽』は大ヒットし、一九六二年のレコード大賞新人賞を獲得する。そして、翌年その映画化で荒川沿いの化粧品工場の女子工員役で主演した時、これが二作目の新進の山田洋次監督と出会うのだ。まさに禍福はあざなえる縄の如しである。

一九六五年には、山田洋次監督の下で松本清張原作の『霧の旗』が撮影される。そのあらすじをたどれば、教師である兄が、高利貸しの老婆殺しの容疑で逮捕され、取り調べに耐えかねて嘘の自白をし、窮地に立たされたため、妹の桐子は、高名な弁護士を頼って熊本から単身上京するが、高額な弁護料を言われて断られてしまう。兄は、第一審で死刑判決を受けた後、獄死し、再び上京してバーに勤めるようになった桐子の復讐劇が始まる。事後報告を記した桐子の葉書を見て、気になった弁護士が、資料を取り寄せてみると、犯人は左利きの男とみられ、桐子の兄は冤罪なのだった。折しも、弁護士の愛人が、殺人事件に巻き込まれて、たまたまその場に居合わせた桐子の証言や、現場から桐子が持ち去ったライターが無罪の決め手となるのに、彼女は手を貸そうとはしない。懇願する弁護士を部屋に招き入れて酒を飲ませ、手込めにされたと逆に訴え出て、桐子は弁護士生命を断つことに成功する。そんな怖い二十歳の女性桐子を倍賞千恵子さんが演じたその相手役は「新劇界の神様」滝沢修さんだった。彼女のプレッシャーは半端なものではなかった。「3点倒立」で血流を良くして気合を入れるなどして、命懸けの文字通り体当たりの演技をしたが、酒を飲むシーンでも、水なのに顔も真っ赤に酔う大御所の演技には舌を巻くばかりだった。撮影後、痛みに耐えかねて向かった救急病院で指摘された腎臓結石も映画公開後に出てきて、「熱演の記念」の「お守り」となった。

その頃に自宅も練馬区に新築したが、両親や会社の横やりで失恋したことなどもあって、松竹が手配してくれて、一〇日前後イタリア・フランスへひとり旅に出る。山田監督から依頼された通り、帰国直前に劇作家マルセル・パニョルに会ってそのサインをもらってくると、それが縁となって、彼の原作を映画化した『愛の讃歌』を山田監督が一九六七年に製作し、瀬戸内海の島の娘役で出演したことが、『男はつらいよ』の流れへと繋がっていくのだ。

一方、レコーディングでは、「色気が足りない」などと、例のディレクターに何度も注文を付けられながら、大人の恋など知らない二三歳が出した『さよならはダンスの後に』は、一九六五年の日本レコード大賞作曲賞となり、紅白歌合戦には『下町の太陽』以後四年連続出場する。一九六七年には、彼女と同じ道を進んだ妹美津子さんと映画『純情二重奏』で共演するようになり、「良きライバル」として意識し合う関係となる。山田監督の喜劇映画との関係も深まるばかりで、主演ハナ肇とのコンビで何作も共演する。その中の一作、一九六六年製作の心温まる人情劇『なつかしい風来坊』を紹介すれば、役所に医者の資格を持ちながら勤める小市民の代表格のような男（有島一郎）が、電車で労務者の源さんと知り合い、意気投合するところからストーリーは展開し、不審な目で見守っていた家族も、やがて源さんを信頼し始め、源さんも精一杯のサービスと人柄のよさをさらけ出す。ある日、身投げしかかっていた若い娘を源さんが助けてきたため、その家で保護されて、やがて二人がデートをするまでになるが、帰りに源さんが乱暴したかのような誤解が生じたため、それが元で別れ別れになってしまう。やがて、役所の転勤辞令が出て、男が単身着任のため、ローカル線に揺られていると、源さんとその娘に思いがけず再会する。娘の胸には赤ん坊が抱かれていた。その娘役が彼女である。

また、一九六七年の『喜劇 一発勝負』は、暴れん坊の旅館の息子が家を飛び出し、相撲部屋の弟子に入ったりして転々として、何年かぶりで帰ってくるが、母親はもういない。久方振りに思い出話に花を咲かせるうち、乱痴気騒ぎが元で、死んだものと間違われて棺桶に入れられもするが、葬儀の最中に目覚めて、むっくり起き上がり大騒ぎとなる。そんな息子を父親（加東大介）は苦々しい思いで見ているが、とうとう怒りが爆発して脳溢血で倒れてしまう。体が不自由となってもなお、息子の親不孝をなじる姿は涙ぐましさを通り越して醜悪ですらあるが、そんなことには馬耳東風、妹（倍賞千恵子）の出来のいいのに安心して、彼はまた自らの道を雑草のような強さと明るさで歩いていく。それもそのはず、ハナ肇なら納得もいこうというものだ。ハナ肇が渥美清に入れ替われば、『男はつらいよ』の寅さんである。そして迎えた一九六九年、『男はつらいよ』の登場となるのだ。舞台の葛飾・柴又は、滝野川の下町の雰囲気にそっくりだった。映画は、テキ屋の寅さんが二〇年ぶりに、もはや両親はなく、叔父夫婦が継いだ団子屋に帰ってきて、腹違いながら兄妹が再会するところから始まる。

さくらと博の結婚式の記念撮影シーンでは、寅さんの渥美清が即興で「はい、バター」とおどけたため、山田監督が笑いながらやり直しを求めているが、その台詞は何度も作品で使われている。ちなみに、この映画は監督原作であっても、あのマルセル・パニョルの戯曲を下敷きにしたものだという。

ところで、同じ一九六九年には山田洋次原案の『喜劇 女は度胸』も製作されている。『男はつらいよ』シリーズの番外編のような作品だが、監督は森崎東さんで、ダンプカーの運転手役で渥美清主演となれば、展開はおよその見当はつく。ただ倍賞千恵子さんではなく、その妹美津子さんが彼の弟の恋人役に起用されて彼女の最初の主演作品となる。一時は姉妹の競作のような形になったが、『男はつらいよ』に落ち着いたということなのだろうか。

山田洋次監督は、**「映画を撮るとはみんなで心と力を合わせて一つの大きな山を登るみたいなもの」**と言っていたとのことだが、小説や絵画や陶芸などの孤高の芸術作品とは違って、映画や演劇は、関係者を総動員する総合芸術なのであって、その演出者はオーケストラの指揮者にも擬せられるどころか、舞台裏も含めてあらゆるところに目配りをして関係者を納得させて、ようやく作品に仕上げることができるのだから、一見いかなる奇抜なものであるとしても、それは最初から社会的に受け入れられる素地を持っており、また一定の支持がなければ到底心と力を合わせることはできない。映画の場合、渥美清のような名優を使いこなそうと思えば、その独特のキャラクターを生かす寛容さも求められ、そこに必ずしも台本にこだわらない即興のアドリブの台詞や演技も尊重され、真面目な顔で真剣なほど滑稽さが増して、彼女は**「細部に命が宿る――」**と実感するのである。山田監督が、ただ自転車でとらやの店先を通るエキストラのシーンでも、「自転車でどこに向かうつもりなの？」と問いかけて、NGを出したのもその現れである。彼女は高羽哲夫カメラマンからファインダーに写る画像の入るさまを教えられて、演技にどれだけ役立ったかと振り返り、とりわけ演技がうまく撮れた時の微笑みはゴーサインだったが、そんな一コマ一コマの細部の集積が映画の情景になって感動を呼ぶのである。そうして製作されたお盆と正月の年二回公開が続いた『男はつらいよ』は、家族のような持味を年々増しながら、高い国民的人気を博したが、山田監督と渥美清さんは「一本の長い映画を撮影し続けるような感覚」だと共感し合っていたという。

山田監督は多作な監督である。後に彼女が主演する民子三部作と呼ばれる、一九七〇年の『家族』、一九七二年の『故郷』、そして一九八〇年の『遥かなる山の呼び声』が、『男はつらいよ』シリーズと並行して製作されるのである。特に、長崎の炭鉱を後にして北海道の開拓村に向かう『家族』では、長崎の九州弁を外国語でも覚えるように挑戦し、民子になりきるために、古着屋を回り、奥歯には金歯を入れ、急死する設定の乳飲み子とは極力一緒に過ごし、役柄と一体となった末の火葬場のシーンでは、精神的に疲れ果てて、「山田監督にポンと肩を叩かれて」ようやく撮影を終えている。また、『遥かなる山の呼び声』でも、親子となるため一人息子（吉岡秀隆）と一緒に入浴し、中標津牛舎の牛たちの警戒と冷たい視線を浴びながら、牛舎の作業の特訓をしたのも、「**その人になりきる——**」ためだった。この役になりきることについては、杉良太郎さんが前掲書の中で、彼の劇団に参加してきた、映画『また逢う日まで』で久我美子さんと「ガラス越しのキスシーンで一躍有名になった俳優」岡田英次さんがハリウッド映画に出演した際、夫婦役の大女優がベッドで一緒に肩から上が撮影されるシーンで、何と一糸もまとわぬ状態だったのに驚くと、「私はあなたの奥さんでしょう。夫婦でしょう」

と言いながら、休憩時間も至れり尽くせりの配慮をしてくれたというエピソードを紹介して、「私やこの仕事をしている多くの人たちにとっては、このようなことは常識です。（略）一流の役者の常識というものは、社会一般からかなり非常識に映るものなのです」と、「プロ中のプロ」の気概とその「本気さ」を述べている。もっとも、一糸もまとわぬ状態が夫婦の常とは限るまいが、何事もその役割になり切って、いやなり切るどころかそれをつき抜けて、その役割そのものに、役割イコール自分にならなければ、「プロ中のプロ」の迫力は到底生まれようがない。それは全ての仕事に通じる話だ。

さて、『遥かなる山の呼び声』では、春まだ遠い北海道根釧原野で、夫亡き後、一人で酪農業を営む民子（倍賞千恵子）と学童武志（吉岡秀隆）の家に、風雨吹き荒れる晩、「一晩泊めてくれ」と男（高倉健）が窓を叩く。「しばらく働かせてほしい」と言う男に、「人は農協を通じて入れることになっている」と言いながらも受け入れると、息子もなつき、仕事のほうも大助かりだったが、民子には虻田兄弟会社の社長（ハナ肇）がご執心で、何度も強引に攻勢をかけては民子に騒がれる度に男が仲裁に入り、仕返しに来た虻田三兄弟は男にねじ伏せられると、一転して男の味方に回る。

ところが、これまでの無理がたたって、民子が牛舎で倒れて入院する羽目になる中、男は懸命に一家を支えていく。民子の退院後は、息子に乗馬を教える一方、草競馬に出て男は優勝するが、人を殺して警察に追われていたこの男の足がつき、覚悟した男は民子に素性を明かして牛舎を辞めることを告げ、差し向けられてきた警察の車に乗り込むと、息子が泣きながら追いかけて呆然と立ちすくむ。

冬に傷害致死の判決が下って網走に向かう中、手前の遠軽駅から民子と虻田が乗り込んできて、「民子さんは牛舎を辞めて、中標津で息子と暮らしていて、男の帰りを待っているんだってなぁ。馬鹿な虻田という男がいるので、生活の心配はないそうだ」と、二人の刑事に同行された男の横で、聞こえよがしに一芝居を打つと、虻田は泣き崩れ、民子は涙ぐむ男にハンカチを手渡す。

渥美清さんが牛の人工授精師役で特別出演している。

一方で、彼女は演劇で、森繁久彌さんと共演するようになる。彼の作詞作曲である『オホーツクの舟唄』は、歌詞を替えて『知床旅情』としてから大ヒットしたと聞かされたのは、舞台『屋根の上のヴァイオリン弾き』の舞台裏で、「パパ」と次女役の「チコ」と呼び合う間柄で出た話だったが、彼女は原曲のほうの歌詞がむしろ気に入り、コンサートで歌うようになった。それも、映画でしばしば訪れた北海道の中標津の自然とも似通っていたからで、パパからは映画とは違う舞台での声や姿の演技法について教えられるところが多かった。その舞台で八歳下の最初の夫との出会い、一九七六年に身内だけの挙式をするが、四年の結婚生活に終わった。

傷心の彼女を気遣ってか、その年の四月に渥美清さんに誘われて、山田監督を始めとする「寅さん」一行ツアーは、仕事も兼ねた一〇日ほどの南太平洋の楽園へと旅に出る。源公こと佐藤蛾次郎さんにしつこく勧められて、ビギニを初めて買って披露した写真がある。帰国すると、真っ黒に日焼けした彼女を見て、また舞台が始まる森繁さんから、「腹違いの娘がいたのか」と冷やかされている。当時はどこに行っても、寅さんの妹役さくらであることに疲れて、煙草を吸い、身だしなみや髪形を変えてみて、脱皮を試みたが、山田監督から「それじゃ、さくらじゃない！」と叱責を受ける始末だった。

そんな中、高倉健さんとの共演が山田監督の下で再び実現する。一九七七年公開の出所した男を待つ合図に女が竿いっぱいにはためかせる『幸福の黄色いハンカチ』である。彼女は、彼が真面目で誠実な人だと直感していて、眼力が強く、格好がよく、オーラがあって、全く偉ぶらない姿に魅せられる。挨拶も丁寧だし、細かな気配りを欠かさないと絶賛している。役柄のために筋肉トレーニングを続け、刑務所を出て定食屋で食事する演技のためには、二日も絶食したという気合の入れようだった。それでいておどけ心もあって、腕時計をコップの中に突然落として、「防水です」とにやりと笑う。彼女もまた負けず劣らず、スーパーのレジ打ちを徹底的にマスターして、映画に臨んでいるのだった。

それは「**本物にならなければどんなセリフだってきちんと言えない**」という信念からである。杉良太郎さんも前掲書で、「『セリフが覚えられない』『セリフが覚えにくい』なんて言っている役者がいますが、私にとっては不思議議でしょうがない。セリフを覚えるのは役者として当然のこと」と一蹴する。「就寝前、ベッドのなかで台本を見て、まずストーリーをざっと追う。ストーリーを頭にいれたら、次はその日のシーンナンバーを一つずつチェックして」「大枠をつかみ」、「山場には、たいてい一ページ半ぐらいの長いセリフがあります。この長いセリフを、スタッフがライティングの準備をしている間に集中して暗記していく」「ギリギリの毎日」も、「引き受けた以上、責任があるから」というプロ根性のなせる業なのである。役者の本物と役柄の本物は、見事に相似するのだ。

敬愛する高倉健さんとは、一九八一年公開の、松竹ではなく東宝の映画だったため騒動となった、降旗康男監督の『駅 STATION』でも共演する。居酒屋の女将の役で、八代亜紀さんが歌う名曲『舟唄』が流れる中、大みそかの夜、二人きりでお酒を酌み交わしてしなだれかかる。映画の世界のことは嘘か真か、彼女の表現によれば、「命の火が激しく燃えた」と、その場面を振り返っている。

舞台は雪が降りしきる北海道。三上（高倉健）はオリンピックの選手に選ばれるほどの腕前で、凶悪事件の撃ち合いでは必ず犯人を仕留めていた。一九六八年一月、三上は一度の過ちを犯した妻（いしだあゆみ）と幼い長男と別れるが、直子は、別れ際の列車のデッキから軍隊式の敬礼といつまでも印象に残る涙ながらの笑顔を残して、彼の元を去っていった。「お前は馬鹿だ。奥さんはともかく子供に対して自分を一体何だと思っているんだ。家庭を捨てるくらいなら仕事を捨てるほうがよっぽど気が利いている」と厳しく意見していた先輩（大滝秀治）は、車を検問した相手に銃殺される悲劇に遭う。

一九七六年六月、凶悪犯に目星を付けていくと、その妹すず子（烏丸せつ子）に行き当たる。増毛の食堂で働く彼女は鈍い感じの女だが、出頭しても警察を煙に巻く。しかし、ちょっとしたいさかいから三上にお仕置きをされて三上に近づくようになった不良がすず子を遊び相手にしていて、すず子は兄と連絡を取り合っていると主張し、兄をおびき出すために結婚をほのめかしたとも知らずに、彼女は彼と汽車で向かった駅のプラットホームで待ち続け、日が暮れてからようやく線路伝いに兄が現れると、駆け寄っていき兄にすがりついて嗚咽《おえつ》する彼女を尻目に、張り込んでいた刑事たちに兄は即刻逮捕されて死刑となり、彼を気遣ってきた三上の元に処刑当日の辞世の句を添えた手紙が届く。

一九七九年一二月三〇日、増毛に向かった彼は墓前に手を合わせる。故郷の雄冬行きの船が荒天で欠航となったその夜、三上は桐子（倍賞千恵子）という名の飲み屋の客になる。彼女は実は三上の先輩を銃殺して逃走中の森岡とかつて深い関係を持った間柄だった。そうとも知らず、飲むほどに気持ちが通い合い、彼女の好きな『舟唄』が流れ、大晦日には留萌で映画を見て食事をした後、二人は結ばれる。紅白歌合戦を一緒に見ようとの彼女からの電話に応じて身を寄せ合って『舟唄』を聞いた後、初詣に出かけるが、昔の彼に出会った彼女を残し、三上は帰省して二四年間勤めた警官を辞めて雄冬に戻る気持ちに傾いていて、二人は一緒になってもいいつもりになっていたが、三上を見送った桐子は、駅で森岡が指名手配犯だと知ると、名を伏せて警察に通報する。一方、三上は留萌駅で職質されて警官の拳銃が強奪されて犯人は森岡だと垂れ込みがあったと知らされると、彼女が匿っていた森岡を射殺し、桐子は三上の生業《なりわい》を知る。何とも辻褄の合わない桐子の行動だったが、警察での尋問に「男と女ですからね」と答えるのを陰で聞いていた三上は、桐子の店に立ち寄って黙り込んだまま別れ、警察官の辞職願を駅の待合室のストーブに燃やして再び札幌に向かう。その先には孤独な生活と狙撃する仕事が待っている。札幌で働くことになったすず子も、同じ汽車に乗り合わせるところだった。

高倉健の深みのある演技もさることながら、いしだあゆみ、烏丸せつ子、倍賞千恵子が三者三様に傷のある女性の心理を見事に演じていて、やり場のない物悲しい気分にさせられる。東京オリンピック後も活躍を期待されながらその重圧に自殺した円谷選手の遺書が、三上の心情を半ば吐露するかのように、切々と読まれて胸を打たれるが、女性の情念を巧みに描き分けていい味わいを出している分だけ、凄惨な射殺シーンの連続が大きな落差となって、有無を言わさぬ厳しい現実へと引き戻される。

さて、役者の会話の中でよく登場するスタニスラフスキーを調べてみると、ロシアの演出家で『俳優修業』という本があるのを知り、負けず嫌いの彼女は挑戦するも、難しい用語に閉口して挫折するが、これまで通り「その人になりきる――」までのことと覚悟を決め、生活や特訓で身に付いた体の動きさながらに台詞をこなす「ながら女優」を自称し、子供はいないけれども姉の子育てを手伝ってきた経験を活かして、母親役も難なくこなすようになる。まさに「働くこと　体を動かすこと」が彼女の演技の基礎になっているのだった。役柄を混乱してしまわないよう、モードを切り替えることも大事で、さくら役に戻れば、渥美清さんや佐藤蛾次郎さんとバカ話に興じたり、前回の衣装をそのまま使ったりして、ギアチェンジを心がけた。NGなのは不注意のけがだが、一九七八年のNHK銀河テレビ小説『ぼくの姉さん』の撮影前に、蔵王にスキーに行って転倒し、右足首を骨折してしまい、のっけから階段を転落する場面に、急遽脚本が変更されてスタートしている。

妹美津子さんとは、ポルノ映画が多い神代辰巳監督の一九八六年公開の『離婚しない女』で再び共演し、萩原健一さんを彼女と同じ人妻役の美津子さんと奪い合い、根室の雪原で取っ組み合う。それもこれも、監督に土下座されての出演だった。寒さをこらえたことでは、同年公開の佐藤純彌監督の『植村直己物語』は、とてもそんなものではなかった。五大陸の最高峰を極めた上、北極圏を犬橇で単独行した後、納めのはずだった登山で消息を絶った彼の妻役として、氷点下五〇度になる日もある北極圏ロケに立ち会うのだが、氷に穴を開けて釣りあげると、魚が自然冷凍してしまうのに、主演の西田敏行さんと驚きの声を上げ、スノーモービルの面白さを堪能して帰った一九八五年、撮影の打ち上げで行った新宿の思い出横丁の店で西田さんから、親しかった坂本九さんが乗っていた日航ジャンボ機事故の知らせを聞いて、衝撃を受ける。そして今、西田さんの訃報に接した彼女の心境やいかん。

その一九八五年には、リサイタルの打ち合わせで八歳年下の今の夫と出会う。彼女は四三歳になっていた。それにしても、年下の男性に慕われる女性のようで、前の夫も八歳年下だった。高音が出にくくなって、『下町の太陽』の編曲を依頼したところ、元の曲は全くなくなり、「難しくてとても歌えない」と再びお願いして、怒る相手をなだめて直してもらったのが縁だった。理論派と感覚派の違いから食い違うこともあるが、その彼が一九九三年に入籍する再婚同士の今の夫で、東京芸大作曲科卒の小六禮次郎さんだった。その出会いからして「**ホントに意地悪な人！**」と彼を評しているが、男女間でのその意地悪は、特に男性の場合は、相手に多大な関心を寄せていることの不器用な表現であり、ある種の愛情の告白でもあるのだ。映画の撮影で縁ができた北海道の中標津で、年末年始を過ごすようになっていたが、彼も同行するようになり、隣の別海町の飛行場に小型飛行機を購入して同好会に加入し、ついに一九九四年には山小屋風の別荘を建てて、彼女の希望で温水プールも作るようになる。

ところが、一九九六年に山田監督からの電話で、渥美清さんが亡くなった知らせを受ける。享年六八歳で、奥さんと長女、長男の三人で密葬し、「死に顔だけは絶対に人に見せるな」が遺言だったという。つい一か月前に、第四九作の打ち合わせをしたレストランでは、ステーキを平らげて、「俺、少し老けたか？」と聞いてきたのが最後の会話だった。妹として兄の結婚相手に夢みていた浅丘ルリ子さんに電話したのも、本当のお兄ちゃんのように感じていたからだった。「さくら、さくらって、ファンの方に言ってもらえて、役者冥利に尽きるぞ。そんな幸せなことはないんだから」という言葉を胸に、お別れの会で弔辞を読むが、喪失感はとても塞がれぬほど大きい。既に『男はつらいよ』の御前様の笠智衆さんが一九九三年に、一九九五年には撮影の高羽哲夫さんが亡くなっていた。同じ年に彼女の父も他界したが、その八年前に亡くなった母の臨終の時には、衝動に駆られた彼女は母の病んだ乳房に吸い付いている。年齢を重ねることは、さよならだけが人生だという悲哀を実感することでもある。彼女自身も、二〇〇一年には乳がん手術を受けるが、彼女のファンだと言う執刀医の前で、『下町の太陽』を唄って途中で涙を流している。二〇一四年には脊柱管狭窄症で手術をして、脊髄に六本のチタン製ボルトが入り、頑張った自分へのご褒美にスペイン旅行に出かけ、待望久しかったガウディ作のサグラダ・ファミリアという聖教会の、今なお普請中の巨大な建造物を見上げている。

さかのぼること二〇〇四年には、宮崎駿監督のアニメ映画『ハウルの動く城』で、声優のヒロインになっている。魔女の呪いで九〇歳のお婆さんにされた一八歳の少女の声をどう使い分けようかと張り切っていると、宮崎監督に「そんなに声を変えなくていいですから」と苦笑される。相手役は木村拓哉さんで、とにかくキムタクに会いたい一心だった。頼んで一日だけ一緒に吹き込みをしてもらったほどだった。スターがスターにあこがれて胸ときめかせているのは、どこかおかしく微笑ましい。

さて、家事が好きな彼女は、専業主婦になろうかなと思ったほどで、おいしい店のレスピを尋ね歩いてはアレンジした料理法は、本にして出版するほどだった。自動車の運転免許を持っていないのを冷やかされると、意地でも免許を取って見返してやると、持ち前の負けん気を発揮して合格し、あこがれのダンサーの映画のシーン気取りでオープンカーを買って、真似などするものでないと後悔もしている。一九九五年にはわが子同然の白いオスの柴犬「三郎」と、一六年半の歳月を共にして見送っている。そんな北海道での別荘暮らしでの交流が、中標津の姉妹会の誕生となる。毎月一万円ずつ積み立てて一緒に旅行する話がまとまって、時にグァムまで足を伸ばして、各地を旅に出かけるが、松山空港での椿事もその最中の出来事だった。同じ中標津の「八労会」や親睦会でも仲間に加えてもらうようになり、息子役の吉岡秀隆さんも中標津に別荘を持ったことから、親子のような行き来が始まり、彼女は自分が出演した作品を見返すことはあまりないのに、『遥かなる山の呼び声』を一緒に鑑賞して、映画に出られた喜びを感謝し合う。

ちなみに、折よくNHKで放映された吉岡秀隆さんのファミリー・ヒストリーによると、父は古川工業学校で建築を学んだ後、進学するか長男として家計を支えるかの選択に迷いながら、工務店や大学の警備員などに就職するが、新聞広告で見つけて二一歳で入った舞台装置の大道具の仕事を続け、母は美人の誉れ高く衣装係をしていた縁で、父の熱烈なアタックで結ばれている。

父のルーツは小田原北条家に仕えた武士であり、旧蒲田村を拝領されて安政五年（一八五八）で十代目と表記された墓標があり、明治以降も村長や村会議員を務めた名家で、家業の生花商は大店で宮内庁御用達でもあったが、家宅は強制疎開で立ち退きとなった補償金と貯金で郊外に移転しようとしていたところ、祖父が詐欺にあって資産をすっかりなくし、祖母の実家の寺の物置小屋に引っ越して、映画通いなど道楽三昧で裕福だった一家の運命は暗転し、長男の父が進路に迷うようになるのだ。

母が出た中澤家もまた古い家柄で、鎌倉幕府を倒して足利尊氏に敗れた新田義貞を大伯父として、幼くして身寄りをなくした重清が、家臣の中澤に育てられ中澤修理大夫となって、土佐に流れて行った末裔に連なる。苦学して貧しい人には無料で奉仕する歯科医となり、結婚して中澤姓を名乗るようになった祖父の末っ子として生まれた母は、京大医学部に進んだ兄を戦争で失い、宝塚歌劇団のスターだった姉を結核で亡くしているが、九〇歳になろうとする現在もバレエ公演の稽古に余念がない。

姉二人の末っ子の吉岡さんを五歳で劇団に入れたのは、引っ込み思案な性格を直したかったからだそうで、八歳で山田洋次監督に見いだされて、『遥かなる山の呼び声』の子役に抜擢されると、「自分は俳優には向いていない」と言いながら「母が喜んでくれるから」「母に褒められたくて」、渥美清さんに「可哀そうに」と同情されていた『男はつらいよ』や『北の国から』のシリーズに出演し、『Dr.コトー診療所』の先生を始めとする味のある役柄を、半世紀近くもこなす名優となっている。

さて、映画の縁は限りなく広がり、岩手県旧松尾村が舞台の山田洋次監督による一九七五年製作の『同胞』は、村の青年団が劇団から持ちかけられたミュージカル公演を実現する話だったが、役者顔負けの本物の村人たちのリアリティに圧倒されて、村の青年団長役だった寺尾聡さんと、「**これじゃ、実際の村人たちに負けちゃうよ。プロの役者の演技ってなんだろう?**」と語り合ったこともある。それ以来半世紀近く交流が続いて、記念行事があるたびにお呼びがかかってかの地を訪れるのも、「地元の人間の財産」となり、「人間同士を繋げる映画の持つ力」を実感すればこそのことだという。

二〇二二年には早川千絵監督の映画『PLAN 75』で、夫と死別してホテルの清掃員として働く七八歳の女性が、生きる術を失い、七五歳以上になると得られる安楽死の申請をするが、「与えられた命は最期まで全うしよう」と翻意する物語の主役になって、その覚悟に限りない共感を覚えている。彼女は二〇二三年に、イタリアのファーイースト映画祭で生涯功労賞の栄誉に輝いた。

精一杯生き抜いた最期は、散骨して夫婦ともに自然に帰りたいと願っている。弟二人は既に亡くなり、残ったのは三姉妹である。時にランチ会をして意気軒昂だが、彼女は「**自分なりに頑張ってきたが、節目節目で巡り合った多くの方々の支えがなければここまでたどり着くことはできなかった**」と痛感するのだった。これは彼女に止まらず、人生行路を渡って生きた全ての人に共通する感慨であろう。人は一人では到底生きられないのだから。

第一部　寅さんの帰還・ふられたりふったりの寅さん（第一作〜第一〇作）

男はつらいよ（第一作）（一九六九年）（寅♥光本幸子）

山田洋次原作監督の第一作の寅（寅さんを寅と略称する）は実に威勢がいい。渥美清四一歳である。父と折り合いが悪く家を飛び出した寅が、帝釈天の祭りの行列に飛び入りして二〇年ぶりに叔父さん夫婦が跡を継いでだんご屋をしているとらやに帰ってくる。渡世人として磨きをかけた口上を述べて、とらや家族の仲間入りをさせてもらうが、たった一人の兄とはすぐには分からず、怯える風を見せていたさくら（倍賞千恵子）に「お兄ちゃん」と呼ばれて、二人は抱き合って再会を果たす。

大企業のキーパンチャーとして覚えがめでたいさくらに、上司が世話してくれたまたとない条件の見合いの席に二日酔いのおいちゃん（初代は森川信）の代役で寅が付き添ったものだから、一流ホテルの西洋料理のテーブルマナーなどまるで眼中にない寅の仕草と、酒を飲んでの下品な物言いはエスカレートするばかりで、縁談はぶち壊しとなる。そんなふるまいのあまりの恥ずかしさに意見するさくらを寅は平手打ちすると、ついにおいちゃんの怒りを買って鉄拳を浴びせられ、とらやに隣接するタコ社長（太宰久雄）の印刷工場の二階に併設された住居で暮らす博（前田吟）たちまで巻き込んで、その誤解を招きやすく相手の怒りを呼び込む毒舌と手が先に出る荒々しさはドタバタ騒ぎの連続となる。

とどのつまりは、寅と同じようにぐれて家を飛び出して印刷工場で職工として働く博から、とらやの二階で朝な夕なに見かけるさくらを生きる糧にして育んできたその一途な告白を聞いた寅が、仲介役に立ったものの、さくらの会社にふらりと訪ねて行き、さくらの気持ちを確かめるまでもなく、すぐさま無理だなと勝手に決め付けて、博に引導を渡したため、工場を辞めると決意した博は、さくらのいる前で三年間窓辺から顔を出すさくらを眺め暮らしてきた思いの丈を述べて、そのまま立ち去ろうとすると、追いかけていったさくらはその場で博との結婚を承諾し、寅の了解も得る。

誠に不慣れなタコ社長を仲人にして迎えた結婚式には、北海道の大学名誉教授の父（志村喬）が母を伴って出席する。博や寅たちに反発されて、一触即発の雰囲気が漂う中、挨拶に立った父は、しばし無言の後、「本来なら新郎の親としてお礼の言葉を申さねばならぬところでございますが、私どもそのような資格のない親でございます。しかし、こんな親でも何と言いますか、親の気持ちには変わりないのでございます」と切り出し、「実は今日私は八年ぶりにせがれの顔を、皆様のあったかい友情とさくらさんの優しい愛情に包まれたせがれの顔を見て、親として居たたまれないような恥ずかしさと、一体せがれに何をしてやれたのだろうか、何と言う私は無力な親だったか」と絞り出すように述べて、「この八年間私どもにとって長い冬でした。そして今ようやく皆様のおかげで春を迎えました。さくらさん、博をよろしくお願いします。さくらさんのお兄さん、ありがとう。よろしくお願いします」と、寅に近づいて頭を下げて引き揚げようとすると、呼びとめた寅は、両親の手を握りしめて「お父さん、お母さん、博もきっと喜んでますよ」と言葉をかけて、ハッピーエンドとなる。

しかし、これで終わってしまっては寅のシリーズは続かない。さくらの結婚生活と並走するように、寅の失恋物語が続いていく。その初回は、寅が奈良で偶然帝釈天の御前様（笠智衆）が若い女性といるのに出会い、「お楽しみのところ」と声をかけると、「娘だ」と叱られた、幼馴染で出目金とあだ名していたお嬢さん冬子（光本幸子）である。笑ってと言われて「バター」と言い間違える御前様と一緒の写真を寅が収めて帰ってきてからというもの、ボート遊びやオートレースに屋台の店まで先導し、叶わぬ恋に夢中になっていたが、近く結婚する男が現れて一切は元の木阿弥となる。

寅を慕ってとらやに居候していた弟分登を堅気になれと、泣く泣く突き放して旅に出て一年後、さくらは寅によく似た甥の満男を出産し、テキ屋商売をする寅の側には登がいて、一体どうなることかと気をもんだ激しいやり取りは、後半になるほど落ち着きを取り戻していく。

続・男はつらいよ（第二作）（一九六九年）（寅♥佐藤オリエ）

瞼の母との再会を夢見ながら、旅の途中にとらやに立ち寄った寅は、さくらが生んだ寅とそっくりの乳飲み子の満男と対面する。何とも遠慮深くて長居の元だとお茶すら固辞した寅は、追いかけてきたさくらに気前よくお金を与えてすっからかんになったその道すがら、今は英語塾を開いて子供たちに教えている恩師（東野英治郎）の自宅を覗くと、出てきた恩師と幼い頃から寅を知る娘夏子（佐藤オリエ）に招じ入れられる。

食卓を囲んで歓談しているうちに、急に胃けいれんで苦しみ出して救急車で入院する羽目になるが、すぐに回復すれば隣の患者の迷惑も顧みず、得意の口上で集まった患者たちを笑わせて人気者になり、うな重の出前を断られれば見舞いに来た弟分と外出して無銭飲食を疑われて暴れたため、警察の厄介になってさくらを泣かせる始末で、担当医師（山崎努）ももてあまして、呼びつけた娘に寅が渡した看護婦へのチップを返し、入院費まで支払ってもらおうかといった有様だった。

一カ月が経ち、京都に出て渡月橋の傍らでテキ屋稼業をする寅を、旅行に来ていた娘が気づいて恩師も一緒に食事を共にすると、寅から京都に寅の産みの母親がいることを聞いた、実は二、三歳で産みの母と死別していた恩師に「生きているうちに会いに行かないと一生後悔する」と諭されて、娘が同行してくれて訪ねて行ったグランド・ホテルという大層な名前のホテルは連れ込みホテルだった。従業員をてっきり母親だと勘違いする一幕があった後、ホテルを経営する本命の母親（ミヤコ蝶々）が現れてご対面となるが、「今頃何の用だ。銭か」とお金の無心に来たと疑われ、父親まで引き合いに出されて悪口の激しい応酬となる。母親の態度に失望落胆した寅は、恩師の前で悔し涙にくれる。とらやの面々も禁句にした「お母さん」を連発してしまうほど、傷心の寅に大変な気の使いようだった。

一方、娘は楽団に所属してチェロを弾いていて、その発表会には寅が入院したことで縁ができた担当医師も聴きに来るなど、二人の愛が育まれていたが、そうとも知らぬ寅は、何度も恩師宅に出入りしては酒を酌み交わしているうち、ある日娘から会いたいと言伝があって駆け付けると、「天然のウナギが喰いたい」と言う恩師の願いをかなえてあげようと、源公とさんざん苦労して江戸川で釣りあげたウナギを持って意気揚々と帰ってきた時には、恩師は安楽椅子に座ったまま絶命していた。すっかり打ちひしがれて泣くばかりの寅を見かねて御前様が叱責すると、葬式はせめてもの恩返しにと寅が取り仕切って娘との絆を更に深めたかと思った矢先、亡くなる三日前に父親の了解を得たと言う娘を抱きかかえて物陰で励ます担当医師の姿を目の当たりにした寅は三枚目を演じきって男泣きする。

寅がまた向かった先は京都で、たまたま新婚旅行で来ていた夏子は、三条大橋のたもとで、寅の前にふと母親が現れて、寅が後を追うように語り合いながら橋を渡っていく姿を認める。「うりのつるになすびはならぬ」と言われるように、この親にしてこの子ありと思わせるエンディングである。

マドンナ役の佐藤オリエさんは、一九七〇年前後のフォークソング世代を代表するような映画『若者たち』そのままの初々しさで登場し、その都会的な雰囲気に酔わされて、甘酸っぱい青春の郷愁に誘われてしまう。大学に入ると、実際にもあんなタートルネックのセーターの女性たちがいて、本当に目にまぶしかったものだ。

それにしても、舟木一夫さんの歌に『高校三年生』や『街に花咲く乙女たち』があったように、当時の高校三年生も乙女たちも一人残らずどこかに行ってしまって、同じ情景のように思えても、それは彼女たちの似姿である末裔にすぎない。まさに「年年歳歳花相似たり　歳歳年年人同じからず」の諸行無常の世界であり、「ゆく川の流れは絶えずして元の水にあらず」と方丈記で鴨長明が喝破した如くである。だから、青年期の同時代の人たちとの一期一会としか言いようがないかけがえのない恵みを、化学式のように懸命に結び合わせて、公私ともに己のアイデンティティをできるだけ早期に確立していくようでないと、仮に泡沫に消えていくばかりの花の絵巻物のような恋愛譚がどこまでも続いていくとしても、それはおいちゃんやおばちゃん、タコ社長に代表される世間から辛辣なからかいや批判を浴びる、『男はつらいよ』の二番煎じの人生ともなりかねない。

男はつらいよ　フーテンの寅（第三作）（一九七〇年）（寅♥新珠三千代）

森崎東監督のこの作品は、寅の味付けが少し濃い目である。

とらやも繁盛して人手が足りず、寅がテキ屋からそろそろ足を洗って店を手伝ってほしいと一家が願っていた矢先、照れくささから家の傍らで電話して寅が帰ってくる。

タコ社長が持ってきた川千家の女中との縁談は、寅に「女房にする人へ何か注文があるか」と聞けば「特別ない」と言いながら、その注文のうるさいこと、おばちゃんのつねさん（三崎千恵子）もあきれる中、社長とおいちゃん立会いの下での見合いとなるが、ダブルの背広にネクタイを締めて寅が差向かった相手は、何と仙台の焼き鳥屋のお駒（春川ますみ）だった。

「確かラーメン屋の亭主がいたはず」と寅が口走るに及んで、立会人はそそくさと退席し、事情を聞けばその男と東京に出るとラーメン屋の若い娘とできて別れてしまった腹いせに見合いしたもので、「今つわりだ」と聞いた寅は、浮気男と復縁させて、とらやで結婚式を挙げさせてどんちゃん騒ぎの末に、ハイヤーまで呼んで新婚旅行に送り出し、勘定はとらや持ちとなったからたまらない。おいちゃん夫婦や博と言い合いになるのも当然で、挙句の果ては博と取っ組み合って打ちのめされる。

それから一か月後、おいちゃん夫婦が湯の山温泉に骨休めに出かけると、泊まった古い旅館で幼い娘が一人いる未亡人の女将お志津（新珠三千代）から歓迎の挨拶を受けて、その品の良さに感心していたところへ、こたつの修理に来た番頭が寅でびっくり仰天。何でも宿賃にも事欠く有様だったのを女将が泊めてあげると、女将会いたさにすっかり居ついてしまい、今では年老いた番頭に代わって番頭気取りでいると町中の評判になっているという。

女将には旅館を継ぐ気などまるでないたった一人の弟がいて、幼馴染の相愛の芸者染奴（香山美子）から別れの手紙と共に妾になる噂を聞いて急遽オートバイで乗り込んできた弟は、大学も辞めてしまったと強引に彼女と話し合いを迫る様子に、寅が絡んでけんかになる。弟がナイフを手にして大騒ぎとなる中、女将を見つけてバランスを崩して橋から転落した寅は、女将の介抱を受けるが軽い脳しんとうで済み、寅の診断ではインテリの「イロノーゼ」の弟と仲直りついでに、恋はこたつの中の手で口説くものだと伝授する。関係者四人が差し向ったこたつでは、何と男同士が手を握り合っていたというドジを踏みながらも、寅が仲を取り持って、二人を駆け落ちさせるよう、今は中風を病んで口のきけない父親を渡世人同士の気持ちの通い合いで説得し、二人が女将に別れを告げて立ち去った後、女将は旅館を売り払って相愛の大学教授と結婚することを決意して、娘の手を引いて出かける。

そのことを女将にご執心の寅には誰も言えずにいたが、娘を遊びに連れて行って風邪を引いた寅が回復し、たまご酒を作ってくれた女将にお礼に行こうとする段になり、ついに仲居からたとえ話をされて一切を悟った寅は、仲居たちが身を潜める女将のいない障子越しに、いると思えばこその恋情のこもった別れの挨拶をして、女将たちの乗る車と野辺の道ですれ違っても寅は気付かないまま、迎えた大晦日、霧島神社の境内で中継されたインタビューにしつこく付きまとって出演した寅は、「日本の国民の皆さん、新年明けましておめでとうございます。テレビを通じてご挨拶申し上げます。お志津さん、元気でやっているかい」などとほざいてさくらたちをびっくりさせ、明けて正月は、種子島に向かう船に乗り、同乗者たちに取り囲まれて得意の下品極まりない口上を垂れて幕となる。

新・男はつらいよ（第四作）（一九七〇年）（寅♥栗原小巻）

小林俊一監督のこの作品は、コメディータッチが全面に強調されているが、その分後半のストーリーの展開が分かりづらくなった感じがする。

寅の弟分の登は小さな旅行会社に勤めるようになっていたが、タコ社長が名古屋の競馬場で見かけたと言う寅はワゴンタイガーという人間でいえば五〇歳にもなる駄馬に賭けた大穴狙いが奏功して百万円の大当たりとなり、タクシーで帰還する羽振りのよさで、とらやは臨時休業して無礼講のどんちゃん騒ぎだ。「工員は勤労意欲をなくして困る」とタコ社長がぼやく中、ハワイ旅行をプレゼントしようと登に手配させ、おばちゃんは当時流行のミニスカート姿で、おいちゃんと羽田に向かう矢先、寅が支払った旅行代金を社長が持ち逃げしてしまったと弟分が言いに来て、万歳三唱してとらやを後にしたものの、夜中こっそり帰って、明かりもつけられずテレビも音無しで、じっと我慢を決め込んでいたところへ、留守だと聞きつけた泥棒がとらやに入り、捕まえては見たものの警察に届けることもできず、すっかり足元を見られてしまった泥棒に、寅が一万円を渡して出ていかせたが、泥棒が警官に誰何《すいか》されたため、全てが明るみに出て、寅は泥棒から一万円を取り上げる。

その一か月後、旅先から寅が帰ってみれば、御前様の紹介でミニスカートのよく似合う幼稚園の先生（栗原小巻）が下宿していることが分かると、隣の工場の二階に住む職工たちから見えないようにと目隠しの壁を作って騒動になる。下宿代を取るなんてとんでもなく、むしろ差し上げるべきだという寅独特の論理を振り回し、幼稚園について行っては児童と一緒に遊んで、町の笑い者になるが、彼女には実は顔も覚えていない他人同然の父親がいて、病院の先生から死ぬ前に会いたいと言っているので一度会ってくれないかという要請にも応えられずにいるうちに、亡くなったとの知らせがあり、折しも寺の境内で一緒になった彼女を連れて、御前様が寅の父親の命日だというのでお経をあげに行くと、命日とも知らずにいたとらやの仏壇を開ければネズミが出現する騒ぎに寅に抱きついた彼女は、読経の最中に涙を流す。彼女を慰めようと、ボートに連れだしたりするが、ついに現れた恋人らしき男性から「明るくなった」と言われて、「前より少し素直になった」と答える彼女と語り合う様子に、周囲がハラハラする中、夢見心地で帰って来た寅は全てを察し、戦々恐々として寝たふりをするおいちゃん夫婦に、何一つ恩返しできなかったと涙ながらにお詫びして、再び旅の空を求めて行き、D51全盛期の車内で乗客に囲まれて、泥棒の話で盛り上がって幕となる。

ちなみに、泥棒役を演じた喜劇俳優財津一郎（享年八九）は、「渥美清はうかつに人を入れさせない、というような油断を許さない目だった」と述懐している。競争の激しい人気商売の宿命でもあるが、寅の役を背負って立つのは自分だけだという自負の念と、代役など一切許さない気概の表れでもあろう。特に役柄のイメージを後生大事にして私生活とは常に一線を画する姿勢に徹していたようで、タクシーで帰宅する際も、家の遥か手前で下車する用心深さだったという。

男はつらいよ　望郷篇（第五作）（一九七〇年）（寅♥長山藍子）

おいちゃんが死の床で寅に後のことを頼むと言って事切れた夢も覚めやらぬ中、上野に着いてとらやに電話してみると、おばちゃんからおいちゃんが死にそうだと冗談を言われた寅は、すっかり真に受けて、御前様に危篤だと話はするは、葬儀屋まで手配するはの気の回しようで、当のおいちゃんから「お前の面を見るより死んだほうがましだ」と言われて、再び旅に出ようとするのをさくらが懸命に引きとめるところから始まる。

口さがない寅は、八戸から出てきてタコ社長の印刷工場に勤めようとする新入りに、「あんな空気のいい所から来たら、肺病になるぞ」と冷やかして、タコ社長や博をハラハラさせているうちに、札幌のテキ屋の親分が死に目に会いたいと言っている話を弟分の登が持ってきて、御前様に渡世人の義理だと言って借金を頼んで断られた挙句、さくらから「お兄ちゃんもいい年なのよ。五年、十年たって後悔しても遅いのよ。偉くなんてならなくていいの。地道な暮しをして」と意見されながらも、結局お金をもらって病院に駆けつける。

大部屋にいた親分を、「こんなに小っちゃくなって」と嘆きながら見つけた寅は、おかみさんたちは東京に行ったきりで、「函館の女中に産ませた息子の顔を一度見たい」と言っていると、付き添う子分に聞かされる。口もろくにきけない親分に、俺が連れてくると請け合うと、向かった小樽の国鉄の機関区で釜たきの機関士をしている息子と談判に及ぶが、「僕には父親はいません。そういう人がいるということは聞いています。僕には関係ありません」とにべもなく、勤務中だからと汽車を走らせていく。タクシーで追いかけて再び話し込むと、「会ったことはあります。小学校一年の時、おふくろに内緒で札幌まで会いに行きました。当時の赤線にいて、女の人たちに囲まれて女の人をひどく殴りつけていた父親を見つけました。まるで鬼のようでした。帰りの電車賃もなくそのまま線路伝いに帰ってきました。おふくろには散々殴られました。そのおふくろもそれから五年ほどして亡くなりました。遊び半分に子供を産ませて、後は知らん顔で、香典一つ寄こさないで、今度は自分が会いたい、詫びたいなんて身勝手な。ふざけるなと言いたい。息子は転勤して、いなかったと言ってください」と涙しながら汽車に乗り込む息子に、寅はかける言葉もなかった。

病院に電話すると、その日の五時に亡くなったとのことで、泊まった旅館でしんみりと酒を酌み交わすうち、父親とは長い間会っておらず不仲だと言う登に、さくらに忠告されたことをそのままなぞって、「地道に暮らすことに早く気づけ」と激しく叱責し、「田舎に帰って親父に詫びを入れろ」と旅館から追い出す。

地道に働く決心をしたとさくらからとらやに電話があり、今までとは全然様子が違う風に見える寅が現れて、「額に汗して油まみれで働きたい。身の引き締まる思いがする」と決意を表明すると、半信半疑ながらあれこれ仕事を提案してみるが、寅の気持ちに沿わないものばかり。ともかく作業服を新調して、八戸の新入りが辞めたタコ社長の工場を手始めに、町内のすし屋、てんぷら屋、風呂屋と全部断られて、小舟に独り寝そべっているうち、小舟は江戸川を下って浦安へ。

やがてさくらの所に、「一生ここで地道に暮らすかもしれない」との手紙を添えて、腐って食べられそうもないあぶらげが寅から送られてくる。そこは前の職人が辞めて、おばあさんが一人で切り盛りしている豆腐屋で、娘節子（長山藍子）がそのそばで美容師をしていた。様子を見に行ったさくらから、「考えることも地道にね、あまり飛躍しちゃだめよ」と忠告されていたが、その家の二階では何かと世間の噂になるからと、物置に寝泊まりしていた寅は、「妹さんを見て安心した。乱暴な口をきいていても育ちはいいのかも」と言った会話を漏れ聞きながら、すっかり夢を膨らませて精励恪勤するうち、御前様の所を首になって浦安にテキ屋に来ていた源公に地道な暮しをするよう意見していたが、国鉄のディーゼル機関士からプロポーズがあったらしく、かあさんとけんかしたと言って当時流行のミニスカート姿で現れた節子の前で、面白おかしく口上を垂れる寅に、「どうして結婚しなかったの」と節子から聞かれて、「いろいろあったし」と言葉を濁していると、「もしできたら、うちの店にいてもらえないかしら」と頼まれて、すぐさま承諾すれば、「これで安心できる。本当にうれしいわ」と節子は喜んで帰っていく。翌日、上機嫌な寅は、「所帯を持つかもしれない」とさくらに電話する。

その晩、囲んだ食卓に加わってきた機関士を「これから親戚になる人だ」と紹介されて、「都合が良かった。高崎機関区への異動の話が、おばあさん独りになることで長引いていた」と聞かされて、その場ではずっといると取り繕ってはみたものの、源公に代わりに働けと言って寅はいなくなる。

花火大会の日、ふられて帰ってきてタコ社長に色男と冷やかされ、「地道な暮しは無理だった」と観念した寅は、また旅に出る。その一か月後、寅から葉書をもらったと訪ねて来た節子は、「辞めたのは何か訳でもあるの?」といぶかしがる。その頃、寅は旅先でまた弟分と再会して喜び合っていた。

男はつらいよ　純情篇(第六作)(一九七一年)(寅♥若尾文子)

前作の望郷篇よりこの作品のほうが、ずっとその名にふさわしい。

旅先で『ふるさとの川 ―江戸川―』と題してとらやの様子も伝えるテレビ番組を垣間見た寅は、とらやに電話した後、故郷は遠きにありて思うものと望郷の念を募らせていたが、五島に向かう長崎の船着き場で、乳飲み子を抱えたさくらと同じ年格好の女絹代(宮本信子)に出会う。

「明日まで船はないそうだ」と声をかけると、「五島に帰ろうにも、バーで働いた給料が入るたびに夫に金を巻き上げられて、泊まるお金もないので貸してもらえないか」と言われて、見るに見かねて同宿させる。ミルク代にも事欠く有様でも、お前が勝手に産んだ子だろうがと子供には見向きもしない夫を嘆き、宿賃の代わりに身を捧げようとする彼女を、「もしさくらに行きずりの旅の男がそんな気を起こすようなら、その男を殺すよ」と諭す。

翌朝五島に発つが、駆け落ちして三年間も音信不通でいたこの体たらくに、逡巡している彼女をまた見るに見かねて同行する。「あんな男の顔も見たくもないし、思い出したくもない。父ちゃんと一緒に…」と娘が訴えると、母親を早く亡くして男手ひとつで育ててきた父親（森繁久彌）は、「できんて。明日の船で帰れ。三年間も便り一つも寄越さず、お父ちゃんが死んでいたら、どげんする気やった。お前は帰る所もないようになる。お前が好いて一緒になった男なら、どこか一つくらいいいところもあっとじゃろう。それをきちんと育ててやらんば。そんな気持ちがなくては、どんな男と一緒になっても同じじたい。そんな意気地のないことじゃ、父ちゃんは心配で死ぬこともできん」と意見する。

一升瓶を持って来てコップ酒を酌み交わして、お世話になったとお礼を述べる父親にすっかり共感した寅は、故郷の葛飾柴又の話をしながら、「いつでも帰れる所があると思うからいけないんだ。俺はいつまでたっても一人前になれないもんな。俺はもう帰らない。二度と帰りはしないよ。でもよ、俺が帰ると、おいちゃん、おばちゃん、さくらが喜ぶしなあ。でも、私は二度と帰りませんよ。でも…やっぱり帰るな、うん」と逡巡を重ねた挙句、結局「あばよ」と、汽笛を鳴らす最終便へと急いでいく。あきれて眺めていた父親は、「あの人はちょっと体の悪かとね。可哀そうに」とつぶやく。

「頭のほうじゃ分かっていても、気持ちのほうじゃそうついて行ってくれない。だから二度と柴又に戻ってこないとそう思っていても、気持ちのほうはそうは考えてくれず、結局とらやに帰ってしまう」というのが、何度も横恋慕しては失恋してしまう恋愛と同様の寅のロジックなのだった。

そのとらやでは、売れない作家と別居中の遠縁の艶やかな美人夕子（若尾文子）が、寅の部屋を借りて店を手伝っていた。寅の手前それを隠そうとして態度が煮え切らないおいちゃんたちだったが、むくれた寅が、「もう二度とこの家には帰ってこない」と旅に出ようとした矢先、買い物から帰って来た夕子とご対面となって、お定まりの寅の叶わぬ恋愛劇が始まる。美人が体調を少し崩したと知れば、医者を呼びつけると、美人に見惚れた医者（松村達雄）が「じっくり診察した」と言う様子を聞いて嫉妬に狂い、夕子が入浴している時、おいちゃんに「何を考えている」と聞けば、「お前と同じだよ」と答えれば、「いい年をして考えていることが不潔だよ」と、「今日も日が暮れたな」と思っていただけのおいちゃんに食ってかかるなどして、「帰ってこないほうが良かった」と嘆くさくらに、寅は例のロジックを説明して「本当に困った気持ちね」と苦笑させていた。

その頃さくらの夫博が、印刷工場から独立して会社を立ち上げる計画を実行しようとしていて、タコ社長にいつ切り出そうかと悩んでいた。寅が「人生は賭けだよ」とその仲介役になり、子沢山で社長宅とは思えない狭い家に伺うと、社長から「博に辞められると会社はつぶれてしまう。北海道の親元を飛び出してきて頼るところのなかった彼を、工場に二階に住まわせてここまで育て上げた恩義を一体どうしてくれる」と泣きつかれて、博の思いは社長に伝えることすらできずに、今度は社長の仲介役になった寅は、どちらにも生半可ないい返事をしているうち、双方ともに思いが叶ったと勝手に信じこむ。社長がとらやで催したお祝いの飲み会の席上ようやく真相が発覚し、折しも資金援助を頼んでいた博の父親から「やり繰りが付かない」との連絡が入って、博は独立を思い止まり、江戸川で慰安の舟遊びをして口直しをする。

さて恋愛劇のほうは、源公が面白おかしく町内に噂を流しているうち、やがて寅は食事ものどを通らず寝込むようになる。例の医者の出番となるが、まるで問題にもされない。夕子が「寅さんと江戸川を散歩したいな」と言っているのを聞きつけると、たちまち寅は元気百倍、食欲も俄然旺盛となる。念願のデートでは、夕子から「ある人がとても好意を寄せてくださって嬉しいけれども、お受けする訳にはいかなくて困っている」話を聞かされると、さっそく医者の所に忠告に行く始末だったが、新人賞を取ったもののその後鳴かず飛ばずで今度こそ別れようと思っていた夫がやがてとらやに訪ねてくると、「女って弱いわね」と言って夕子は帰っていく。

年が明けると、義侠心を出して寅が助けた絹代が、夫と子供を連れてとらやに近況報告に来て、一緒に同じ店で住み込みで働いていると言い、さくらにせかされて絹代が電話すると、一升瓶を手放さぬ父親も涙を浮かべる。その頃、寅は浜名湖の旅の空で威勢のよいテキ屋稼業に勤しんでいた。

男はつらいよ　寅次郎奮闘篇（第七作）（一九七一年）（寅♥榊原ルミ）

寅の産みの母親お菊（ミヤコ蝶々）が、見栄を張って泊まった帝国ホテルから、三十何年かぶりにとらやに大型ハイヤーで乗り付けてくる。ミニスカートの若作りで、昔芸者をしていたが今は温泉マークの旅館を経営する雰囲気そのままに、寅から一年前にもらった葉書に近々嫁をもらうよと書いてあったからという訳で、満男を抱えて店に入ってきたさくらを寅の嫁と孫に見違える始末だった。

一年前の女性は誰か、あれこれ口にしても確定できないまま、「帝国ホテルにいるから」とわざとらしく念を押して母親が帰ると、おいちゃんが寅を真似て帰ってくる場面の予行演習をしているところに寅と鉢合わせになり、寅は「もう二度と帰らない」とすっかり機嫌を損ね、母親の話をしても、自分を置いて逃げて行った母親には恨みこそあれ会いたいなどとは思いもしない。

さくらたちが意見をしている最中に、大きなおならをしてさくらを泣かせてまた一騒動となり、ついにいやいや博の車に乗せられて帝国ホテルに行くが、「二年前とちっとも変っていない」と母親を嘆かせる子供当然の落ち着きのなさと、洋式風呂をトイレと間違える不始末にあいた口がふさがらない。「お前のような男は、まともな女と結婚などできるか」と罵詈雑言の限りを尽くした母親に、「誰がてめえに産んでくれと言った。腰を抜かすほど別嬪の女を連れて来てやる」と啖呵を切った寅とけんか別れとなった母親に、「何もそこまで言わなくても」と、さくらも寅に同情する。

旅に出た寅は、沼津駅近くのラーメン屋で、少し知恵遅れの若い娘花子（榊原るみ）と出会う。人手不足の紡績工場に駆り出されたもののドロップアウトしたらしく、交番で子細を聞かれていた娘を通りかがった寅は、保護を買って出る。巡査と二人で出し合ったお金で青森までの切符を手配し、危なかしげな娘に「東京駅で上野まで乗り換えるんだよ。悪い男に注意しろよ。何かあったらとらやを訪ねろ」と言い含めて帰すが、青森に向かうどころか、とらやを訪ねてくる。その扱いに困って、青森の役場に知らせるべきだと話し合っているうち、気になってとらやに変装して帰って来た寅との似た者同士の純情物語が始まる。タコ社長の工場で事務員として預かる話がまとまるが、社長が肩を揉ませているのを発見した寅は即刻辞めさせ、御前様が預かろうとするといざとなるとそれも断り、とらやで働かせると、今度は店の客たちの言動に嫉妬に狂い、おいちゃんですら信用できない有様だった。

極めつけは二人で出かけた江戸川の土手で、歌の好きな花子から「村の福士先生が好きだが、奥さんがいるし、私、寅ちゃんの嫁っこになるかな」と言われてすっかり有頂天になり、「ずっとここにいろよ。俺が一生面倒みるからよ」と答えた頃には、娘は童謡を歌いながら花を摘むのに夢中になっていた。寅はさくら夫婦にアパートの家賃や生活費の実態を真顔で聞き出し始める。何と京都にいる母親には嫁をもらうと電話をかけ、御前様も巻き込んで「それで幸せになれるものだろうか」と一同難色を示していたところへ、ようやく村の先生（田中邦衛）が、知らせを受けて娘を引き取りにとらやにやってくる。子供の頃からお世話になってきた先生と抱き合った娘は、そのまま故郷へ帰っていく。

夕方帰ってきて、花子がいないのをついに知った寅は、さくらを突き飛ばしてまた旅に出るが、しばらくして「こんな馬鹿は生きていても仕方がない。もう用のない人間だ。俺のことは忘れてくれ」と自殺をほのめかすような葉書が、西津軽局の消印で速達で届く。驚いたさくらが訪ねて行った寒村の小学校では、娘は用務員のアルバイトをしていた。体育の授業を終えた先生が出てきて、寅が訪ねて来て一晩酒を酌み交わした話をしてくれて、無事を確認して乗った帰りのバスの車窓から、千畳敷の海辺で身投げ人の捜索が出ているのを目の当たりにしながら、さくらが胸を騒がせていると、「おばあさんたちと温泉に入っていた」と言う寅が、にぎやかに乗り込んできて万事めでたしとなる。

男はつらいよ　寅次郎恋歌（第八作）（一九七一年）（寅♥池内淳子）

雨が降り続き商売にならない寅が、観に行った旅の一座の興行も閑古鳥が鳴いて休演となった座長に慰めの言葉をかけると、傘を持たない寅を宿まで娘の小百合に送ってもらう。感激した寅は、「いい女優になるよ」と小百合を励まし、「これで一杯やってくれ」と間違えて大枚をはたいて後であわてる、いつものオープニングに始まる。

さくらが「勉強しないと寅さんのようになるよ」と近所で叱っている話を聞きつけて泣いてとらやに入って来た頃、久しぶりに帰ってきた寅に対するとらやの面々の歓迎ぶりがわざとらしいと、悪口を言われるのには殊の外敏感で被害妄想的なところがある寅と一悶着あった後、飲みに出かけた寅は昔の仲間をとらやに連れ込んできて、さくらに一曲歌わせる始末だったが、『かあさんの歌』をしんみり歌われると、情にほだされた寅はさくらに謝り退散していく。

博の母親が危篤の電報が入り、さくら夫婦は岡山の高梁に向かうが、死に目には会えず、葬式には突然旅先から寅が例の背広姿に喪章を付けて現れてお焼香の後、さくらに言われてだぶだぶのモーニングを借り受けて素っ頓狂な行動を繰り返したとどのつまりは、墓の前で親戚一同が写真を撮る時カメラを預けられて「はい笑って」と言って顰蹙を買い、今度は「泣いて」と言ってカメラをとりあげられてしまう。葬式の夜に父親と三人兄弟の夫婦がお膳を囲んだ時、教授だった父親（志村喬）は「欲望の少ない女だった」と母親を偲び、「何も思い残すことはないと言って亡くなった」と長男はじめ周囲が同調するのをさえぎって、末っ子の博は、「母は『本当は大きな船に乗って外国に行き、舞踏会で胸のあいたドレスを着て踊ることが夢だったのに、父と結婚してすべてあきらめて生きてきた』と、子供の頃港に時々連れていかれて自分に話してくれた」と言い、「華やかな都会で暮らしてみたかったんだ。父の女中みたいな一生を本気で幸せだったと言うのなら、母はもっと可哀そうだ」と涙を流す。

一人になってしょんぼりしている教授を見るに見かねた寅が同宿して慰めているうち、「女房や子供もいないから身軽だ」と言う寅に、教授は十年前に信州の安曇野の旅の途中、バスに乗り遅れて暗い田舎道を一人で歩いている時、リンドウの花が庭一面に咲いている農家の一軒屋で、開けっ放しの縁側から明かりのついた茶の間で家族がにぎやかに食事をしている情景を見て、これが本当の人間の生活だと得心し、「人間は絶対一人では生きていけない。人間は人間の運命に逆らっちゃいけない。そこに早く気が付かないと、不幸な人生を送ることになる」と寅を諭す。

真っ暗な家に帰ってくるより、明かりのついた家に帰ってくるだけでも家庭のありがたみはあると母は言っていたものだが、それににぎやかな食事の情景が加われば、その日の苦労や疲れも癒されようが、人間の生活の基本は時代がどう変わろうともこれ以外になく、あらゆる身分属性を取り除いてみれば、こうした平凡な生活の積み重ねの経過こそが人生であることを悟らざるを得ないのである。

とらやに帰って来た寅は、さっそくその家庭論を受け売りし、「どこかに未亡人がいて、小学校三年ぐらいの子供がいれば、結婚して家庭を持ってみたい」とおいちゃんたちに語って夢を膨らませていたところへ、寺の横に喫茶店を開業して越してきた未亡人が挨拶回りでとらやにも来る。

何とか寅との対面は回避できたものの、寺の境内で学校になじめずに早引きしてきた小学校三年の息子がいるのに出くわした寅が言葉をかけているうち、学校から知らせを受けた未亡人（池内淳子）が現れて、寅はそのお色気にすっかりまいってしまう。

ちょくちょく寺の境内に出かけては待ち伏せするも、着物姿のさくらを未亡人と間違えて、居合わせたタコ社長に冷やかされて寅が追いかけた先が例の喫茶店で、「人の奥さんに懸想するほど馬鹿じゃない」と言いながら、もう一人の自分をなだめているうち、たまただんごを買いに来た未亡人から「三年前に夫は亡くなった」と言われて元気百倍となる。さくらを無理やり連れ込んで喫茶店に出かけ、若い者たちが客に来れば気前のいいところを見せるが、足りない財布を補充するのはいつもさくらの役目だ。また寅は寺の境内に行っては、仲間外れになっている息子に寺のまんじゅうをかっぱらうところを見せ、仲間も引き入れて息子たちの遊びの相手役になってやる。

喜んだ未亡人は、「内向的な性格も片親のせいかとあきらめていたが、寅さんと遊んで、お陰で三人もお友達ができて明るい顔になって。これからも遊んでやってください。この店でお忙しいでしょうが」と寅にお礼に来るが、「この店は老い先短い老人夫婦の遊び半分のことですよ」と、寅はおいちゃんをだしにして、「全身的にガタが来ている年頃ですから。思えば不幸な一生だったんじゃないですか。あの年寄りも」と軽口をたたいたものだから、見送りに出ようとした寅は腹巻の後ろから引っぱられて、頭痛がすると言って早じまいして隣の部屋で寝ていたおいちゃんと大げんかとなる。

そんな頃合に博の父親が訪ねてくる。応接したおいちゃんが聞けば、「大学でインド哲学を専門にしていた」と言う。博も同席するが、教授に寅の近況を聞かれたおいちゃんは、「庭先にリンドウが咲いている農家のくだらない話で、どこかの無責任な野郎が吹き込んだに違いないことを寅が吹聴している。何しろ頭が単純だから、すぐに人に騙されてしまう」と話題すると、「実はあれは私が言ったんです」と教授に告白されて、おいちゃんはすっかり面目を失って気まずくなる中、寅が戻ってくると、座は一挙に明るくなる。教授は本当は博と一緒に暮らしたいらしい風情を見せながら、さくらにお金を置いて帰っていく。

女手一つの未亡人も、お金に絡んで身辺の苦労は絶えず、心配した寅がリンドウの花を携えて訪ねていき、またリンドウの花咲く庭の受け売り話に、自分の寂しい境遇を重ね合わせた話をすると、旅は女学校の頃からのあこがれで、「好きな人がいて、例えばその人が旅役者で一緒に回れたら、すぐにでも行きたい」という話をしている最中、お金のやりくりの電話に出た彼女が帰ってくると、寅はもういなかった。「俺みたいな馬鹿でも、潮時ぐらいは考えているよ。筋書き通りになるのが落ちだよ」とさくらに言って、寅はまた旅に出る。旅先では一座のトラックが通りかかり、「先生」と小百合に声をかけられて同乗していく。

男はつらいよ　柴又慕情（第九作）（一九七二年）（寅♥吉永小百合）

この映画では下品さで笑いを取ろうとする姿勢が際立っている。また、おいちゃん役には今回から松村達雄が起用されている。

さて、久しぶりに帰ってみれば、とらやの軒先には貸間ありの表示が吊るされているのを見た寅は、自分は歓迎されざる人間だとへそを曲げて、不動産屋に部屋を探してもらうと、何と紹介されたのがとらやの自分の部屋で、手数料として六千円をさくらが払ってやる始末だった。それもこれもさくらと博夫婦が、社長の好意で手配してくれた二〇坪の土地に自宅を建てようと計画し、少しでもその足しにしたいとおいちゃん夫婦が貸間の家賃で援助しようとしたからだった。訳を聞いても寅の気持は収まらず、安普請だと小馬鹿にして散々難癖をつけると、あまりにひどい言い草に博は泣き出し、さくらがいさめ、「出て行け」と言うおいちゃんの一声に、「それを言っちゃおしまいよ」と家を出た寅が向かったのは金沢だった。

その旅先で、結婚間近の娘がいる三人娘と福井の茶店で出会う。記念撮影で、寅が笑ってと言われて「バター」と応じて、このシリーズで何度かあった定石の爆笑劇となり、東尋坊など愉快に過ごして、そのうちの一人歌子（吉永小百合）からお土産をもらったのと引き換えに、お弁当代にでもとお金を渡すなどして別れた後、また柴又に戻ってきた寅は、江戸川の土手で結婚間近の娘たちと偶然出会ったこともあって、三〇年ぶりに帰ったと見え透いた芝居を打つ中、一緒に撮った写真の歌子のことが話題になる。父親（宮口精二）は小説家で、だいぶ前に母親と離婚したため父親の世話をしているが、「寅さんに会いたいなあ」とため息ついているという話を聞くと、「どこか幸せ薄そうなこの娘に、いい婿を世話しよう」と、寅は周囲に水を向ける。どれもこれも寅にかかれば失格で、さくらに「うちにも一人いたね」とようやく言わせて、夢を膨らませていると、案の定歌子がとらやを訪ねてきて、食卓を囲むと、博が「焼きナスが大好物だ」と言い、さくらが「貧乏暮らしの地が出るね」と同調すれば、痔の話と取り違えた寅は「もっと上品な話をしろ」と難癖を付け、歌子に「寅さんはどうして結婚なさらないの」と聞かれて、「失恋したからじゃないの」と言うさくらに、「こっちがその気持ちがない時もあるし」と答えて大爆笑となって帰ったその夜、歌子からお礼の電話があって、今度来たらもっと御馳走するからと寅が誘うと、また来るってと返事をもらった寅は有頂天になる。

夕暮を告げる六つの鐘の音が聞こえてくるたびに、「今日も来なかったか」とため息をついては、タコ社長に冷やかされては、取っ組み合いになっていたが、まじめに仕事をしようと御前様にお願いに行って寺の掃除をあてがわれても、源公とふざけ通しですぐにお払い箱となり、また旅に出ようとしていた矢先、歌子がまた訪ねてくる。

実は、歌子には五年越しの恋人がいて、父にもう一度会ってくれないかと頼み込んでいたが、「結婚したけりゃ勝手にしろ」と言って、父親はまるで取り合わず、膠着状態になっていて、「二、三日友達の家へ行く」と言って、自分で結論を出すため家を出てきたのだった。

食卓を囲んで気づまりな雰囲気の中、心が高ぶる寅に面白い話をせがまれたおいちゃんは、料理屋でタコ社長が小用をしながら大きなおならをした音に何だろうとびっくりした女将に「社長の屁だよ」と明かすと、「へー」と答えたと言って笑い出して寅たちの不興を買う。

さくらから「お兄ちゃんの失恋話でもしたら」と言われても寅はムキになって応じず、「失恋したこと、ありますよ」と言う歌子の話では、その時は父も気に入った見合いの相手だったが、庭の真っ赤なバラの手入れをしているだけでいいからと言われて馬鹿にされたような気持ちになり、父も「そんな奴、やめちまえ」と言って破談になったとのことで、「一度でもいいから、そういうこと言われてみたかったねえ」と羨ましがるおばちゃんに、おいちゃんが「俺だって、相手によってはそれくらいの台詞は吐くよ」とやり合っているのを見た寅が、「お互い、バラの花って柄か。せいぜい鼻の穴ぐらいじゃないか。君は一日鼻の穴を掃除していればいい」と茶化して笑い合う。

翌日、江戸川の土手で遊んだ後、歌子はさくらの家に呼ばれることになっていて、さくらから「お兄ちゃんがいたら歌子さんも話しづらいだろうし、愛情の問題だから」と言われて、すっかり勘違いした寅が送り出すと、博に「その窯業家の卵との恋をあきらめても、誰も幸せにならない。父親が一人暮しをあなたはできないと思い込んでいるだけだ」と言われ、「好きだということがはっきりしていれば大丈夫よ」とさくらに励まされているところへ、迎えに来た寅が立ち聞きする。その帰り道、「何の話だった」と問いかける寅に「結婚の相談をして五年間も悩んでいたが、決心がついた」と言われて、寅も決心がつき、また旅に出る。

さくらに送られて、「あんな雲になりたいんだ」と言いながら、本音は「またふられたか」と寅はつぶやく。一か月後、父親が結婚した歌子の近況を伝える手紙を携えてとらやにお礼に来る。五年越しの恋を実らせた歌子は「寅さんに会いたい」としたためていたが、すれ違いで終わったらしく、その頃寅は野糞をして出てきた舎弟の登を見つけて、またじゃれ合っていた。

男はつらいよ　寅次郎夢枕（第一〇作）（一九七二年）（寅♥八千草薫）

寅は被害妄想的なところがある。久しぶりに柴又に帰ってくれば、言うことを聞かない子供を叱るのに「そんなことだと寅さんみたいになっちまうよ」というのが母親の決め台詞と来ているから、邪推するのも無理がない。とらやで団欒の笑い声を聞くと、自分の悪口を言って面白がっているのだと決めつけ、隣の工場の博にまで難癖をつける。あてつけがましく褒めることに徹すると、ころりと態度が変わる。御前様からは「寅も悔悛したそうだな」とわざわざ褒められる始末だ。「真面目な結婚は真面目な生活に繋がる」と博にも励まされるが、「お兄ちゃんには好みがあるから」と言うさくらに、「おばちゃんやさくらが見つけてくれた人なら、どんな人でも」と寅は殊勝なところを見せる。しかし、周囲がいくら騒いでも、寅の縁談は端から断られるばかりで、落胆した寅はまた旅へ出る。

先輩の渡世人が訪ねて来てそのまま客死した話を老婆（田中絹代）から聞かされ、旅館では寅になりすまして酒の席を盛り上げる舎弟の登と合流しては、「一日も早く地道な生活をしろ」と置手紙を残して立ち去る。そんな頃合に、御前様の甥の東大理学部助教授（米倉斉加年）が寅の部屋に間借りをする。そこに戻ってきたのが寅で、すっかり機嫌を損ねて捨て台詞を残して立ち去ろうとしたところへ、呉服屋の一人娘で幼なじみの同級生だった千代（八千草薫）が、頼んでいた洋裁のことでさくらに用があって鉢合わせになり、二階の物置部屋に寝泊まりするようになる。

そんな彼女を助教授が見初めてしまい、買い物で一緒になったこともあって、研究論文にも「オチヨサン、スキダ、アイシテル」と書き連ねる塩梅で、アメリカに行く話も断ってしまうほどだった。「恋など、先生ほどの人は無関係で、下等な人間がするものだ」とあえて決め付けようとするおいちゃんに反論して、寅は恋愛至上論を声高に語る。勉強中の先生は、「静かにしてほしい」と言いに来たところへ、さくらへの頼みごとで、また彼女が現れたため、すっかり度を失ってしまい、寅にいいようにからかわれて翻弄されてしまう。

彼女は二年前に離婚して美容院をやって、男の子は父親に引き取られて、つらい思いをしていた。そんな彼女を慰めようととらやに呼んでみても、寅が禁句だと言ったはずの話題は、ニュースも寅の童謡も子供に絡んだものばかりだった。

助教授の恋煩いは重くなる一方で、寅が大学に資料を届けに行った際には、間違えて入った大教室で「学生諸君、ご苦労さん。先生、手を抜かないでしっかり教えてくれよ」と一声かける場面もあるが、彼女との仲を見るに見かねた寅は、彼女を誘い出し、彼女が仕事も休みにしてご飯を食べて四時間も付き合った挙句、「いつまで一人でいられる訳じゃないし、あまりパッとした相手じゃないが、この辺りで手を打ったほうがいいんじゃないか」と寅から助教授を想定したプロポーズらしき言葉があって、それを寅だと思って「嫌じゃないわ。随分乱暴なプロポーズね。寅ちゃんとなら一緒に暮らしてもいいわ」と承諾した途端、彼女が勘違いしていたことが分かってショックを受けた寅は、「冗談じゃないよ」と話を紛らせてしまうと、彼女も「やっぱり冗談よ」と調子を合わせてくれて、東大でも何十年か一人の逸材も見事にふられてしまう。

これは釣り合わぬは不縁でしかあるまい。もっとも、寅が応じてしまえば、寅さんシリーズは終わってしまいかねないから、そうもいかない。それにしても、寅は気持ちの優しさが売り物だが、今回を見る限り、そうとばかりは言えない底意地の悪さも併せ持っていて、単なるお人よしでは全くない。

正月を迎えてとらやに来た千代は、「寅ちゃんならいいのに、ふられてしまった」と打ち明けて周囲を驚かすが、誰も本気にしない。寅は旅の空で登に向かって、「俺のことはあきらめてくれ。これが渡世人のつらいところよ」と言い、相手の女性が泣いていた話を得々として、食堂のばあさんに「そんなに女を泣かしちゃ駄目じゃないか」といさめられ、「泣かせたかねえんだけどなあ」と言いながら、「釣り銭は要らないよ」と寅が格好つけて店を出ていくと、「足りない」と言われた登は、上着を与えて逃げるように立ち去る。

第二部　リリーと北で出会って南で暮らす・逡巡する寅さん（第一一作〜第二五作）

男はつらいよ　寅次郎忘れな草（第一一作）（一九七三年）（寅♥浅丘ルリ子）

帰ってきたとらやでは、御前様を迎えて寅の父親の二七回忌が営まれていたが、そうとも知らず仲間入りした寅は、ふざけ通しで周囲を苦笑させ、御前様にお目玉を食らう始末だったが、一緒に笑ったほうも悪いと反省の色もない。

さくらが満男を迎えに行った幼稚園の帰りに、ピアノを練習する家庭を眺めて、「せめてピアノの置ける家に住んで満男に習わせたい」と言えば、さっそくひとっ走り行って寅はおもちゃのピアノを買ってくる。タコ社長に「おもちゃか」と馬鹿にされると、さくらに「本物のピアノが欲しかったのか」と真顔で尋ね、「稼ぎが悪いから買えないんだ」と捨て台詞を残して旅に出た先は北海道だった。

列車に揺れて女の乗客が涙する情景も垣間見ながら網走に着き、中学の頃からフーテンのようだったと言うその女リリー（浅丘ルリ子）と出会い、「歌手として渡り歩いて、あってもなくてもどうでもいいようなあぶくみたいな生活をしている」と自嘲するような言葉に目覚めた寅は、あぶくから脱しようと、職安の紹介で農場に働きに出る。しかし、もう二日目から仕事についてゆけず、熱を出してダウンしていることを伝える速達が届いて、さくらが駆けつけると、朝の四時から働きづめでひどい目に遭ったと、半ば放心状態で原っぱに座り込んでいるのを連れ帰るが、くわえ煙草で時にパチンコに興ずるおいちゃんの姿に失望し、もう一遍北海道に行って自分を鍛え直してくると、寅が家を出かけたところへ、キャバレー回りから帰ったリリーがとらやを訪ねてきて、二人は抱き合って喜び、リリーが紹介される。鉢植えの花が忘れな草だと知った彼女が、満男に小遣いを与えて頬にキスして帰っていった後、リリーの境遇から発展して階級のことが話題になると、やって来たタコ社長は寅に上級階級に名指しされていぶかしがるが、寅は聞かれて「中流くらいのとこか？」と答えるものの、博は「中流じゃないでしょう」と打ち消す一方で、大きな屋敷や土地を持っている人間にもくだらない奴はいるし、財産なんか持っていなくても立派な人間がいると持論を述べ、さくらから「お兄ちゃんは人を愛する気持ちはいっぱい持っている」と援護されて、それはお金で買えないものだから、おいちゃんが「さしずめ寅は上流階級か」と結論付けると、寅は「上流階級ね、この僕が」と上機嫌だ。

そんなある日、客が来ても「よそでもだんごは売っている」と押し返して、寅が店番にならない店番をしていると、リリーがまた訪ねてくる。ラーメン屋で店員をしているうぶな娘が、同郷で印刷工場で働く職工を寅に呼び出してもらったところ、恋人呼ばわりしたため、無神経だと博たちが間に入って、災いを転じて福となす愛の告白を彼がしたため、いよいよカップル誕生となる中、リリーは寅の恋人の話を聞きたがる。話を転じて「リリーさんは？」と言われた彼女から、「心から惚れたことが一度もない。惚れて惚れて惚れまくりたい。私の初恋の人は、寅さんじゃないかしら」と真顔で言われた寅は、全て冗談ということにしてしまう。その夜、とらやの二階に泊まった彼女は、「恋をしたい。燃えるような恋をしたい。寅さん、聞いてる?」と、隣室の寅に呼びかけるが、まるで返事がない。

兄がお世話になったお礼にさくらが贈答品を北海道の酪農家に送ると礼状が届き、寅も返事を書こうとするがものにならず、結局さくらが代筆したのに、ポストに入れるよう渡した手紙を源公ははずみで川に落としてしまう。寅は「リリーをしばらく置いてもらえないか」とさくらに頼みもするが、「リリーさんは賢い人で、自力で切り開いていく人であり、むしろ可哀そうなのはお兄ちゃんのほうかもしれない」と言うさくらに博も同調する。

その頃リリーこと清子は、母親から呼び出しを受けて会いに行き、お金をせびり取られ、「大嫌い。いなくなればいいと思っている」と本音とも思える言葉をぶつけていた。キャバレーで誰に聞かれているとも分からないような歌の最中に邪魔されて、酔っぱらって深夜とらやに来たこともある。今すぐ旅に一緒に出ようと騒ぎ出すリリーを、「もう汽車もないし、ここは堅気の家だから」と寅が止めると、「寅さんは家があって幸せでしょう。私の話は何も聞いてくれないじゃないか。嫌い」と言ってそのまま帰っていく。翌朝寅が訪ねていくと、アパートはもぬけの殻だった。

寅は再び北海道を目指し、上野まで見送りに来たさくらに、「リリーがまた訪ねてきたら、可哀そうな女だから、家賃を取らず面倒を見てやってほしい」と哀願し、さくらは頷き、お金を補充してやる。

やがて暑中見舞いの葉書がリリーから届き、歌手を辞めて寿司屋の女将に収まったというリリーをさくらが店に訪ねると、リリーは亭主の前でも「この人より、寅さんが好きだった」と言ってのけ、

「寅さんに会いたいなあ」と想いを募らせる。

男はつらいよ　私の寅さん（第一二作）（一九七三年）（寅♥岸惠子）

さくらと博夫婦がおいちゃんとおばちゃん夫婦に恩返しのつもりで九州旅行を企画した、その出発の前日に寅が帰ってくる。寺で引いたおみくじが「旅行は差し控えるべし」の凶で気が乗らないおいちゃんをはじめ、家族は旅行に出かけるとも寅の手前言いそびれていると、御前様が餞別を持ってきて万事休すとなる。寅は大いに機嫌を損ねるが、さくらが懸命に言い含めて、ともかく寅に留守番を託して出発する。別府では高崎山の猿山で仲間外れになった孤独な猿に寅を連想するが、毎晩タコ社長や源公相手においちゃん秘蔵のジョニ赤のウイスキーは飲みつくされ、ご機嫌斜めで首を長くして電話を待つ寅にようやくさくらが連絡すれば、「遅い」と愚痴やありもしないでたらめをわめきたてるばかりで、挙句の果てはおいちゃんにケチをつけて口論となり、「てめえなんか、出ていきやがれ」と怒鳴られる始末で、旅行気分も何もあったものではない。阿蘇から熊本に出るが、熊本城から雲仙方面へ足を伸ばすのは、寅の連夜の電話にうんざりして、結局あきらめて繰り上げて帰ってくると、それまで食事や風呂の準備に寅は余念がなかったのに、いざとなればむくれ加減で顔を上げようともしなかった。ようやく夜に一家団欒が戻ってきて一件落着となる。

そこへ、土手で寝転がっている時にさくらと満男を見かけて、声をかけようと追いかけてとらやまで来て、気味悪がるさくらを見て寅に首根っこをつかまれた、寅と小学校時代の同級生通称デベソ（前田武彦）が登場する。柳病院の御曹司だが文学部に進んで今はテレビのよろめきドラマなどの脚本を書いているデベソが、「がりがりのキリギリスだ」と言う妹の家に寅を連れて遊びに行くと、音楽の先生をキリギリスとあだ名して悪さをした話をしながら、寅が手にした絵筆で描きかけの絵を汚してしまったところへ、絵描きの妹りつ子（岸惠子）が出てきて、「勝手に上り込んで、こんなことをして。帰ってくださいい」と、兄を挟んで口論となり、熊呼ばわりされた寅は、「呼ばれたから来たまでで、俺は熊でもカバでもない。寅だ。キリギリス野郎」と、りつ子にあてつけた捨て台詞を残して出ていく。

不機嫌が収まらぬ寅だったが、翌日りつ子から「お詫びに来る」と電話で知らせを受けても、「あんなインテリ女は、一歩たりとも敷居をまたがせない」と怪気炎を打上げていたものの、「熊さん」と間違えて呼ばれても、本人が現れればころりと態度も一変し、一度結婚したがすぐに別れたというりつ子に夢中になる。ところが、とらやを待ち合わせ場所にして、中年の画商が来てりつ子に個人的な思いも絡めて肩入れする話を持ちかけているところへ、帰ってきた寅が事情を察して旅に出ようとすると、りつ子から「あんな奴、大嫌い」という話を聞かされてすぐに思い止まる。

りつ子を送る道すがらのパン屋で、「財布を忘れた」と言うりつ子を制して寅が支払い、「私のパトロンね」と言われて別れてくると、「食うことだけが楽しみだ」とのたまうタコ社長や、「早い話、人間は食うために生きている」と同調するおいちゃんたちを尻目に、寅は「気に入った絵は売りたくない。まして気に入らない絵は売る訳がない。だから貧しいが、そんな芸術のために生きている芸術家もいる」と言うと、博は「食べることは大事だが、人間はそれだけじゃない。だからこそりつ子さんのような人が必要で、芸術に感動するためにも人間は生きている。ともかくいろんなことに人間は喜びを感じて生きている」と力説すると、「寅が恋するのもか？」とおいちゃんが半畳を入れるが、博は「兄さんが美しい人に恋をする。それは兄さんが人間として生きている証しですよ」とお墨付きを与えると、寅は「人間の証しね」とすっかり気を良くする。

さっそく、さくらを伴って満男の絵をりつ子に見せに行ったりしていたが、りつ子が指導を受ける画家の元を訪ねると、片思いだった画家がお金持ちの令嬢と結婚する話を聞かされてショックで寝込み、寅が見舞いに駆けつける。今度は、寅が恋煩いで寝込み、りつ子が見舞いに駆けつけると、さくらと間違えた寅は「何を見てもりつ子さんに見えてしまう」と恋心を白状してしまう。恋煩いを慰めに来たデベソに寅が強がると、「惚れてなきゃいいんだ。大した女じゃないよ。あんなキリギリス」と悪口を言うデベソを「それが気に食わない」と追い返したものの、「近くまで来たから」と寅がりつ子を訪ねていくと、隣家からショパンの『別れの曲』が流れてくる中で、「寅さんの気持ちはとてもうれしいし、寅さんのことは大好き。でも本当に困るのよ。画家として生きたいし、女としては中途半端なの。いい友達でいて欲しい」と、りつ子に引導を渡される。

「惚れたはれたで考えたこともないし、ずっと友達でいたい」と応ずる寅だったが、横浜育ちでフランスの映画監督と結婚のために渡仏した名女優が醸し出す雰囲気からすると、映画という絵空事とは言いながら、どこか場違いな感じが付きまとい、何とも不釣り合いな設定であるようにも思われた。寅はさくらに「いい友だちでいて欲しい」とりつ子のことを頼んで旅に出るが、正月を迎えてりつ子からは、「寅さん、私の寅さんはどうしていますか」と書かれた絵葉書が絵の勉強に行ったスペインの古都トレドから届いていた。

男はつらいよ　寅次郎恋やつれ（第一三作）（一九七四年）（寅♥吉永小百合）

おいちゃんが寅が結婚した夢を見た話をしていると、本人が女将が持たしてくれたお土産を持って帰ってくる。何でも島根の温泉旅館の番頭のようなことをして、窯業の仕事に向かう近所の女の人と挨拶を交わすような仲になり、夜に重大発表したいというのだ。いよいよ結婚だと早合点して周囲は騒ぎだし、前祝いの品も届けられる中、夜を迎えて乾杯した後の寅の話はと言えば、相手は年の頃は三五、六で、子供が二人いて、三年前に夫が仕事に出たまま行方不明だという絹代さんで、惚れたの腫れたのと言っているような年でもないし、細い体で真っ黒になって働いている心の優しい女性なので、所帯を持ちたい気持ちを皆に伝えて、気に入ってもらえるかどうか確かめに来たというのだ。しかし、結婚の約束はまだだと言い、二人っきりで会ったこともなく、要するに何もない現状なのに、周囲はあきれ返ってしまう。ともかく、その女性に会って相手の気持ちを確かめようと、タコ社長とさくらが同行して島根に向かってみれば、その女性から「主人がおととい帰って来た」と聞かされて、全くの無駄骨となる。

きまり悪くなった寅が一足先に旅に出た津和野のそば屋で食事をしていると、図書館に勤めていて文化講演会のポスター貼りのお願いに来た歌子（吉永小百合）と寅は二年ぶりに再会する。歌子は窯業家の夫に嫁いだものの、夫が病を得て多治見から彼の実家へ療養に帰ったが昨年秋に亡くなり、姑と小姑と一緒に津和野に残っているのだと言う。寅は「幸せかい？」と声をかけ、「何かあったら、とらやへ」と言い残してバス停で別れるが、十日経ってとらやに現れたのは寅のほうだった。

歌子を案じる気持ちが高じて恋やつれをした寅が、また津和野に向かいかけたその時、歌子から電話があって、「私、来ちゃった。けんかして出てきた。東京で自分で向く仕事を探す」と歌子が現れれば、二年前に出会った頃の写真が話題になり、「歌ちゃん、笑っている。良かった」と寅は胸を撫で下ろし、寅の部屋は歌子の下宿に様変わりする。

さくらに歌子は、父に速達で夫の葬儀を知らせても、「仕事だから行けない。終わったらすぐ帰って来い」と素っ気ない葉書を寄越したほどで、「いくら心の中で思ってても、相手に伝わらなかったらそれが愛情と言えるのかしら」とぼやく。同情したさくらは、歌子がいることを知らせにその父（宮口精二）を訪ねるが、思い直したように駅まで見送りに出た父は、「面倒かけるがよろしく」と言って頭を下げる。歌子を囲んで笑い転げる団欒の場面では、幸せとお金が直接結びつかないこともあり、仕事の満足や愛情の充足それは友人とか肉親も含めてのことで、そうした要素もあることからすると、何となくおいちゃんが言うように「立派な甥」であり、さくらが親しみを込める「優しいお兄ちゃん」が周りにいて、歌子が「私も幸せよ。寅さんみたいな友達がいて」と締めくくったように、皆が寅がいて幸せであるようなところへ話が落ち着いていく。

絹代さんからは近況を伝える手紙が届き、歌子が寅の代筆をしてあげる。仕事の選択に悩む歌子は、さくらの家に相談に行き、施設の仕事に気持ちが傾いている話をすると、「お父さんに会ってみたら」と言われる。寅の考えは、「歌子さんはずっととらやにいて、花を摘んだり歌を歌ったりして暮しなさい」というもので、さくらから「生きていくためには、誰だって働かなきゃいけないの」といさめられていたが、ある日寅がその父親に、娘の前で両手をついて「私が悪うございましたのでお許しください」と言えるかどうか直接返事を求めに訪ねていく。「謝るのは娘のほうだ」と即座に断られると、商売を聞いて「小説家だ」と言われて、「生活状態も苦しいだろうけど、人妻の不倫な恋といったいやらしいものを書いちゃいけない。真面目にコツコツやっていれば、いつか芽が出る。そういうもんだよ、世間というものは」と、訳知り顔に説教して帰ってきた寅に、おいちゃんは「歌子さんの父さんは、偉え小説家なんだよ」とあきれ返る。

「一方的に言いに行って、いいとらやの恥さらしだ。こんな極道もんを身内に持って不幸せだ」と心底歎じて、さくらも交えて寅と言い合いになる中、「先ほどは失礼した」と歌子に会いに父がやって来て、「もっと早く来たかったが、仕事があってな」と前置きして「何かの足しにしなさい」とお金の袋を差し出し、「元気そうで何よりだ」と言って帰ろうとした父親に、歌子が「心配かけてごめんなさい」と謝ると、「口下手で誤解されることが多いが、謝るのは自分のほうだ」と娘に謝り、「君が自分の道を自分の信ずる道を選んで、まっすぐ進んでいったことを本当に嬉しく…」と言葉を詰まらせてハンカチを目に当て、歌子は「もっと早く会いに行けばよかったのに」と父親の身体に泣いてすがる。

こうして歌子が父の元に帰ると、寅は失望落胆してもう半病人だったが、ある夜歌子を訪ねていくと、父が会合で不在で遠く花火が打ち上げられる中、心や体が不自由な子供を預かる施設の仕事に就くため大島に行く話に決めたと言われて帰る。さくらから「お兄ちゃんがいないと、黙ってテレビを見ながらご飯を食べて、寝るだけなのよ」と寅の存在のありがたみを聞かされながら、その晩寅はまた旅に出ていく。「反対しても親に似て頑固者だから」と、歌子の父親が近況報告にまたとらやを訪ねてきて、歌子からは「大変な仕事で、毎日が無我夢中です。寅さん、ホントに来てくれないかな」と手紙が届く中、寅は浜辺で子供たちと遊ぶ遊ぶ絹代さんと再会し、夫を初めて紹介される。皆いろいろあっても、それぞれ収まるところに収まって、夏は真っ盛りを迎えていた。

男はつらいよ　寅次郎子守唄(第一四作)(一九七四年)(寅♥十朱幸代)

印刷工場で機械に巻き込まれた博は病院に担ぎ込まれるが、右腕を包帯で吊って美人看護婦（十朱幸代）のお世話になって診察室から出てきて、骨にも異常がなく、さくらやおいちゃん（三代目は下條正巳となる）たちをホッとさせるが、見舞いに来た御前様は「とらやの大黒柱は博ではなく、寅だ」と言われて「それは困った」と嘆いていると、本人が帰ってくる。話題は将来をどう考えているのかという話になり、寅が「自分の葬式は迷惑をかけたくないから貯金している」と通帳を出すと皆に感心されるが、「五艘の屋形船を浮かべて、芸者も上げて派手にやりたい」とまくし立てると皆の反発を招き、機嫌を損ねた寅は残高七七〇〇円の通帳をさくらにやって家を出ていく。

唐津くんちでにぎわう中、呼子港でストリップ劇場の踊子の女房に乳飲み子を残して逃げられた男と同宿した寅が情けをかけてやると、その男に「この子をよろしくお願いします」と置手紙を残して逃げられた寅は、赤子を負ぶって仕方なくとらやに帰ってくる。寅は父親かと誤解されるが、発熱した赤ん坊を博がお世話になった病院には美人看護婦がいるというので寅は外してさくら夫婦が連れていくと、「風邪で大したことはない」と言われるが、名前を聞かれても訳ありで誰も分からない。

翌朝、夜勤明けの美人看護婦京子がとらやの店先に立ち、赤子の様子をうかがうと、寅はすっかり子供好きに変身する。京子が帰ればたちまち赤子をおっぽり出して、病院に行かせない算段をしたさくらをなじっていると、京子が「お団子を買うのを忘れていた」と戻ってくれば、また変身する。赤ん坊の具合にかこつけて寅は恩着せがましく病院に連れて行こうと、冷ややかな周囲に悪態をつきながら肝心の赤ん坊を忘れて出かける始末で、患者を送り出す京子を遠目に見つめて帰ってくる。

その頃、例の逃げた男が踊子仲間の後添えの女房を伴ってとらやを訪ねてきて、「二度とこんなことはしないだろうな」と寅に釘を刺されると、女房は「責任を持って育てます。自信もあります」と言って赤ん坊を連れて帰っていく。

京子は毎週土曜日に集まる混声合唱団に所属していた。江戸川の土手でさくらと出会ってとらやを訪ねた京子は、「看護学校を出て、二、三年は仕事を覚えるのに夢中で、今度は仕事が面白くなってあっという間に五年が過ぎて、もう三〇」とぼやくが、「とても見えない、一七、八にしか」と寅に冗談を言われて、「寅さんは」と聞かれて、博が看護婦と同じような経過をたどって四〇と答えると、「とても見えない、一七、八にしか」と京子がお返しする一幕もあるが、帰りがけにコーラスの仲間に入るようさくらと寅に勧めていく。その日を待ち焦がれて「まだ木曜日で、一週間は長い」とぼやく寅と、資金繰りで苦労して「もう木曜日で、一週間は短い」と嘆くタコ社長とでは時間の進行がまるで違って、「お前に中小企業の社長の苦労が分かってたまるか」「お前、苦労しているツラか、それでぶくぶく太っているだけで」と言い合いになり、取っ組み合いのけんかにまで発展する。

そして土曜日、寅は源公も伴ってさくらと出かけ、ここに来たのも遅れたのもさくらのせいにして出迎えた京子に話すと、おもちゃ工場で働く髭もじゃのリーダー大川（上条恒彦）が紹介されてさくらが仲間に入るが、寅は見学していても黙っていられず、さくらのハンドバッグから出した口紅で源公にいたずらをして失笑を買い、大川は悲しそうに練習を終えてしまう。寅はさくらに言われて薄汚いアパートに住む大川に謝りに行く。酒を酌み交わして、寅が「金はないし、口下手で、その男っぷりでは惚れられたことなどないだろう」と水を向けると、「ないです。惚れたことはしょっちゅう」と正直に答える。「男にとって大事なのは、顔ではなく心なのでは」と力を込める大川に、「心だということなら、苦労はないが」と言いながら、足元に京子の写真を発見した寅は、大川とそれを取り合っているうちに窓の外のトラックの幌の上に写真は落ちて、そのままトラックは走り去っていく。

父親が早くに亡くなって母一人子一人の京子は、米沢の母親から「父親みたいな人と早く結婚しろ」と言われていたが、「ブ男で口下手でお金に縁のない人で、そんな人見つかると思う?」と、さくらに笑ってみせていた。ところが、「京子さんへの思いを口にしないまま、お多福と結婚して五人も子供をこさえて、いよいよ一家心中となった時、もしかして京子さんはこの僕を好きだったのではと思ってももう遅いのだから、好きですと告白してふられて、別のお多福を探せ」と、寅は自分もできもしない告白をするよう指南し、意気投合してとらやに大川を連れ帰ると、そこには京子がいた。寅がけしかけると、ついに大川は、「笑わないでください。盲腸炎で入院したその日からずっとあなたが好きです」と言って帰っていく。翌日の昼休みに京子は京成関屋駅に向かい、たまたま駅で出会った大川に「あなたに会いたくて」と打ち明ける。

瓢箪から何と駒が出て、寅はさくらが使わずに済んだからと返してくれた通帳を懐にまた旅に出ていく。正月のお祝いで、大川のアパートでは合唱団員が集まる中、美女と野獣の組み合わせだと皆がもう先刻承知の結婚の話を大川は切り出す。寅は唐津の呼子港で例の母子と再会していた。

男はつらいよ　寅次郎相合い傘（第一五作）（一九七五年）（寅♥浅丘ルリ子）

エリザベス女王夫妻が来日しているテレビを見ながら、「とらやのプリンスは今度は帰ってくるのが遅い」と気をもんでいると、寿司屋の夫と別れて歌手に戻ったリリー（浅丘ルリ子）が旅の途中で訪ねてくる。その頃寅は、月曜に会社に出勤しようとしてそのまま自由を求めて行方をくらましていた五三歳の品のいい会社員（船越英二）と一週間も一緒の道中となり、さくらから連絡させて奥さんがとらやにやって来たものの、どこにいるのかも要領を得ない状態だった。青森から函館に渡って、入った屋台のラーメン屋で、寅はリリーと二年ぶりに再会して三人川の字で寝て、長万部で蟹飯を食べた代わりに今度は駅のベンチで寝て、会社員のみパジャマ姿で朝を迎えると、札幌の大通り公園では会社員をつぶれた会社の万年筆売りに仕立てて、寅とリリーがサクラになって大儲け。

「小樽に学生時代の初恋の人がいる」と言う会社員は、「彼女の幸せな姿を一目見たさに旅に出たのかもしれない」と言い、夫は亡くなり引っ越して喫茶店をやっている話を聞きつけると、リリーは「男はいい年をして甘ったれるな。三〇年前の男が現れてどうのこうのと言ったって、女には迷惑な話よ」と素っ気なかったが、入った喫茶店のママは無表情で、会社員が声もかけようもなく店を出てしまうと、ママが忘れたカバンを持って出てきて、「すぐに分かった。もう一度店に」と言うのを、汽車の時間にかこつけて「お幸せに」と振り切って帰る。

「今の自分に何ができる。一人の女も幸せにできない駄目な男だ」と嘆く会社員に、リリーは「幸せにしてやるなんて、大きなお世話だ。女は男の力を借りないと幸せになれないとでも思っているのか。笑わせないでよ」と啖呵を切ると、寅が「女の幸せは男次第だ」とたしなめても、「初耳だね。男の思いあがりというものよ」と反発し、寅が「可愛げのない女だ。亭主と別れたんじゃなくて、捨てられたんだ」と毒づくと、けんか別れになり、これを潮に会社員もようやく帰宅する。

寅もとらやに帰ってくるが、「土間に手を付けてでも謝りたい」と言うリリーがとらやに現れて二人は抱き合い、そのまま大宴会となり、「足は冷たくないか。いつものように温めてやろうか」と心にもないことを言って部屋に帰す。翌日、寅とリリーは腕を組んで歩き、御前様が見とがめて、「青少年に及ぼす影響は大きい。困った」と嘆く。「寅さんはリリーのひもだって」という町の噂をタコ社長が伝えに来る中、場末のキャバレーまで送っていった寅は、「リリーが可哀そうだ」と嘆き、「お金があったら、一日中大劇場を借り切って歌わせて、リリーの夢を叶えてやれるのに」とおばちゃんを泣かせていると、会社員がお礼に訪ねてくる。

「寅さんが羨ましい。自分は家族に白い目で見られ、定年まであと七年、役職は外されて何もすることがない。一体僕の人生は何なのか」とぼやき、定年になったら旅に出ることに希望の灯をともすが、おいちゃんは「定年のある人は羨ましい」と応じ、会社員はさくらに「寅さんとリリーはいつ結婚するのか」と尋ね、「その時は呼んでください」と言って帰っていく。

リリーが泊まる所がないと電話してきたので、さくらが近くのバス停まで迎えに行くと、酔った男二人に嫌がらせをされて、リリーが平手打ちを食らわしてとらやに泊まった翌日、会社員からもらったメロンをリリーも交えて食べようとするその時、おばちゃんがつい勘定に入れていなかった寅が帰ってきて、「あの会社員が持って来たメロンだから、皆が俺に感謝して頂くものなのに、俺が来ると隠しただろう」と口論になる。「そんなに食いたけりゃ食えよ」とおいちゃんが紙幣を投げつける一幕もあり、見るに見かねたリリーから「大人げない。心が冷たいだの文句を言える筋合かい。ろくでなしのあんたを大事にしてくれる家がどこにある」といさめられると、「もっと楽しい所へ行く」と捨て台詞を残して寅は出ていく。

その夜、雨が降ってきて、仕事に出ていたリリーを心配した寅は、とらやから傘を持ち出して柴又駅にリリーを出迎えに行き、散歩中だと言いながら、相合い傘で帰ってくる。さくら夫婦は、「リリーさんなら寅とうまくいくだろう」と意見が一致するが、アパートが見つかったリリーに、さくらが「冗談だから」と言いながら、「お兄ちゃんの奥様になってくれたら」と話すと、「私みたいな女でよかったらいいわよ」との思いもかけない返事だった。一家中喜び合って、帰ってきた寅に「リリーさんが結婚してもいいと言ってくれたの」とさくらが伝えても、「からかうのか。悪い冗談はやめろ」と、まるで答えを強要するかように寅がリリーに問い質すと、「冗談に決まってるじゃない」と言って、また雨になったその夜、リリーは帰っていく。

後でさくらに、「リリーは利口な女だから、俺みたいな馬鹿と一緒になって幸せになれる訳がない。あいつは同じ渡り鳥よ」と、寅は胸の内を明かす。また訪ねて来た会社員に経緯を話しながら、「仲の良い友達だったのに、二人の仲を裂いたのでは」とさくらは案じる。旅の空の寅は、遭遇した函館のキャバレーの慰安旅行のバスに招き入れられて同乗していた。

男はつらいよ　葛飾立志篇（第一六作）（一九七五年）（寅♥樫山文枝）

修学旅行の途中に、山形の寒河江の一七歳の順子（桜田淳子）がとらやを訪ねてくる。寅から毎年五百円の入った手紙をもらっているからと、まだ見ぬ人に会いに来たのだった。折しも寅が帰って来たところでご対面となるが、一六、七年前にお雪さんと縁があったと寅は思い出し、もしや寅が父親かと周囲は色めき立つが、知り合ったときおんぶしていた赤子がこの娘だと分かって一件落着する。

そのお雪さんも昨年亡くなったと伝えに来た娘は、「困ったことがあったら、いつでも来いよ」と寅に言われて帰る。その昔、寒河江で無一文になり、飛び込んだ駅前の食堂がお雪さんの店で、「困っている時はお互い様だ」と言われて御馳走になり、その時はまるで観音様に思えたと寅は言い、その乳飲み子は父親を知らずに育ち、もしや瞼の父かと思って訪ねてきたのだが、周囲は「四角い顔では、父親でなくてよかったと思ったんじゃないか」と茶化すばかりで、タコ社長に「人の顔を言えるか」とぶつかり、おいちゃんに「お前がまともなら、あんな娘がいておかしくない年頃なんだ」と言われて、寅はすっかり気分を害してまた旅に出た先は山形だった。

「山形県人大好き。母も妻も妾も、皆山形県人」とでたらめな口上でたたき売りした後、お雪さんの墓参りをしていると、和尚（大滝秀治）が通りかかり、「東京から来た商いをする、姿はいいが所詮遊びで子供ができれば逃げていく男の不実を、学問がなかったばかりに見抜けずに騙されて、一生の悔いを残してしまった」とお雪さんが言っていたが、可哀そうな人でしたと回想する和尚に、寅が「自分も学問のない馬鹿な人間だから、お雪さんの気持ちはよく分かる」と応じると、「己を知ることが大事で、自分を馬鹿だと思う人はもう利口な人だ」と和尚は学問を勧め、「朝に道を聞けば夕べに死すとも可なり」と論語を引いて、「学問の道はそれほど遠く険しい」と言って寺に消えていく。

その頃、御前様の姪で大学助手の礼子（樫山文枝）がとらやの二階を借りていたが、俄かに向学心に燃えて帰ってきた寅は、柴又の駅前の喫茶店でそんな事情も知らず、メガネをかけて読書している礼子に「その本面白いか」と話しかけ、勉強している様子を感心して「コーヒー代を払うくらいなら本を買ってください」と奢り、帰り道「何のために勉強しているのか」と問いかけながら、すかさず「己を知るためよ」と得意の受け売りをする。

礼子を囲んだ茶の間でもまたその話題になり、「考えることが大事で、人間は考える葦だ」と礼子が言うと、足と勘違いした寅は、「それならタコ社長は一番頭がいい。足が八本あるから」と大笑い。「ムカデはもっと頭がいいことになる」と礼子が言うと、寅は「ムカデがスースーと前に行くのに、たった二本でも酔っぱらうと転んじゃう」と笑わせて、この晩もお開きとなる。

翌日になると、さっぱり生活態度は変わらないくせに、学問する人はメガネをかけていると言い出して、メガネを買い求め、本を小脇に抱えて考え事をしているポーズは礼子を真似たものだが、寅のメガネ姿は町中のあざけりの的になる。「勉強するにはまずメガネをかけてから」と言う寅に「勉強なんかやめなさい」と言うさくらに、「勉強するが、博が先生じゃいやだ」と今度は言い張っているところへ、礼子が帰ってきて、題経寺へ行って来たらおじさんに「寅が勉強したいと言っているから、見てやってくれと言われた」というので、水曜七時半にスタートするのを祝って、御前様の万年筆を始め方々から品物が届くが、タコ社長は「失恋するまでは続くよ」と笑う。礼子が国の始まりから講義すると、つまらなそうだった寅は、得意の口上を唱えて混ぜっ返すと、どっちが先生だか分からなくなる。そんな寅の向学心は寺の和尚から順子にも伝えられて、順子から「私も勉強を頑張りますから、山形県にまた来て母の昔話を聞かせてください。とらや一家の皆様の写真を送ってください」とあって、メガネをかけて写真に収まろうとする寅のメガネをさくらが慌てて外しにかかる場面もある。

考古学が専門の礼子は、遺跡の発掘調査に同行していたが、髭ぼうぼうで煙草を手放さず服装にも無頓着な教授（小林桂樹）がとらやを訪ねて来て、居合わせた寅から独り者で道路工事をしていると見間違われるほどで、礼子が帰ってきて正体が判明するが、博覧強記の教授に独身でいる理由を聞くと、「独身主義では決してないが、男と女の愛情の問題は実に難しくて、研究し尽くしていないからだ」という答えに、「もっと簡単なことで、常識だよ」と寅が、「いい女だと思えば話しかけたくなり、もう少し長くいたくなり、気持ちが柔らかくなって幸せにしたいと思うようになり、この人のためなら命なんていらない。死んでもいいという経過をたどる」と言えば、「なるほどね。君は僕の師だよ」と弟子入りする。見送りに出た礼子が聞いても、用らしき用もない様子だった。

寅は、考古学チームと朝日印刷チームの草野球を見ながら、「正月は旅に出ないでとらやの手伝いでもするか」とさくらに胸の内を明かすが、その懇親会で泥酔した教授を礼子が家まで送って行くと、教授からラブレターを渡される。東大法学部の苦学生と偽って学生帽をかぶって道端で書籍のたたき売りをして帰った寅は、「このところ元気がないようだから」とお土産に蜂蜜と果物の包みを渡すと、礼子から「実は結婚を申し込まれたの。考古学一筋で生きていくつもりで、結婚など考えたこともなかったのに、なぜぐらつくのか。女だからか私が駄目な人間だからか」と思い悩んでいると明かされた寅は、「幸せになってくれればいいと思っているよ」と引き下がり、「礼子さんが結婚するんだって。学問がないと悔しいよ。何とかしてやろうと思っても何も答えられず、どうしようもない」とさくらにぼやいて、旅支度を始める。

教授からとらやに電話があり、「とんでもないことをしたのでは」と謝る教授に、礼子は「お気持ちはよく分かります」と言いながら丁重にプロポーズを断る。正月の最中なのに、急に旅に向かうことにしていた寅も出てきて、「勉強は中途半端になったが、旅先で一生懸命勉強するから」と勉強のお礼を言って、礼子と別れる。礼子から「結婚しない」と聞いて、寅の勘違いだと分かったさくらは追いかけていくが、柴又駅を発ってしまっていた。

旅先から礼子を慮る寅の葉書が届いていたが、その頃寅は失恋して旅に出た教授と一緒の道中となり、「十歳も若いんだから早く歩け」と苦言を呈する教授に、「大学教授の悪い癖だ。だから女にふられるんだ」と冷やかし、「誰なんだ?」と寅がその相手を問い詰めても、教授は絶対にその名前を明かそうとはしなかった。

その学問に関連して、荒川詔四氏は『参謀の思考法』の中で、「本で学んだ『知識』は危険である」と警告し、「最良の教師は、本ではなく人」だとアドバイスし、「教科書には書かれていない、奥深い『知識』が現場にはある」と結論付けている。まさに「生兵法は大怪我のもと」と古来言われている通りであるが、この本では、「安全第一」という原理原則を徹底することで有名な世界的メーカーのデュポンに研修に行った幹部社員が手すりも使わずに階段を降りていると、「真剣に安全第一を考えている人間は、そんなことは絶対にしない。そんな君たちに、いくら研修をやっても意味がない。帰ってくれ」と担当者は本当に研修を中止したというエピソードも紹介して本気度を問うているが、寅のだてメガネも真剣に学問を考えている人間には到底見えない。

男はつらいよ　寅次郎夕焼け小焼け（第一七作）（一九七六年）（寅♥太地喜和子）

満男の入学式の日、タコ社長がお祝いを持ってとらやに来ると、ちょうど寅も半年ぶりに帰ってきてお祝いに金一封を差し出そうしているところへ、「悔しい」と言ってさくらが満男と小学校から帰ってくる。新入生の名前を読んだ時、受け持ちの先生が「あなた、寅さんの甥御さん？」と満男に聞くと、親も子供たちもどっと笑ったというのだ。タコ社長も笑い出し、「総理大臣の甥御さんと言われて誰が笑うか」と混ぜっ返すと、「そんな環境の悪い学校はやめて、もっと上等な学校にしろ」と憤慨した寅と取っ組み合いとなる。おいちゃんから「皆に笑われるようなことをしてきたからだ」と言われて気分を害して出て行った寅が、「かばんを忘れたので、源公にでも持って来させろ」と、上野の焼鳥屋から電話してきたので、「さっきのこと皆後悔している。『総理大臣が偉くて、お兄さんが偉くないなんて誰が決めたんだ。同じ人間じゃないか』と博さんも言っているから、お願い、帰って来て」とさくらに言われて帰ることにするが、「お金を持っていないので、明日家の者を寄越すから」と勘定を払わないで出て行こうとする池ノ内老人（宇野重吉）を、一一〇番しようとするのを寅が止めて代わりに支払ってやり、他の店で飲み直そうと誘い、酔っぱらった老人を背負ってとらやに遅く帰ってきて、無一文だからと寅の部屋に泊めてやる。

相変わらず尊大な老人は、死んでいるのかと心配するほど遅くまで寝ていて、起きると工場の音がうるさいとか、お茶に梅干を添えてくれとか、風呂だとか注文がうるさく、おばちゃんもあきれるほどだった。「甘やかすな」とタコ社長が言いに行けば、長いおならをして「布団をたたんでおけ」と、まるで使用人扱いだ。寅は大師の縁日に出かけるが、眠くて商売にならず、源公に任せて後ろで横になる始末だった。その老人は一日中何もしないで尋常ならざる目でずっと見ていて、さくらに「枕を出してくれ」と言って五時頃まで寝て、起きると「ここはどこか」と聞き、「ウナギを食べたい」と言うずうずうしさに、おいちゃんが「ウナギなどは、働いている人間がたまに食するものだから、罰当たりだ」と意見すると、「それもそうだ」とスーと出て行ったと、帰ってきた寅に皆の苦情のオンパレードだ。寅は「迷惑をかけてしまった」と謝りながら、「相手の立場になってみると、貧しい借家住まいで長男夫婦に厄介者扱いされて、早くいなくなればと思われていて、せめて一泊でも意地悪な嫁のいない所でぐっすり寝てみたいと思っていたのかもしれず、どこかであのじいさん感謝しているよ」となだめていると、老人が「酒飲んでウナギを食べてきた」と帰ってくるが、勘定を店の者が持ってきて、また六千円を支払わされる。

翌朝、さすがに寅も「遠慮というものがあるだろう」と注意すると、「ここは宿屋じゃないの」と老人は尋ねる。「だんご屋だ」と言うと、「道理で愛想が悪かった」と納得し、「紙と筆を持ってきてくれ」と寅に頼むと、宝珠という縁起物をさっと描いて、「これを神田の大雅堂という古本屋に持って行けば、いくらかになる」と言う。寅が主人（大滝秀治）に見てもらいたいものがあると差し出すと、「色紙を一切描かない青観をかたるとは」と笑っていたが急に態度が変わり、「いくらならいい？　そんな高くは出せないぞ」と言い、寅が指一本立てると「そんなには出せない」と片手を広げてさらに一本指を出して色を付けると、戸惑う寅にもう一本色を付けて、七万円で買い取られる。高名な絵描きだと分かって、寅があの老人に絵を描かせれば楽な暮しができると喜んで帰ってくると、老人はようやく家に帰ったところだという。がっかりした寅とひきかえ、偉い人に失礼なことをしたと周りは恐縮するばかりだったが、「いいか、人間の顔や姿形で区別するからこういうことになるんだ」と寅がいさめる。満男がおじいさんが描いてくれた絵があると差し出すと、タコ社長と寅が引っぱり合って七万円は幻となり、非難の応酬の後、寅は「今度こそ皆と仲良く暮らそうと思って帰ってくるんだよ」と言いながら、また旅に出る。さくらは、手土産を持って七万円を老人宅に返しに行くと、老人は播州の龍野に出かけているという。

その老人が車を走らせていると寅と出会い、同乗させて市役所に着くと、三木露風の赤とんぼの詩の額がかかる市長室で、寅は老人から紹介されて帽子をかぶったまま市長の名刺を受取り、夜の宴会に及ぶ。「当地の出身で日本画家の第一人者だ」と市長が歓迎の挨拶をしている最中、上座に据えられた寅が箸でつついた芋が転がってしまい、笑いをこらえる芸者ぼたん（太地喜和子）と目が合い、芋を箸に刺して拾って戻り、芸者に退屈だからと合図する。

疲れたと老人が早々に退席して寅が中心となって大いにくだけて最後まで残り、観光課長（桜井センリ）の下にいる課員（寺尾聡）の先祖が殿様だと言うぼたんと笑い合って意気投合し、翌朝、体の具合が悪いからと断った老人から言われて市内の名所案内のために迎えに来た課長と課員にまだ寝たままの寅も断ろうとするが、無理やり車に乗せられて付き合わされても、あくびが出るばかりで、結局、三人とも車の中で寝てしまう始末だったが、入ったそば屋でぼたんと一緒になる。

老人は別行動を取り、お志乃さんを訪ねていたが、夕焼けが夜を運んで、再び観光課長が小宴を催してくれてぼたんも入り、課長の隠し芸の踊りなどで盛り上がる中、老人は「お志乃さん、申し訳ない。僕はあなたの人生に責任がある」とざんげすると、「もう一つの道を選んで後悔しなかったと言い切れますか」と問われ、「ああすればよかったという後悔と、ああしなければよかったという後悔と、人生に後悔は付き物なのではないか」と言われてみれば、打ち消そうとする言葉もなかった。

翌朝、両先生が帰京しようと車に乗り込もうとする寸前、朝寝坊したぼたんがお土産を持って駆け付けてくる。寅は「いずれそのうち所帯を持とう」と軽口を言って別れるが、車の通りすがりにお志乃さんが出てきて老人に手を振る。


帰った寅は龍野の話ばかりで、出された料理にもろくに手を付けず、芸者の誰かを好きになったのではとさくらは心配になり、御前様に愚痴を言うが、御前様は例の通り「それはいかん、芸者はいかん」と嘆くばかりだった。寅がまた思い出話に花を咲かせていると、ぼたんがとらやに現れて、「所帯を持つと約束したじゃない」と冗談を言ったものだから、真に受けて大騒ぎになる。タコ社長は、職工が集まって宴会をやっているが、芸者を見たこともない者ばかりだから顔を見せてくれないかと頼みに来て、ぼたんは二つ返事で寅と出かける。

翌日、寅がおもちゃのたたき売りをしている頃、ぼたんは儲け話があるという人に渡した二百万円がそれっきりになり、その人が東京にいることが分かって返してもらおうと出かけていたが会えず、相手にとらやから電話をかけると、騙されていたことがはっきりして大声を出したぼたんに、寅は俺が話をつけてやるといきり立つ。「お金のことだから」とタコ社長に先方と当たってもらうことにして、翌日ぼたんも同行するが、マンションの管理人はお通ししないように言われていると、門前払いだった。江戸川の土手に寅が寝転がっていると、源公がおみくじを引いてきたと持って来て、見れば凶で、貸した金は返らずとある。ぼたんとタコ社長が、相手が経営するレストランに出かけて借用証書を示しても、相手は「この会社はつぶれたんだよ。だから私は一文無しだ。店は弟のものだし、マンションは家内のものであり、私のものは何もない。会社がつぶれて、私だって被害者だ」と言い張り、タコ社長が「少しは貸した者の気持ちになって」と哀願しても「裁判ならどうぞ」と、とりつく島もなかった。帰りを待っていた寅は、「おいくら」と聞くとらやの客に「二百万円」と言い、ついおばちゃんもつられて「五百万円」と言い間違える始末だった。

案の定不首尾に終わったと知って怒り心頭に発した寅は、「明日の朝、刑事が来たら八年前に縁を切ったと言え」と啖呵を切って、相手の男の所へ向かうが、行き先も知らない。「さくらさん、私幸せよ。嬉しい」とぼたんは泣く。戻りかけた寅は、青観宅に踵《きびす》を返し、「ぼたんがお金を騙し取られたから、絵を描いて何とか助けてほしい」と所望すると、「絵を描くことは僕の仕事で、金を稼ぐためじゃないから、それはできない。金が要るならばはっきりそう言いなさい。何とかする」と言われるが、「ゆすりに来たんじゃない」と寅は断ると、うなだれて玄関で座り込んだまま青観は考え込む。

ぼたんは帰るが、その頃寅から電話があり、上野にかばんを持ってさくらが出かけると、ラーメンをすっている寅に「ぼたんさんはお兄ちゃんのこと好きなんじゃないかしら」と伝えても、「冗談言うな」とかわしてさくらと別れていく。やがて青観がとらやに寅を訪ねてきて、寅は旅だと言われてそのまま帰ろうとするところを、追いかけて行ったさくらが用件を聞こうとするが、旅の空の寅はまた龍野に出かけてぼたんと再会すると、ぼたんの家には青観から送られてきた赤色鮮やかなぼたんの絵が架けられていた。「誰にも渡さない」とぼたんは言う。寅は道端に出ていた酒樽の上に立ち、東京に向かって手を合わせて、お詫びと感謝の気持ちを表していた。

男はつらいよ　寅次郎純情詩集(第一八作)(一九七六年)(寅♥京マチ子)

満男の先生が産休に入り、代わりに若くて美人の講師(壇ふみ)が家庭訪問でとらやに来るというので、寅に会わないよう画策する間もなく、たちまち両人ご対面となり、寅が主導権を取れば、「お友達は多いほうですか」と聞かれて満男のことなのに自分の仲間の話をする始末だった。さくらと博はそっちのけで、一事が万事かみ合わず、博が腹を立てる中、送りに出た寅は講師の家が近いと聞いてさらに足を伸ばす。肝心の話が全くできなかったさくらは寅に意見し、博からは、「職工で大学も出ていない自分の息子にかける思いがどんなだか、子供を持ったこともない兄さんには分からないだろう」と言われ、おばちゃんには「男の先生だったら涙も引っかけなかっただろう」と図星され、「満男のためではなく先生にいい格好したいだけじゃないか」とおいちゃんにとどめを刺されると、寅は「今度先生に会ったら、遠い旅の空から満男のことを思っていると伝えてくれ」と言って、旅に出る。

その頃、講師の母（京マチ子）がばあやを呼びながら病院から屋敷に三年ぶりに帰ってくる。一方、寅は別所温泉で坂東鶴八郎一座の千秋楽の呼び寄せをする大空小百合と再会し、お祝いに酒を届ける中、病の浪子の元に駆けつける武夫に、「人間はなぜ死ぬんでしょうね。千年も万年も生きたい」と嘆く場面で、演目の『不如帰』をわざわざ中断して、東京から駆けつけた寅次郎先生が紹介される。打ち上げでは酒を大盤振る舞いして感謝されるが、結局、勘定が払えずに無銭飲食したかどで警察署から電話があり、さくらが赴くと、寅は風呂に行っているということで、逃亡を防ぐ意味で拘束しているが、支払ってくれれば事件にはしないと担当に言われ、警察署で寅が特別に注文したうな重や署員におごったコーヒー八杯分までおまけが付いてさくらが支払い、寅はケロッとしたもので無罪放免となる。すっかりお冠のおいちゃんは「敷居をまたがせるな」と息巻くのを博がなだめているうち、二人が帰り、この前の女の先生のことも含めて皆が叱責すると、「あの時は俺も若かったから」と弁解する寅に、さくらは「もう若くなんてないのよ。そりゃいくつになっても女の人を好きになって構わないけど、あの先生みたいな女の子がいてもおかしくない年なのよ。仮にあの先生のお母さんがいてお兄ちゃんが好きになっても、誰も文句は言わないわ。それくらいの年なのよ」といさめ、寅が肩を落としていたところへ、講師がお団子を買いに来て、一緒に来た母親を紹介する。

お団子を買いに来た女学生の頃を懐かしがる母親が、大きくなったさくらと共に、よくからかわれていた寅とも三〇年ぶりに対面し、「一人ぼっちで寂しくて困っているから遊びに来て」と言うと、その足で寅は送っていき、道すがら御前様は驚く。「母親は柳生家の父さんを助けるため戦争成金と政略結婚させられたが、病気になると離婚されてしまった美人薄命な人だ」とおいちゃんは言うが、寅はちゃっかりと屋敷に入り込み、キリストの最後の晩酌ならぬ最後の晩餐の絵が架けられた洋間で、フランスのワインなど食事を振る舞われてご機嫌で帰ってくる。「また明日も出かけたい」とさくらに言い、寅は源公を誘い出しては屋敷に出かけ、源公には庭の掃除など追い使いながら、縁側で母親から「寅さんは大学は？」と聞かれると、「学校のほうは行け行けと散々勧められたが、親を早くに亡くしたものだから、さくらの親代わりということで面倒を見ていたもので、犠牲になった」と勝手なことを言ってお茶を濁し、「砂糖お幾つ？」と聞かれたのを「四〇と幾つか」と自分の年を答えていると、源公がいないため御前様の使いにさくらが届け物を持って来る。寅は、「源公を置いていくから、残り飯に汁をかけて煮干しの二本も投げてやればいい」と言い、万事お嬢さん育ちの母が真に受けるのを、「冗談よ」と慌ててさくらが打ち消す。

源公がいなくなり、御前様は鐘まで打つ始末で、風呂屋では寅が娘か母のどちらに惚れているのか賭ける者もいて、その噂でもちきりだったとタコ社長が伝えに来る。寅は御前様の眼を盗んで相変わらず源公を誘い出して、一式を担がせて母を水元公園にピクニックに連れて行く。ＰＴＡ帰りにさくらは、教室にいた講師に「本当は迷惑じゃないのかしら」と謝りに行くが、「母が慰められている」と逆に感謝される始末だったが、さくらの犠牲になって大学に行けなかったという大嘘はたちまちばれてしまう。さくらが「屋敷を維持するだけでも大変でしょう」と水を向けると、「屋敷はとっくに人手に渡っていて、医者からはもう好きなことをさせてあげなさいと言われて退院した母の命のあるうち、住まわせてもらっている」とのことで、そんな話をしながらさくらと講師がとらやに帰ってくると、母親も茶の間にいて、とらやの田舎料理を御馳走になるところだというので、講師も一緒になる。おばちゃんの言う、立て看板のような寅の四角い顔を立てて食卓を囲むと、キリスト教のお祈りをする母娘にタコ社長まで現れて戸惑うが、「楽しかった娘の頃に比べると、あれから楽しいことはなかった」と母親が寅に語りかけると、「僕も考えてみれば、あの時以来楽しいことはなかった」と同調し、世の中のことに疎く浮世離れした話に、おいちゃんは「朝から晩まで銭勘定に追われる暮しなんて、嫌なものですよ」と言えば、タコ社長も「奥様は幸せなんですよ」となだめると、「幸せなのかしら。私はさくらさんたちが羨ましくて仕方がない。自分はこの年になるまで、自分の力で一銭だって稼いだことがないの」と嘆くと、「もうすぐお金だって稼げるようになりますよ」とさくらが力づけ、寅も「できる」と言い、「どんな仕事を」と聞かれて、タコ社長が「この近所に小さいお店を開くのはどうか」と提案し、あれも駄目これも駄目とにぎやかになる中、さくらはそっと台所に立って涙をぬぐう。

しばらくして講師からさくらに電話があり、「母の具合が悪いが、病院に行きたがらないので、寅さんの口から言ってほしい」と頼まれ、人の噂を気にする寅に「胸を張って行きなさい」とさくらに送り出されると、縁側に安楽椅子を出して座る母親は「大げさなのよ」と言う。落葉だらけの庭を見て、「もう秋も終わりね」とつぶやく母に、寅は掃除する箒を使いながら、「もう少しの辛抱ですよ。春になれば奥様の身体もすっかり良くなって、元気で働くことができますよ」と力づけると、「人間はなぜ死ぬんでしょうね」と問いかけられた寅は、「面積が決まっているから、人間ばかりになって押しくらまんじゅうしているうちに、落っこちて死んじゃう」と笑わせる。

人間は大いなるものに使わされて何らかの使命を帯びてこの世に生を享けていると仮定すると、その使命を果たせば天から召されるとしても何の不足もない。幼児期から若々しく夢の多い青年期、逞しさを増す壮年期を経て老年期に至りやがて朽ち果てるように寿命を終えたとしても、それは生物の理そのものであり、不老長寿の薬を求めても得られず、老いたままで永遠に生き通した者も誰一人としていない。壮年期の状況が永続するのならともかく、あらゆる機能がもどかしく思えるほど低下して、周囲の同時代人や友人も次第に少なくなり、ついには己独りとなった状況が果たして幸せだろうか。朝起きて様々な活動をして夜には疲れ果てて眠る。一日の始まりと終わりがそうならば、人の一生もそれに近似する。ローマ皇帝マルクス・アウレリウスの人生訓（池田雅之・高井清子訳）の中に、荘子の妻の死（恵施に答えて）と題して、荘子の思いをなぞったものであろうが、「妻が最初に息を引き取ったときは、私もみなと同じように、悲嘆にくれずにはいられなかった。だがそのとき、妻がまだ誕生していないときのことを考えた。（略）陰陽が混ざり合った結果、ある変化が起こり、彼女に息が吹き込まれた。さらに変化が起き、肉体らしき形ができあがった。それから、また次の変化が起こり、彼女は誕生し、生命を持つようになった。そして今、またさらなる変化を迎え、彼女は死んだのだ。こうした移り変わりは、季節が春から夏へ、そして秋から冬へと移ろっていくのと、なんら変わりないではないか。いま妻は、安らかに棺のなかに横たわっている。もし私がここで慟哭したとしたら、私は人間の運命というものを理解していないということになろう」と結んでいる。そうなると、魂の行方のほうが気になるが、大いなるものに使わされて何らかの使命を帯びてこの世に生を享けているとの仮定に立てば、その帰趨も大いなるものの範疇にある。マルクス・アウレリウスはまた、「人生がいつ終わりを迎えようとも、魂はつねに完成している。もし舞踏や芝居であれば、途中で邪魔が入った時点で台無しになってしまうが、魂の生み出したものは、人生のどの瞬間に幕が下りようとも、つねに欠けることなく、完全である。したがって、いかなるときも、『これが私のすべてである』と断言できるのである。また、魂は拡大し、全宇宙とそれを取り囲む虚空をも内包することができる。その形なき姿を見ると、魂は無限の時空へと手を伸ばし、生物のたゆまざる再生を包含しつつ、全てを理解している」としているのだ。ともあれ、人は裸一貫で生まれて、再びこの身一つで現世を去っていく。己が存在し得なかった、それでいて何の不都合もなかった無の世界から、たまさか人と生まれ合わせて有となり、人の数だけ多分に数奇に満ちた栄枯盛衰があって、再び己の存在し得ぬ悠久の無の世界へと転ずる。永遠と虚無の狭間の中で、しばしから騒ぎのようにして流転を繰り返しては泡沫のように消えていくかのようである。

さて、寅が帰ると、「また具合が悪くなった」と講師からさくらに電話があり、テキ屋の商売を終えて寅が手土産片手に屋敷を訪ねると、「母の具合が悪くて学校を休んだ」と講師が出てくる。「とらやで食べた芋が食べたい」と聞いた寅は、芋を一袋買って担いで、おばちゃんに芋をふかすよう頼んで急かせていると、源公が屋敷の前が騒々しいと急を告げに来る。さくらと一緒に駆けつけた時には、既に天国に召されていた。

産休の先生も復帰し、後始末も終えた講師は、新潟の小さな村に赴任するため荷造りをしていると、寅が訪ねてきて、「長くないことを何も知らないで、馬鹿ばかりして」と反省の弁を述べると、「私達、とっても嬉しかったの」と言われて、「聞きにくいけど、母のこと愛してくれた?」と聞かれた寅は、「冗談じゃねえや。違います」と否定すると、「母はそう思ってたわよ。寅さんと会うことだけを楽しみにしていたわよ。誰にも愛されたことのない生涯だったけれど」と講師は泣くのだった。

また旅に出る寅は、見送りに来たさくらに「人の一生なんて、はかないものだ」と言い、「奥さんのお店としてずっと考えていたのは花屋で、面倒なことは一切俺がやる。渡世人稼業は足を洗ってよ」と本音を明かし、「あの人にこの話聞かせてあげたかった」と涙ぐむさくらに柴又駅のプラットホームで別れを告げる。正月を迎えて雪が好きだと言う講師からは、元気でいるとの葉書が届き、寅は六日町で子供たちとスキーをして転んでばかりいる講師と再会していた。

男はつらいよ　寅次郎と殿様（第一九作）（一九七七年）（寅♥真野響子）

風薫る五月にさくら夫婦が満男のために奮発して買った大きな鯉のぼりをとらやの庭で揚げていると、源公が拾ってきてトラと名付けた犬が居ついて走り回っている。そんなところへ半年ぶりに寅が帰ってきて、満男に「お土産だ」とかばんからおもちゃの鯉のぼりを差し出したものだから、博は慌ててそっと鯉のぼりを降ろしにかかる。その間、おいちゃんたちは気付かれないように寅を茶の間に上げて、庭に目をやらないように「つつじは咲いていない」などと白を切るが、おばちゃんが「狭い庭じゃ鯉のぼりがかわいそうだ」とつい口走って、寅の疑問を誘う。取り込み中の博が「邪魔だ」と満男を叱ると、タコ社長が裏から「折角揚げたのにどうしたんだ」と声をかけ、満男がおもちゃの鯉のぼりを「たい焼きだ」と言うのを、笑い飛ばしてとらやに入ってきたものだから万事休すとなる。「腹の中じゃ、おもちゃしか買ってやれなかった俺を馬鹿にしてるんだろう。隠し立てしたのは、俺がひがむと思ったからだろう」と寅はすっかりへそを曲げてしまう。二階で一休みしていると、「トラ、ごはんだよ」と犬を呼ぶようなおばちゃんの声に下に降りてくると、今度は博が「トラ、庭に糞して」と叱りながら裏から入ってきて、思わず自分のことかと足元を見直した寅が博に、「お前に呼び捨てなどされたくないぞ」と注意すると、「あの犬、トラですよ」と言われ、「あんな犬かわいがらなくても、家には立派な寅という犬、いや人間がいる」とおばちゃんに馬鹿にされたような口をきかれて、また寅が機嫌を損ねているところへ、「トラ、トラ」と呼びながらタコ社長が入ってきたのが火に油を注いで大げんかとなる。おいちゃんから「犬扱いが悔しかったら、もっと尊敬される人間になれ。だったら誰もこんな名前を付けない。いい年して嫁ももらわないでフラフラしてまるで野良犬じゃないか」と意見されると、「それを言ったらおしまいよ」と寅はまた旅に出る。

船で四国の大洲に渡り、テキ屋商売の後、亡き夫の墓参りに来ていた若い女性（真野響子）と同宿になるが、川辺で見かけて訳ありと察していた寅は、鮎の一皿を隣室の彼女にも手配して元気になってもらおうとする。さっそく彼女がお礼に来て、お互いに堀切と柴又と近いことが分かると、更にお土産に川魚の佃煮を持たせてやるよう気を遣い、外で蛍が飛び交っているのを見ると、また声をかける。翌朝、いい格好しいの大盤振る舞いをしたせいで、財布には五百円札しかない。それも風に飛ばされて追いかけていくと、拾った老人（嵐寛寿郎）から回収したお礼にラムネを御馳走すると、「なかなか甘露じゃのう」と昔の殿様のような口をきく。アンパンまで買い与えて別れようとすると、「粗餐を差し上げたい」と屋敷に招かれる。

執事の吉田（三木のり平）から「伊予大洲五万石の、世が世であれば一七代目藩主の藤堂様だ」と言われ、「世間知らずだから、別に用件がないのなら、そのままお引き取りを」とお金をつかませられかけて、寅が「ゆすりたかりじゃない」と断っていると、殿様が吉田に昼食を用意するよう命じる。昼食後すぐに帰るとの執事との約束は、「五本もタオルが用意された大きな風呂に入って、股用で顔を拭いてしまった」などと寅がさくらに電話した通り反故となり、執事にまた注意を促されて夕食後帰ることに変更するが、「楽しい話を聞いて愉快だったぞ」と殿様は大層ご満悦で、寅が眠そうにしているのを見て、今度は「お寝間の用意をいたせ」との命令が下る。その間「苦しゅうない」と言われて寅が横になると、「東京で二五か六になる鞠子という女を知らないか」と聞かれる。「生きていればかれこれ三〇の、昨年秋に死んだ末の息子の嫁で、結婚に反対して一緒になるなら勘当すると申し渡したが、老い先短い身で、一度その女性と会って一晩息子の思い出話をしたい」と涙ぐみ、寅は「きっと探して会わせてやる」と安請け合いする。早く帰してしまおうと何かと画策する執事が、殿様の逆鱗に触れて抜刀して打ち首にされかねない様子に、寅は「殿中でござるぞ」と、殿の背後に回って乱心を引きとめる。

そんなある日、殿様がステッキ片手に、「寅次郎殿は御在宅ですか」ととらやに訪ねてくる。都合よく寅が現れると、「三日もすれば見つかると君は言ったが、あれから十日も経った。鞠子は見つかりましたか」とのご下問で、困惑した寅が「一生懸命やってといる」とお茶を濁すと、田園調布の長男宅へ孫の運転で帰っていく。博は「殿様だからとなぜ大騒ぎするのか。江戸時代じゃなく民主主義の時代ですよ」と素っ気ないが、「殿様は民主主義が嫌いなの。人のウナギの好き嫌いなど説明できるか。自分が結婚に反対されて遠方に所帯を持ったとして、自分が死んだ時、お世話になった嫁におばちゃんたちもせめて両手をついてお礼を言いたいから会いたいと思うだろう」と同情を誘う。

寅は、寺の入り口に「尋ね人マリ子さん」の貼紙を掲げ、源公と方々を聞いて回るが、何と自分の家のとらやまで尋ね歩く程で疲労困憊だったが、殿様からは矢の催促だ。今度は寺のほうから「無断貼紙を禁ず」の貼紙が出て、難儀した末に、寅が殿様から電話が来たら「殿様を騙すような者は勘当したから、手討ちでも何でもと言ってくれ」と頼んで、旅に出て逃げてしまおうとしていると、鞠子がとらやに訪ねてくる。

亡くなったご亭主が大洲の人で、尋ね人だとようやく分かるが、鞠子は「こんなことになるなら来るんじゃなかった。今更会ってみたって」と気が進まぬ風だった。寅は源公にリヤカーを引かせて殿様をとらやに迎え入れて、鞠子との初めての対面となるが、「克彦が大変お世話になりました。一目見た時から、克彦がどんなに幸せだったかすぐ分かりました」と涙にくれる殿様に、「私も幸せでした」と鞠子も応じる。「若い頃は参勤交代で、よく東京に来たものだ」とおばちゃんの話に合わせてくれた殿様は、鞠子に手を引かれて江戸川の土手伝いに帰っていく。

寅はちゃっかりと青砥にいる鞠子に偶然と称して手土産を持って会いに行き、公団住宅の一部屋に案内されていた頃、通産省の局長をしている殿様の長男がとらやに来て、「父は耄碌している。鞠子は籍を離れた無関係な人間だ」と言い、手切金のようなものを彼女に渡してくれるよう託し、その手土産のパパイアを食している時、機嫌よく寅が帰って来たので慌てて隠す。

寅が亡くなった亭主が読んでいたような本の上に遺影が飾られていた話をすると、「再婚したとしても、相手の男性は彼女が前の亭主のことを思い出していると思ったりしたら、気が狂いそうになるだろうね」と言うタコ社長に、寅は「男の気持ちというのはそういうものじゃない。相手の気持ちを察して、命日ならばお金を与えて送り出してやるもんだ」と諭すと、「そんな人と結婚したら幸せでしょうね」とさくらも応ずる。寅が引き揚げると、博が「あれは自分のことを言ってるんですね」と言えば、タコ社長は「俺にはできないな。考えただけで血圧あがっちゃうよ」と言いながら、妻が呼ぶ大きな声が聞こえると、やおら腰を上げる。

やがて執事の吉田がとらやにお礼に来て、殿様からの手紙を寅に渡すよう託すと、とらやの前に待たせていた同伴の彼女を娘だと言い訳しながら帰っていく。その手紙には、「鞠子とは父と娘として余生を送りたく、ついては鞠子の再婚相手は人格高潔な寅次郎君をおいて他になし」と書かれていて、皆がびっくり仰天し、「こんなこと言われても困っちゃうなあ」と寅はさくらに頼んで鞠子の職場に行ってもらう。ちょうど早番で昼までだと言うので、殿様からの縁談の話は伏せたまま、鞠子をとらやに連れて帰ると、鞠子から「実は、大洲で寅さんの優しさに触れて胸の中が温かくなったような気がして、とても素直に結婚しようと決心がついて、気持ちの整理がつくまで待つと言ってくれている今の会社の人と結婚する」と打ち明けられる。「亡くなったご主人もそう願っている」とさくらが応じると、「お父様と一緒に暮らす話はとっても魅力あるけど、私、若いんだし、どんな人生が広がるか分からないし、苦労が多くてもそんな人生を選ぶべきではないか」と、鞠子からとどめの決意表明があって、「他に何か話でもあったの？」と聞かれたさくらは、「お父様の知り合いの方との縁談の話だけれど、お断りするしかないわ」と寅の同意を求めると、「そうしよう。相手の男はがっかりするかもしれないが、しょうがないよ」と言いながら「疲れちゃって、飯も食いたきゃねえや」と、寅は悄然と部屋に引き揚げていく。

旅に出た寅の代わりに、さくらから殿様に電話して殿様の夢ははかなく消えるが、寅は別れ際さくらに、「結婚する男は死んだ亭主のことで焼きもちなんか焼かないだろうな」と鞠子を心配していたという。「大丈夫だよ。そんなんじゃないからこそ、鞠子さんは結婚する気になったんじゃないか」と博が否定すると、さくらも同じことを話したというが、「ほんとにそんな男っているのかな」と、寅は信じられないような顔で電車に乗り込んでいったという。

フランスの文豪アンドレ・モロアは、『青年と人生を語ろう』（谷長茂訳）の中で、「青春を愛情と情熱にあふれたものにしてください」と励まして「初期の避けられない過失ののちは、あなたは結婚の道をえらばれることと、わたしは思っています」と述べる一方で、「あなたが結婚しようとしている娘が、あなたと知りあうまえにひとり、あるいは数人の恋人をもっていたとすれば、そういうことにあなたは無関心でありえましょうか」と疑問を呈しながら、「夫婦水入らずの生活に第三者がまじりこんでいるような場合、それが幸福な結婚と納得できましょうか。わたしには信じられません」と憂慮している、古くて新しい問題とも通底する話だ。

人情家の寅が向かった先はやっぱりまた大洲で、「殿様を慰めようとしたら、殿様が離そうとしないので困っている」とさくらに電話して「迎えに来てくれ」と頼むと、執事が待ち構えていて、「殿様がお呼びです」と、打って変わって必死に引き止めにかかって幕となる。

男はつらいよ　寅次郎頑張れ！（第二〇作）（一九七七年）（寅♥藤村志保）

次のアパートが見つかるまで、電気工事の仕事をしている二五歳の良介（中村雅俊）が寅の部屋の下宿人となり、近所の人が配ってきた「押し売りお断り」の表示を貼り付けているところへ寅が帰ってきて、さっそく押し売りと見間違えて警察に電話したものだから、パトカーが駆けつけてくる騒ぎとなる。「皆を心配しながら久しぶりに帰ってきたのに、押し売り扱いされた俺の気持ちが分かるだろう」と寅はすっかりむくれて、「あいつが出ていくか、俺が出ていくか」と息巻くと、おいちゃんから「押し売りに間違われるような甥を持った気持ちも分かるな」と言い返されて、「そういう言葉が出たらおしまいよ」と寅が出て行こうとすると、満男の面倒見もよく、皆にワット君と呼ばれて慕われていた良介が、部屋代を置いて身の回りのものを背負って出ていく。その直後に、タコ社長が寅の押し売り騒動を税務署で話して受けたと入ってきて、例の如く衝突して、寅から物干し竿に両腕を挟まれる災難に遭っている頃、良介はアパート情報誌を見ながらパチンコをしていたが、寅を見つけると、よく出ていた場所の玉を与えてコツを指南する。二人は一緒に飲みに行き、寅を送ってきて帰ろうとする良介を引き留めて泊まらせ、良介は再びとらやの下宿人となる。

翌日、寅がふらりと入った食堂には、朝早くから仕事に出ていた良介が昼食を取っていた。出てきた若い娘（大竹しのぶ）を見た寅が「いい娘だな」と声をかけても、無関心な風を装っている良介の皿からつまみ食いしながら、「もし俺がお前の年頃だったら、俺はあの子に惚れてるぞ。生まれは信州あたりかな」と鎌をかけると、「秋田です」と良介は答えて、年は二十歳で父親を亡くして母親と暮らす弟の学資を叔父の店で働いて稼ぎながら簿記の学校に夜通っているという幸子の身の上に詳しい様子に、惚れているなとすぐに見抜く。良介は夕食もその店で取り、雨が降り出してきたため、彼女が傘を貸してあげていた。たまたま彼女が買い物ついでにとらやにだんごを買いに来ると、寅から良介が呼び出されるが、ぎこちない二人は寅にせかされて帝釈天に出かけると、良介は日曜日のデートの約束を取り付けて上機嫌だ。さっそく寅のデートのコーチが始まり、「喫茶店に入ってから映画に行く。それも美男ばかりの洋画はダメで、腹を抱えて笑い転げるような日本映画がいい。その後はレストランで食事をして公園を散歩し、美しい花を指す指が相手の頬に触れると、相手の目をそらさず愛情のこもった目で見つめたまま『アイラブユー』と決め台詞を言う」といった流れを説く。

ところが、二人が見た映画は生首が転がるホラー映画で、入った食堂では良介が水をウェイトレスにこぼされる始末で、「背か高いのは亡くなった父と同じだ」と言い、「父がいなくても、おばあさんから『泣かずに笑って可愛がられろ』と言われてそうするようになった」と言う娘との公園での語らいのとどめは、買い求めた駄菓子を食べながら良介がためらいつつ、彼女がときめきを胸に秘めながら待っていたのに、発した言葉は「俺、金なくなってしまったんだ。帰りの電車賃貸してくれるか」だった。寅が仲人に意欲を燃やしていると、良介が「駄目でした」と帰ってくる。寅がコーチした花の件も花だと思って指差したら、「ちり紙じゃない」と笑われたという。良介が元気をなくしているので、さくらが食事を持って二階に上がると、「この男失恋中につき　みだりに声をかけないでください　寅」の貼紙が外に出してあって、隣の職工たちが笑い合っているのに気づく。

その頃、幸子には田舎から母が病院で手術すると店に連絡があり、すぐに出かけようとしていると、良介が店の客もいる前で「俺と結婚してくれ」と言いに来て、「こんな時に馬鹿」と店の奥に引っ込んだ幸子を追いかけようとして、叔父さんに「頭は確かか?」と押し倒される。

大ショックの良介は、テープで密閉してガス自殺を図るが、くわえ煙草に火をつけようとして爆発してボヤ騒ぎとなり、警察の取り調べを受けた晩に田舎に帰る。寅もその後を追って行った長崎の平戸では、良介はぼうっとして釣りをする毎日で、寅は失恋青年を元気づけてそのまま帰るつもりだったが、良介から一緒に暮らしている姉藤子(藤村志保)は一年で離婚して独身だと聞いて、その家に向かう途中彼女を見かければ、またいつものパターンになるしかない。

一方、幸子は秋田のお土産を持ってとらやに来るが、良介の分を手渡そうとする彼女に、「長崎に帰った良介君との間に何か思い当たる節はある?」とさくらが聞くと、「ある」と頷いて幸子は涙にくれる。さくらが良介に電話すると、出てきたのは寅で、失恋青年の見舞いに来たのだと言い、良介の姉が紹介される。惚れた弱みで、寅は店の手伝いをするようになり、彼女が出かける教会にも同行する始末で、彼女から「寅さんが来てくれてどんなに感謝しているか。これも神様のお引き合わせよ」と言われてボルテージは上がるばかりで、その帰り道、良介がさくらから電話があったと走ってきて、「失恋していなかったので、明日東京に行く」と伝えに来る。いよいよ二人きりかと寅が世間の噂を恐れながら想いを募らせていると、良介が来て「幸子さんに会ってほしいから、姉も一緒に東京に行くので留守番してくれ」と言う。良介には不平を言えても、姉から頼まれれば快諾を装って引き受け、船を見送りに行った寅は、教会の牧師（桜井センリ）から「当分お寂しいですね」と同情されて、名優渥美清にしかできないような実に恨めしい目を向けると、「惚れとるばい」と陰口をたたかれる。

さっそく良介は食堂に行き、好物のかつ丼を注文し、それにと言いかけると、幸子から「冷奴」と言われて、嬉しそうに微笑む。藤子はとらやにお礼に行き、「小学校から大学を出るまで新聞配達をしたから、早起きは慣れている」と、朝の六時から働く寅を褒めると、とらやの面々はびっくり仰天し、さくらは「嘘ですよ」と慌てて打ち消す。

藤子がいなければ寅は酒浸りで休み、店の電話には牧師が出るという、これもいつものパターンで、藤子がそろそろ帰ろうと、さくらと江戸川の土手で話していると、平戸から飲まず食わずで上野からは歩いてきた、寅がよれよれになって杖につかまり二人の前に現れる。何の連絡もないから、居ても立っても居られなくて飛び出してきたという。「結納もまだ決まってないのか。人生で一番大事な結婚に、そういういい加減な態度だから任せられない」と怪気炎を上げる寅だったが、「改めて相談しますから」と藤子に言われて収まると、若い二人が叔父を伴って訪ねてきて、良介は留守番をしているはずだった寅を見てびっくりする。一人で帰ろうとする藤子に、寅が付き添っていくと聞いてまたびっくりし、その晩は結婚の前祝いのような宴会になって、幸子の叔父さんが大学のコーラス部で鍛えたシューベルトの『冬の旅』を歌う中、良介は姉を呼び出すと、「姉さんは寅さんと結婚する気があるのか。寅さんは惚れている」と警告し、「俺が寅さんなら絶対許さん。好いていないのに好いている顔をして、うまく利用しているんじゃないか」と詰問すると、「あんたが考えているより、もっともっと心がきれいな人よ」と藤子はさくらもいる前て反論するが、「いくらきれいでも、寅さんは男だ」と良介は畳み掛け、「さくらさんの前で」と藤子が泣きだすと、「ごめんなさいね。嫌な思いをさせて。迷惑かけたのは兄なんですもの。兄が今のような気持ちを知ったらそれで十分満足するはずよ」とさくらが謝り、立ち聞きしていた寅はそっと階段を下りていく。寅はさくらにお金を借りて、藤子に挨拶しないまま冬の旅に出る。

正月になり、藤子は東京から帰ってくる良介たちを港まで出迎えに行く。寅は坂東鶴八郎一座の宣伝カーと出会い、街まで乗せて行ってもらうことになり、車が次第に遠ざかり、山野の緑豊かな情景が映し出されてエンディングとなる。

男はつらいよ　寅次郎わが道をゆく（第二一作）（一九七八年）（寅♥木の実ナナ）

東京踊りの大入りを祈願してレビューの踊子が寺で御前様を囲んで記念撮影をしている場面に、さくらが通りかかる。さくらの幼馴染の奈々子（木の実ナナ）が、ＳＫＤの売れっ子スターとなっていた。病み上がりのおいちゃんは、寅の顔を思い出して、「あいつが店を継いでくれるまではまだ死ねない」と気を取り直したと言い、今度帰ってきたら真剣に話し合ってみようと考えていた矢先、レビューの踊子たちを追いかけるようにして寅が戻り、店の前で馬鹿呼ばわりした相手とさっそくけんかになって、それを見ていたおいちゃんはまた具合が悪そうになるが、床上げ祝いというので寅から奮発して千円のお見舞いが差し出されると、おいちゃんは涙ぐみ、仏前に供える。

おばちゃんから「おいちゃんに、もしものことあれば頼む」と言われた寅は、「そのことは考えている」と答えて、「まず新聞に折り込み広告を出す。月に一度は半額にして客を増やしていく」ところまでは傾聴できても、「客でいっぱいになり収容しきれなくなったら、店は取り壊してビルを建て、一階は若い女性を店員にそろえ、裏の工場は機械でだんごを製造する工場にし、全国チェーンのとらやにして、テレビＣＭでは浪曲仕立てでお金をかける」構想に至っては、おいちゃんは頭が痛くなったと退散して、後継ぎを期待する者はもう誰もいない有様で、結局は「お前みたいのに中小企業の経営者の苦労が分かってたまるか」と言うタコ社長と取っ組み合いのけんかになるだけのこと、寅は「二度と帰ってこない」といつもの捨て台詞を残して旅に出る。

九州のひなびた温泉宿に泊まった寅は、主人に勧められて行った千年杉の陰で、別れ話を言われて泣いている留吉（武田鉄矢）に、「女にふられたならじっと耐えて、黙って去っていくのが男というものだ」と声をかけ、氏素性を述べて夜にでも話に来いと誘うと、留吉はすっかり敬服した様子だった。

一方、景気が悪くて恒例の慰安旅行を取りやめて、浅草のレビューを見に行くことになったタコ社長の一行にはさくらも一緒に行って、お団子を手土産に楽屋の奈々子と五年ぶりに再会してとらやに帰ってくると、寅から速達が届いていて、先日のお詫びと二度と柴又には帰らないという守られそうもない決意が述べてあった後、追伸に小さな字でこれが最後の迷惑だが宿賃を貸してくれないかとあり、さくらが届けに行くと、留吉が寅の大書した諏訪さくらの名前の紙を持ってバス停で待ち構えていた。さっそく留吉が運転するジープで山間の道を入って、風呂から出てのんびりとかがんでおばあさんと話している寅を見つけて、さくらがとらやに電話すると、おばちゃんは「何をするか分からないから、強引に連れて帰っておいで」とお冠で、さくらも「お金もないのに、どうして旅館に泊まろうとするの」と、「何とかなると思っていた」と弁解する寅に意見しているところへ、留吉が母親を連れてきて、寅を先生呼ばわりして、「お陰で別人の如く息子が変わった」とお礼を言われる。現れた宿の主人からは「先生からたくさん色紙をいただきたいと頼まれている」と切り出され、さくらが「字が上手じゃないから」と断ると、「あんな立派な字を書かれて」と部屋に掲げられている「反省　寅次郎」に拇印が押された色紙の額を指差されて、さくらは恥ずかしくなってそれを裏返す。見送りに来て、汽車が来るまで待つと言う直立不動の留吉に、「人生は短いぞ。ぼやぼやしている間に年を取る。俺の年になって気が付いても遅いんだぞ」と諭して帰した寅は、「見かけは粗末だが、あの男は見込みがある。ああいう若者を見ると、これからの日本も決して暗くはないだろう」とつぶやく。

帰ってきた寅は、さくらに「こんなことはこれが最後よ」と言われて、真面目に店を手伝うようになる。生まれ変わったようだとの噂は御前様にも届いていたが、「長続きするよう祈ってみるが、これまでも何度もしてきたから仏様が聞いてくださるかどうか」と半信半疑の様子だった。その評判の良さからタコ社長の所に寅の縁談の話が来ている程で、訳ありの出戻りだが気立てがいいと紹介すると、「好みがうるさいから」と言う博を制して、「相手が俺を気に入るかどうかが問題で、俺が好き嫌いを言える立場の人間か」と寅も乗り気のようだった。そこに、「開演まで時間がない」と言う奈々子がお団子を買いにやってきて、「さくらのお兄さんじゃない」と抱きつかれ、「私のこと覚えている？」と畳み掛けられ、「次の休みの日にまた来る」と約束して出ていけば、寅もくっついて行って浅草のレビューを見る。帰ってきた寅は、また元の軽佻浮薄の人間に逆戻りし、奈々子にべた惚れで、明日も行くと大はしゃぎした翌日、写真と釣書を持ってきた縁談も断って、タコ社長の顔をつぶしているところへ、4Hクラブの農村の将来を考えるシンポジウムで熊本を代表して上京した留吉が訪ねてくる。

そわそわと出かけようとする寅が、しぶしぶ「東京で行きたい所があるか」と聞けば、「浅草の国際劇場のレビューが見たい」との返事に、渡りに船の寅は俺は浅草まで行くけれども、お前一人で見るんだ」と恩着せがましく連れ出して、二人で並んでうっとりと舞台を眺める。

幕が下りても二人は居座ったままだった。楽屋から出てきた踊子に留吉はサインを求め、寅は奈々子から「ちゃんと分かったわよ」と呼び掛けられると、次の回までの間、食事を共にするが、「貧しいファンの奢りよ」と寅が出した財布を留吉が持っていけば、五百円しかなく三千円は留吉が支払う羽目になる。留吉は寅の教えをよく守って百姓に励めよとまた諭されるが、その足でまたレビューを観に行き、二週間も音信不通の母親からは「一刻も早く村に帰って来なさい」ととらやに葉書が届く。

その頃、楽屋の奈々子から「今日の午後伺う」との電話がとらやにあったが、近所の食堂で働いて楽屋に出前をしているのが留吉だった。

奈々子は、「もう三〇だし、若い子の体を見るとキラキラと輝いていて寂しいよ。そういう時」と言いながら、職工たちが求めるサインに応じ、「中学の学芸会の時からスターだったのね」とおばちゃんに称賛されると、「目立ちたがり屋だっただけで、本当のスターはさくらで、美人で勉強ができて気立てが良くて、まるでお姫様でモテモテで、きっと王子様のような男性と結婚すると、焼きもちを焼いていた」と言う奈々子に、寅が「あのような貧しい職工と結婚したから失敗したよ」と混ぜっ返す。「熱烈な恋愛だった」と聞いて奈々子はますます羨ましがるが、さくらが「レビューや歌手にあこがれたこともあるし、羨ましいのは私のほうよ。あなたはそうなりたいと願って、その通りに生きてきたのよ。すばらしい人生じゃない」と反論すると、皆口々に叶わなかった夢の話をする。寅は「ちんどん屋、サーカス、そしてテキ屋になりたかった」と言い、それなら寅は理想的な生き方をしていることに落ち着きそうになると、おいちゃんに「お前の場合、周りは遊び人にしかならないと思っていたが、その通りになっただけだ」と水を差され、「慎重すぎて未だ一人なんですよ」とおいちゃんに言われて、独り身の寂しさを寅と奈々子は分かち合うが、奈々子は帰りがけさくらに、「結婚のことで、仕事も辞めたくないし、悩んでいる」と打ち明けると、寅に送られて帰っていく。

そんな寅が浅草の劇場近くでテキ屋稼業をしていると、留吉が女性に付きまとっているのを見かける。一方、奈々子は体力の限界に挑戦しながら練習に励んでいたが、十年近く付き合っていた舞台の技師の隆に「どうしても踊りを辞めることができないから、ごめんなさい」とついに別れを告げ、荒物屋の実家に帰って母親にお金を渡して援助し、離婚寸前の妹の赤ん坊をあやしていた。

やがて、奈々子がまたとらやを訪ねてきて、さくらに事情を話すと、寅の顔色が変わるが、「でも別れた」と言って奈々子が泣き崩れると、急に雨が降り出す中、寅は彼女をまた送っていく。「恋なんてするんじゃなかった。好きだったら、なんでそっとしておいてくれないのさ」と嘆く奈々子に「一晩付き合って」と引き止められて部屋にいた寅から、「大勢の人が踊りにうっとりとして慰められているんだから、踊りを続けろよ」と励ましていると、「雨が降り出すと、外に飛び出して歌いたくなるの」と言いながら、窓辺に立った彼女は傘も差さずに立っている隆がずぶぬれになって部屋を眺めているのに気付く。雷鳴轟く中、奈々子は飛び出していき、「好き」と言って隆と抱き合う。

寅が帰ってくると、おつつけ奈々子から「寅さんに悪いことをした」と、とらやに電話があって、さくらは真相を知るが、寅は「踊りを辞めたりしたら、後悔するんじゃないかな。夏の踊りの初日だけは行ってやれよ」とさくらに言って、また旅に出る。

夏の踊りが最後の舞台となる奈々子は、チーフに結婚することを伝え、留吉は惚れている踊子からプレゼントを返されて「きれいな思い出にしよう」と引導を渡されて、さくらが寅からだと言って花束を奈々子に届けて迎えた初日は、「やっぱり辞めたくない」と泣く奈々子だったが、末席で奈々子の歌う『道』に耳を傾けていた寅は、途中でそっと退席する。留吉からは「反省して心を入れ替えて農業に打ち込んでおり、結婚を前提に真面目に付き合っている女性もいる」と葉書がとらやに届いていたが、その彼女にもふられているところへ寅が現れて、懸命に弁解する留吉に、「お前は結婚に向かない男だから、あきらめろ」と断言して寅はつれなく、同病相哀れむところで幕となる。

男はつらいよ　噂の寅次郎（第二二作）（一九七八年）（寅♥大原麗子）

冒頭の寅の夢物語が面白い。柴又村の貧しい娘（倍賞千恵子）は、父親の目が見えるように、村の皆様が幸せになるように、寅地蔵にお参りをして、つき立ての餅とみかんを供えて、寒そうな寅地蔵に身に着けていた綿入れを着せてやると、寅地蔵の目から涙が流れ、高利貸しの借金の片に娘が代官の妾になるのを覚悟した場面で、寅地蔵が大師姿で現れて借金の片を付けてやるなど財宝を恵み、父親の目が見えるようにしてあげたところで、寺の軒下で夢を見ていた寅は、住職に「風邪を引くぞ」と注意され、お賽銭を入れたところが、百円玉だったと気づき、おつりをと賽銭箱をひっくり返す。

お彼岸で御前様に挨拶すると、渡り鳥が群れをなし、おいちゃんたちが寅を思い出しながら墓に向かうと、寅が旅の途中に墓参りしているのと出会う。御前様は今日はいい日だと念仏を唱えていると、おいちゃんは寅の父親の墓は隣であることに気が付き、慌ててお供え物を移し替える。おいちゃんは体がきつくなり、特に配達が厳しいと体を揉ませたりしていたが、人を雇う話も出て、寅が「俺がもう少ししっかりしていれば」と神妙に詫びれば、おいちゃんは「人にはそれぞれ任というものがあるから」となだめていると、社長の帰りが遅いとの知らせが工場からあって、万一と言いながら寅は経営苦で自殺したとすっかり思い込んで探しにやらせ、博に心当たりを電話させ、通夜はとらやで行う了解をおいちゃんに取り付ける。「あいつも思えば可哀そうな奴だった」と、寅がしんみりしていると、酒を飲んで遊び、上機嫌で鼻歌交じりにタコ社長が帰ってきて、寅と大げんかになって職工たちが止めに入る。翌日、寅はやっぱり帰ってくるんじゃなかったと置手紙を残して、また旅に出る。

河原にススキがたなびく、とある木造の長い橋の上で、すれ違った旅の僧侶（大滝秀治）から、「失礼と存じるが、あなたお顔に女難の相が出ている。お気を付けなさるように」と言われた寅は、「物心ついてこのかた、その事で苦しみ抜いております」と答える。電子バンドを売るテキ屋稼業では、「ここは美人ぞろいだが、私は女房持ちなの。これがまたひどい女。女房に外れたよ」などと勝手なことを言って笑わせていたが、とらやでは博が婦人就職相談センターに求人の申込みに行ってくれていた。

その頃、山間の橋の中央で今にも身投げしそうな風情の女性瞳（泉ピン子）に「きれいな娘さん」と呼びかけた寅は、昼食をおごりながら、「結婚を前提に付き合ってきた顔だけが取り柄の男に、自分より容姿の落ちる女ができて、最初から好きじゃなかったと言われて別れた」という話の聞き役になって、「そのうちいいこともあるから」と氏素性を明かして木曽に向かうバスに乗り込むが、財布には千円札一枚しかない。社にでも泊まるかとつぶやいていると、後ろの席の白髪の老人が「私の宿で一緒に泊まらんか」と声をかけてくる。尋ねると、「君の親戚だ」と言う。博の父親（志村喬）だった。

夜の温泉宿では、この辺でお開きにしようとする博の父親を残して、寅はその財布を渡されて芸者衆と外出する始末で、翌日の観光タクシーに同乗しても寅は眠りこけて見物する気もない。その夜、

「芸者を呼ぼうか」と言う寅の話を断った博の父親は、「年を取ると、面白いことなんてなくなるんだ」と言いながら、手にしていた『今昔物語』にあった話をする。それは寅のような女にモテる二枚目がいて、この世のものとも思えぬ美人がこの男の前に現れると、男はたちまち恋に陥り、苦心惨憺の挙句女をものにしたが、一年もたたないうちに病を得て女は死んでしまった。男はどうしても美しい妻の面影を忘れることができず、我慢ができなくなって、ある日墓場に行って棺を掘り起こした。美しい妻の顔とは、似ても似つかぬ腐り果てた肉の塊りだった。男はこの世の無常を感じて頭を丸めて仏門に入り、一生仏に仕えて暮らしたという。翌朝、寅は「帰りの汽車賃とコンにゃく物語を拝借する」との置手紙を残して、宿を発つ。大人物は反省して去ったかとは、博の父親の感慨だった。

その頃、墨田の職安から紹介された早苗（大原麗子）が、とらやを訪ねてくる。それを見たタコ社長は、色っぽい美人が来たと大騒ぎだ。明日から勤めることが決まって早苗が帰っていくと、入れ替わりに寅が戻ってくる。社長の話につられて店に出てきていた博に寅は、「信州で親父は息子に裏切られて一人寂しく旅をしていた」と反省を求め、夜皆が集まったところで寅は、今昔物語の例の一節を、その妻は子宮外妊娠で亡くなったなどと表現も豊かに脚色しながら受け売りをして、人生について考えさせられただろうと締めくくる。「明朝九時に修行の旅に出る」と言うが、出勤してきた美女と出がけに遭遇したものだから、魂を奪われたようになる。店に向かっていたさくらから「具合でも悪いの？」と聞かれると、これ幸いに「急に腹痛になった」と言って、担架に乗せられて店に戻ってくる。それを見た早苗が急いで消防署に電話したものだから、救急車が出動して仮病の寅が運ばれていく。

「ガスだまりと栄養が少し偏っている」と医者に言われて帰ってくるが、「誰が救急車など電話したんだ。責任を取ってもらう」と責任転嫁も甚だしい寅が語気を荒らげると、それが美女だと分かればたちまちトーンダウンし、「一度救急車に乗ってみたかったんだ」と言い出す体たらくだった。

結婚式に呼ばれておいちゃん夫婦が不在となって、店を二人きりで留守番するようになった寅は、「怖い人かと思ったら優しい人ね」と言う早苗が別居中だと知り、「駄目かもしれない」と聞いて、急に元気になる。「むしろ旦那さんはいい人だったんだけど、どうしても好きになれなかった」とさくらが彼女から聞いた話をすると、「好きでもない人と結婚するから悪いんだよ」と言う博に、「そんなに割り切れるもんじゃないわよ」とさくらは弁護する。

早苗はとらやを午前中に休んで別居中の夫と会うことにしていたが、代わりに従兄の肇兄さん（室田日出男）が喫茶店にやって来て、「どうしてこうなる前に相談してくれなかったのか」と言いながら、離婚届を差し出し、それに「これでおしまいか」と判を押した早苗は、従兄と一緒に区役所で手続きを済ませると、「人生は一度しかないから、もっと自分を大事にしないと」と語りかける従兄を振り切るようにして、とらやに戻っていく。

一時か二時に帰ってくるはずなのに「遅い」と寅は気をもみ、「辞めたんじゃないか」と弱気になっているうちに、早苗が現れると、「休めばいいのに」と心にもないことを言う。早苗に「今日から荒川ではなく、水野早苗になった」と言われて、「それは良かった」と寅が応じると、「私、泣きそう」と言われてその場を急いで離れる早苗を見て、戸惑う寅を「無神経だ」とさくらたちがいさめる。さくらが慰めに行くと、早苗は、「別れたらどんなにすっきりするかと思っていたが、手続きを済ませると何だか急に張り合いがなくなったみたいで、この先何を当てにして生きていけばいいのか。こんな気持ちになるなんて、想像もしていなかった」と、さめざめと泣く。

早苗がまた店に出てくると、寅は「離婚とか、離れる切れるは禁句だ」とおいちゃんたちに警告していたが、「雲が切れたみたい」と言いながらさくらが、「♪逃げた女房が…」と歌いながらタコ社長が入ってきて、寅の気遣いも空回りしている時、瞳が元気よく現れて、「例の男はあの女と新婚旅行に行って一週間で離婚して、よりを戻してくれと言われたが、二度とあんな男なんか」と啖呵を切って、早苗を奥さんと間違う瞳を寅は慌てて外へ連れ出す。

「寅さんてモテるのね」と笑う早苗に、茶の間でデザートを食べながら、明るい話題を提供しようと一生懸命になっていると、早苗が手をあげて、「私の人生で、寅さんに会ったっていうこと」と答えて周囲は唖然とするが、寅は「俺はどちらかと言うと暗い人間だと思っていたし、この年になってみると面白いことなんか何もないし、楽しみと言えば寝ることぐらいだし、明るいなんて言われると戸惑ってしまう」と、大変な勘違いで笑わせる。店先まで見送る寅に早苗が帰りがけに、「今日は本当にありがとう。私、寅さん好きよ」と言ったものだから、恥ずかしさのあまり新聞で顔を隠して歩く寅に、周囲の不安は募る。

ある日、博の父親が誰もいないとらやに訪ねてきて、早苗が引っ越しで不在だったため、留守番をすっぽかしていた寅に代わってお茶の給仕をしようとしていると、さくらが来てようやくお客さんとして扱われていた頃、寅は巡査に訪ねて早苗のアパートへ行き、高校教師の従兄の肇が生徒たちを連れて手伝っているのに割り込むが、「三角関係か」と生徒たちがはしゃぐ。

後日、とらやに肇が現れて配達に行った早苗を待っていると、帰ってきた寅から「子供の頃から惚れていただろう」とストレートな物言いをされて戸惑っていたが、「故郷の小樽に転勤先が見つかったので、しばらく会えなくなるが、よろしく伝えてください」と言って、「何かあった時に使ってくれ」と小袋を早苗に渡してくれるよう頼み、「早苗さんを大事にしてやってください」と寅にお願いして帰っていこうとすると、早苗が戻ってくるが、「寅さんに話してあるから」とそのまま立ち去る。寅が事情を話して渡した小袋には残高百万円の郵便貯金通帳と印鑑が入っていた。寅が「あいつは不器用だから十年も二十年も言えないけれど、惚れてるんだよ。分かるだろう」と追い打ちをかけると、「私、分かっているのよ。あの人の気持ち」と言いながら早苗は後を追っていく。早苗には「明日話は聞くから」とせかしたはずの寅は、急に気が変わって、そのまま旅に出かけていく。師走はもうすぐだ。

小樽に帰って正月を迎えた早苗から「また寅さんに会いたい」と書かれた運河の絵葉書が届いて、とらやではまた職安に求人を出そうか話し合っている。寅からは「早苗様の幸せを祈る」との年賀状がとらやに届き、寅は汽車に乗り込む時、降りてきたあの旅の僧と合掌し合って、座席について顔をあげると、目の前には昔からの知り合いで兄妹みたいにしてきた新郎と新婚旅行中の瞳がいた。

これを要約してみると、四角い顔の寅地蔵が、寒い冬の日、貧しい村人の娘が自分の着ていた重ね着をかけてくれたのに感激して涙を流し、高利貸しの取り立てに苦しむ一家を救済する冒頭の寸劇が面白い。間違えて亡父の隣の墓に手を合わせていた寅次郎は、旅に出た信州で通りすがりの僧から「女難の相がある」と言われた矢先、妹の夫博の元教授の父親（志村喬）とバスで乗り合わせる。泊まった温泉旅館で芸者とどんちゃん騒ぎをした後、元教授から恋い焦がれて結婚した女が一年後亡くなり、思いを断ち切れず、墓場を掘り返すと爛れたうじ虫だらけの肉の塊となっていたのにおののき、仏門に入った今昔物語の男の話を紹介されて、その話を土産に無常観を募らせてとらやに帰ると、職安の紹介で勤めることとなった目下離婚手続き中の嫋やかな美女（大原麗子）とのご対面となる。彼女から「寅さん、好きよ」と言われて舞い上がるが、小樽に転任の挨拶に来た高校教師の従兄が彼女の子供の頃から惚れているのを敏感に察した寅は、彼女に行動を促す。好対照に、男にふられて旅先で寅に励まされ、身近な似合いの男と結婚する女性（泉ピン子）も登場する。

男はつらいよ　翔んでる寅次郎（第二三作）（一九七九年）（寅♥桃井かおり）

タコ社長の工員を新婚旅行に送り出した後、礼服でとらやの面々がいるところへ寅が帰ってくる。職工の結婚式だと聞いて、「ほほっ、結婚ね。職工が結婚するかね」と小馬鹿にしたような口をきく寅に、タコ社長が「俺のとこの工員が、人並みに愛し合ったら悪いのか」と毒づくと、「人並みに愛せるほど、給料をもらっているんですか」と反論し、「てめえが結婚できないからといって、人様の結婚にケチをつけることはない。いつになったら、そんな夢を…」とおいちゃんは感極まってその場から立ち去るが、寅からアメリカ製の化粧水をもらうと満更でもなくなって顔になすりつけていると、博に

「これは頭につけるやつですよ」と言われて大笑いになり、「こうした間違いをするのも、おじさんが英語の勉強をしっかりしなかったからだ」と満男に寅が諭す辺りは、おいちゃんも寅も共に相変わらずの甥っ子思いなのだった。

寅がタコ社長とおいちゃんに謝って、夕食が始まろうとする時、満男が三重丸をもらった作文を寅に読んでもらうことにするが、両親が恋愛結婚で仲がいいことが書かれた後に、お母さんが悲しい顔をするのは寅が帰ってきた時で、いつも恋愛ばかりしていてそのたびにふられているから、今でも嫁さんがいないが、早く嫁さんをもらってお母さんを安心させてほしいと思っているなどというくだりになると、寅の笑顔が曇り、赤字で教師が作文を褒めていることを知って、「これは恥だ」と決めつけると、おいちゃんも「とらやの恥だ」とつぶやく。「本人がそう言ってりゃ世話はないや」と哄笑するタコ社長の頭にワインをぶっかけて大げんかとなるが、満男の泣く姿を見て、寅は「満男に悪かった」とさくらに言って、そのまま旅に出ていく。

北海道に来た寅がテキ屋稼業の後、道路の崖下の平地に座ってぼんやり海を眺めていると、車で通りかかった若い娘ひとみ（桃井かおり）が同乗するよう声をかけてくる。「狭い所は嫌いだが、若い娘がそんな気軽に男に声をかけちゃいけないよ。悪い男だったらどうする」と言って寅は断る。ところが、その車がエンストし、親切を装って近づいてきた優男（湯原昌幸）が、「ガス欠だから」と自分の車に乗せてから乱暴しようとして、女の悲鳴を聞き付けた寅が駆けつけると、慌てた男が急所をズボンのチャックに挟んで退散したことから、寅が百姓の家の娘と勘違いする、田園地帯ならぬ田園調布と柴又が故郷の二人旅が始まる。

「宿泊先は予約していない」と言い、「着替えの入ったトランクをエンストした車に置いてきちゃった」とこぼす娘に、「貞操には代えられないぞ。パンツの一枚や二枚」となだめて、二部屋をお願いすると、「どうしても一部屋だ」と言ってフロントから出てきたのはこの宿の若主人で、「警察に行こうかしら」と娘に鎌をかけられると、すぐに二部屋に決まり、「予算がないんだけど」とすかさず寅が言えば、「それはいくらでも結構」との返事で、急所の怪我も含めて、若主人は自業自得の踏んだり蹴ったりだった。

寅の晩酌に付き合うひとみは、結婚間近だというのに、どこか浮かぬ顔で、「本当は嬉しくなきゃいけないんだけれど、どうしてもそういう気持ちになれなくて困っていて、少しは気分が晴れるかと思って飛び出してみたが、やっぱりあきらめるしかないか」とぼやくひとみに寅は、「罰が当たるよ、そんな口をきいては」とたしなめ、相愛の人がいるのに、貧しい親の借金の片に、親子ほども年の違う金持ちのスケベじじいの所へ嫁に行く娘の話をすると、ひとみは「それだけ好きな人がいて、その娘は幸せだと思った」と涙ぐむ。ひとみが部屋を出ると、若主人が「お布団は二つ並べて向こうのほうに」と言いに来て、「馬鹿者」と寅に一喝された翌朝、ひとみが発った後、浴衣姿で出てきた寅が「二、三日ゆっくりしたい」と言うのを「団体さんが入るので」と断ろうとすると、「警察はどこだ」とまた脅されて、「一週間でも」と苦し紛れに答えて、若主人は地団太を踏む。

さて、迎えた結婚式で、相変わらず浮かぬ顔のままのひとみは、豪華な披露宴のお色直しでウエディングドレスに着替えたところで、ついに居たたまれなくなり、トイレに行くと言って逃げ出してしまう。とらやには寅宛てに「もうすぐ結婚式です」と書かれた葉書が届いていて、農村地帯の娘に「そんなに悩むんだったらあきらめろと言ってやったらよかったかな」とつぶやきながら、それを眺めていると、花嫁姿のひとみがタクシーで乗り付けてきて、二人は抱き合い、「それは良かった」と寅は受け止めて、二階の部屋にかくまう。

「言ってみりゃ、うちは赤の他人なんだ。こんな騒動に巻き込まれるなんて」と、おいちゃんは渋い顔で、博も心配するが、寅はひとみの生活用品の買い出しに行くなど大張り切りで、深い悲しみにくれて寝込んでいる娘をいたわる寅に、「相手の家に連絡して引き取ってもらえ」などとは、とても口にできない雰囲気だった。ついにキャデラックを乗り付けて、ひとみの母親（木暮実千代）がとらやを訪ねてきて、「あの変な寅さんという人が好きな人なのか」と詰問するが、「親切に私の話を聞いてくれただけよ。この際一人で生きていきたい」とひとみは頑なで、寅が見え隠れして応援する中、母親も連れ帰るのをあきらめて帰っていく。

夜になり、ひとみは、「披露宴では見世物の着せ替え人形みたいで、女って悲しいなと思ったの。これでおしまいという感じなのよ。素晴しい未来が広がっていくなんて、そんな幸せな気分にはなれないのよ。男の人はそんな気持ちにはならないだろうな」としみじみと語り、「恋愛結婚だ」と言うおいちゃんも同調するが、見合い結婚の典型のタコ社長は、見合いしてすぐに結婚となるが、「相手が少し違うんじゃないか」と仲人に尋ねると、「見合いの席には妹を出した」と言われたと苦笑いする。お開きとなると、ひとみから「母が寅さんを私の恋人と間違えているの」と言われて、寅はすっかり有頂天になって満面の笑みを浮かべ、周囲は一様に顔を曇らす。

江戸川の土手の草むらに座って、ひとみから「どうして結婚しないの」と聞かれた寅は、「いろいろと触れてもらいたくない過去があるということさ」とはぐらかして、とらやに帰ってくると、花嫁に逃げられた青年小柳（布施明）が待っていて、「元気?」と聞かれたひとみは「ごめんね」と言って奥に引っ込んでしまう。帰っていく小柳を寅が追いかけて、「失恋するって、悲しいことですね」と言う青年に、「そのことに関しては、俺は誰よりも詳しいから」となだめて、喫茶店に連れて行く。青年の話を聞いてきた寅は、「結婚式以来ひとみのことを思い続けて、惚れぬいているんだから、もう少しやさしい言葉をかけてやれよ。『あなたの気持ちは嬉しいわ。どうもありがとう』と言ってもらえば、恋をする男は幸せになれるんだから」とひとみに忠告する。

雨の日、青年から電話で呼び出されて、寺の門の所で待ち合わせた二人は、喫茶店に行き、「どうして私のことが気になるの?」と聞くひとみに、小柳は「俺にも責任があるような気がするから」と答える。自活していこうとするひとみが、「あなたにはお父様が経営する立派な会社があるでしょう。それがあなたにふさわしい未来よ」と話すと、「会社は辞めた。インテリアの仕事なんて向いてないしね」と小柳は言う。そのまま二人は別れるが、小柳の汚いアパートに妹が訪ねて来て、可哀そうと同情される。小柳は自動車整備工場で働き出すが、ひとみの好きな菓子折りを持ってまたとらやにやって来て、寅にひとみを呼び出してもらうと、「会いたくないから、帰って」という返事だったことにして追い返そうとしたところへ、ちょうど本人が戻ってきて寅の顔がゆがむが、ひとみは「もう来ないで」と言って、そのまま奥に駆け込み、寅は涙ぐむ青年を連れてまた出ていく。一部始終を見ていたさくらは、「ひとみさん、ひょっとしたらあの人を好きになったんじゃないかしら」と博に告げると、「だったらうまくゆくよ」と太鼓判を押す。「でもおかしなものね、結婚しそこなった二人が、また改めて恋をするなんて」と言うさくらに、「おかしくないよ。新しい生活の中で二人が進歩したということなんだ」と博は理解を示す一方で、「相変わらずふられてばかりの人もいるけどもね。ふられた後で、気が付くんじゃないか。やっぱり恋をしていたんだ」と当て推量する。

母親から「私たちに恥をかかせて損をさせて。自活するなんて偉そうな口をきいて。無理に苦労するようなものだけど、世の中は甘くないし、世間から見れば甘えっ子のお嬢さんなのよ」と言われたひとみが、「私、幸せになりたいの。お母さんの考えているような幸せではなく」と訴えると、「お父さんの名前を傷つけるようなことはやめて。この間邦男さんが家出したのも、こちらが悪いように言われて」と畳み掛けられたひとみは、カップラーメンで夕食中の邦男のアパートを訪ねていく。ひとみは「ひどいことをしたと思っている」と謝ると、「嫌いなところをどう直せば好いてもらえるかということをよくよく考えているから、やっぱり嫌われてしまう」と言いながら、「一つだけ後悔していることがあるのは、一度も君のこと好きだと言わなかったことだ」と邦男が声を絞り出すと、感極まったひとみは立ち上がって窓辺に行き、「ねえ、キスして」とせがんで二人は抱き合う。

寅がひとみにプレゼントするためにネックレスを買ってくると、やがてひとみが帰ってきて、寅に「私やっぱり結婚する」と告げる。「いいよ」と返事したものの、「誰とするんだ」と驚く寅に、「兄さんじゃないと思います」と博がきっぱりと言う。ひとみは「仲人は寅さんにお願いしたい」と言うのを、さくらが「奥さんがいないから」と断ろうとすると、寅は「いいよ」と引き受け、周囲は寅の心中を察して悄然とする中、旅に出ようとする寅は、さくらに引き止められる。

二人の祝賀会では、仲人をさくらと務める慣れない羽織姿の寅は、恒例の仲人の挨拶も緊張して言葉が出ない。「用意していた紙は直前にトイレに行った時落としてしまった」と、その様子を再現して見せてさくらに注意され、「ウンがついた」と、めでたしめでたしで何とか締めくくる。

会場にひとみの母親もやがて駆けつけた頃、親族を代表して邦男の妹が挨拶に立ち、「両親が出席せず、自分も兄が勘当されているので行くなと言われていた」と前置きして、「一度結婚してまた結婚するのはおかしいんじゃないかとは私は思いません。とてもすてきだ」と率直な感想を述べると、司会の博が「仲人よりはるかに立派な挨拶でした」と冷やかすと、「うるさい、黙れ」と寅は憮然とする。

次いでひとみが、「邦男さんの幸せについて考えています。この間の結婚式の時は、自分のことしか考えていなかった。そういう相手を思う気持ちが、私に欠けていたのを教えてくれたのは寅さんで、いただいたネックレスと共に寅さんのこと、一生忘れない」と挨拶し、「とらやの皆様に感謝し、最後にママ、来てくれてありがとう。私、今幸せよ」と述べて、母親は涙ぐむ。邦男は「話下手なものですから」と言って、椅子を持ち出して座り、ギターを奏でながら、自作の求婚の歌を歌うが、感極まって泣き崩れて会場の涙を誘う。ハンカチをと懐に手を入れた寅は、仲人の挨拶の紙を発見する。

ひとみの母親が仲人のお礼にとらやを訪ねて、てっきり自分たちと同じ軽井沢辺りと見当を付けていた寅の旅先の北海道からは、「あの頼りない二枚目の亭主じゃ、ひょっとしてひとみちゃんは不幸なんじゃないかと考えると、仲人の俺としては心配で夜も眠れねえ」と葉書が届いていた。その寅は、また若い女性を引っ掛けようとしている若主人と支笏湖のボート乗り場で再会し、「警察はどこだ」と言いながら、ちゃっかりと今晩の宿に多分ロハでありついていた。

男はつらいよ　寅次郎春の夢（第二四作）（一九七九年）（寅♥香川京子）

甲府から送られてきたぶどうをおばちゃんが二階の寅の部屋いっぱいに並べている時、寅が久しぶりに帰ってきて、「タコ社長の所にも分けてやってくれよ」と手土産に差し出したのがぶどうだった。おばちゃんは「初物だ」と喜ぶ風を見せていたが、二階に上がった寅は、おばちゃんとさくらにぶどうの種を吹き飛ばして房を投げつけていると、博が「社長のおすそわけだ」とぶどうを一ケース持って来て、寅の手土産を見て「これは酸っぱくてまずいやつだ。誰が持ってきた」と聞いたものだから、寅はすっかりむくれてしまう。夜になり、英語塾に通い出した満男が寅に挨拶しろと言われて、英語で「こんばんわ」と応じると、「英語でおじさんは」と聞かれて、「タイガー」と答えているところへ、タコ社長が夕刊を手にして「千葉でトラが逃げ出したが、猛獣を飼っている奴がいけないんで射殺すべきだ」と息巻き、「そう言えば、この家にも獰猛なのが一匹いたな」と言ったものだから、寅は握ったぶどうを禿げ頭になすり付け、そのまま旅へと出かけていく。

その頃、頭の禿げた背の高い中年の外国人マイケル（ハーブ・エデルマン）から、寺の門前で尋ねられた御前様が、さっぱり分からんので、さくらを頼りにとらやに連れてくるが、さくらもお手上げで、ちょうどだんごを買いに来ていた英語塾の先生の母親圭子（香川京子）が対応してくれて、「旅館を探している」と言う外国人に、「この辺じゃ無理よ」と話すと、「仕事もうまくいっておらず、都心は料金が高いので、寝られるならどこでもいいのだが」と言いながら、鴨居に頭をぶつけて帰っていく。

御前様が「寅の部屋が空いていたな。どうだ、日米親善のために」と提案したため、「小さな畳の部屋でいいなら」と、マイケルを呼び戻す。夕食はとんかつで、味噌汁や漬物も食べたと聞いて、様子見に来たタコ社長は、「食べ物のせいで、タバコ屋で飼っていたチンパンジーは一週間で死んだ」と心配するが、不自由な会話で一苦労しながら、何とか二階で寝てもらう。トランクを持ってビタミン剤を売って歩くセールスマンで、「悪い人間ではなさそうだ」とおいちゃんは言うが、マイケルはさくらの優しさに一目ぼれしたようで、「グッドナイト　さくら」と鼻歌交じりで休むその布団の先には、靴下のままの足が出ていた。

マイケルが、とらやの人たちともすっかり仲良くなって「マイコさん」と呼ばれ、アメリカにいる母親に宛てて、その体調を気遣いながら、「日本はひどい国で、人も多いし物価も高くて、気も狂わんばかりだったけれども、いい下宿を見つけて、自分の家にいるような気分でいるが、そのうちきっとハワイに旅行に連れていく」と手紙を出していた頃、寅が秋の情景に急に郷愁に誘われて、「今度は長逗留になるかもしれない」と言いながら、とらやに帰ってくる。「自分の部屋があるのはいいなあ」と二階に上がろうとする寅に、おいちゃんは「アメリカが好きか」と聞けば、「大嫌い」と答えて、「黒船が来て大砲で脅して、無理やり仲良くしようとする。そんな馬鹿な話があるか。尊皇攘夷だ」と威勢のいい啖呵を切っていると、マイケルが出てきて鉢合わせとなる。驚く寅を尻目にマイケルは外出するが、寅は「誰に貸してもいいが、あれはけだものじゃないか」と大権幕で、また出て行こうとするのを慌てて引き止める。

一方、マイケルのビタミン剤の売り込みは断られてばかりだった。夜になって、寅が源公を武装させて、マイケルへの敵がい心をあらわにしてさくらに説教していると、英語塾の娘めぐみ（林寛子）と母親の圭子が、信州土産を持って寅の前に現れて、「帰ってきたら大きなアメリカ人がいて、びっくりしたでしょう」と娘が言えば、「いや、私は昔からアメリカ人が大好きだから。なかなかいい奴ですよ。あの芸者は」と、マイコと呼ばれていたのを勘違いして褒めちぎっていると、仕事からマイケルが帰って来て、寅は「ハロー」と呼び掛け、「仲良し、仲良し」と肩に手をかける豹変ぶりだ。

しかし、信州は主人の故郷だと聞いて、寅は後ろ向きになりがっくりし、帰ろうとする圭子に「ご主人によろしく」と声をかけると、「アメリカで交通事故で死んだから、独身です」と娘に言われて、また態度が急変して二人を送っていく。

「今日はステーキ」とマイケルに言えば、「すてき」と応じ、「冗談だよ」とおいちゃんが解説すれば、「私、マイケル・ジョーダンです」と切り返し、「私はアメリカ人のほうが好きだよ」とおばちゃんは、さくらと同調する。翌朝、マイケルがパンを食べていると、起きてきた寅は「この家では怪獣を飼っているのか。朝からパンなど食えるか」と盾突いて、おばちゃんはご飯を用意する。梅干しの瓶から一つつまんだ寅が、おいしそうに食べる風を見せてそっと吐き出し、マイケルに三つも大匙に載せて食べさせたものだから、大騒ぎとなる意地悪をする。
その足で、寅は通りかかった洗濯屋の配達品をとりあげて、「小僧がこれを持っていけ」などと勝手なことを言って、圭子の家に上がり込み、翻訳を辞書を引きながらしていた圭子にお茶を御馳走になり、英語塾の拡張工事が遅れていると聞いて、たまたまそこにいたガキの頃から席次でビリを争っていた大工の棟梁留（犬塚弘）に、「例の話をかみさんに言うよ」と脅して、節の多い柱も檜に代える約束まで取り付けて、一週間で仕上げるよう話をつけると、留に「寅、まだ嫁さんいないんだろう。俺が世話してやろうか」と言われて、寅は梯子を伝って屋根に逃げようとする留を小突き回す。

商売はさっぱりで浮かぬ顔でとらやに向かうマイケルと同じ頃帰った寅は、「お帰り、今日は天ぷらだよ、マイコさん。何だ寅ちゃんか」とおばちゃんに言われて機嫌を損ね、「アメリカ人はいいね。毎日毎日御馳走で」と嫌味を言う。「どうしてアメリカ人を嫌うの」とさくらが聞けば、「気味が悪い。眼が青くて背が高くて。全部」と答える寅に、「アメリカ人から見れば、お前の顔なんか、もっと気味が悪いよ」とおばちゃんが言っているところへ、マイケルが帰ってきて、さくらが「今晩天ぷらよ。好きでしょ」と迎えると、「日本の女性は何てやさしいんだ」とマイケルは、さくらを抱いて頬にキスをする。それを見た寅が、マイケルに「この野郎、博の目を盗んで不義密通していたのか」と突っかかっていき、大げんかになるところへ、めぐみが現れて、マイケルの言い分を通訳すれば、「今までの幸せな暮しを、この顔の四角い目の小さな男にぶち壊された」と言い、怒った寅とまた大げんかになる。めぐみから「さくらの兄さんよ」言われて観念したマイケルは、お礼を言ってすぐに下宿を出て行こうとすると、寅は「俺が悪かった」と握手を求め、タコ社長が「講和条約締結だ」と喜ぶ中、「日米友好のため」と言いながら、タコ社長の経費でめぐみもつれて、仲直りに飲みに出かけ、また二次会をしにとらやに舞い戻ってくる。

マイケルには、母親から「カミカゼとハラキリの恐ろしい国だから、殺されないうちに早く帰っておいで。お前みたいなやさしい子に金儲けなんてできる訳ないよ。ハワイなんて行きたくないよ。私の夢は、お前と嫁さんと一緒に暮らすことだ」と便りが届いていたが、その頃マイケルは関西方面に出かけていた。寅は寅で、店の前を圭子が通りかかろうものなら、寝そべってだらしなくしていても、すぐに「そこまでお送りします」と起き上がる気の使いようだった。京都でも商売はぱったりのマイケルは、坂東一座の小百合に声をかけられて、出し物の『蝶々夫人』を観るが、劇中の『ある晴れた日に』の小百合のアリアには、さくらを重ね合わせて想像をたくましくして、隣にいた禿げ頭の客（殿山泰司）を胸に抱きとめると、「ブラボー」と一人歓声をあげていた。

一方、寺の前でうろうろしていた寅は、御前様に聞かれて「夜に来る客を待っている」と答えると、「まだ昼じゃないか。一度医者に診てもらえ」と言われて、「一時間も待っているのに、まだ五分しかたっていない。早めに鐘を打って、早いとこ夜にしろ」と源公に催促する始末だった。客とはもちろんあの母と娘で、ようやく迎えたのはいいが、昼間からずっと待って腹をすかしていた寅は一時ダウンする。夕食後の団欒では、タコ社長から「一目ぼれした職工に会ってやってくれないか」と言われためぐみに、寅が「職工なんてよしなさいよ。さくらは博に惚れたお陰で、一生職工のかかあで貧乏暮らしだ」と忠告すると、「口数が少なくて、思いやりがあって本当に魅力的だし、さくらさんが恋した気持ちよく分かるわ」と母と娘は口をそろえ、「死んだ主人も口数が少なくてよく誤解されたが、アメリカ人は自分の考えをはっきり言うのに、主人みたいな人は何を考えているのか分からないから、気味が悪いんだ」と言う。そして、マイケルが「博さんがさくらさんを本当に愛しているのだろうか。夫婦なのに一度もキスしたこともないし、手を握ったこともない。お茶を持っていっても、ありがとうとも一言も言わないのは、アメリカではメイドにもあんな失礼な態度はとらない」と言っていたエピソードを紹介し、「アメリカ人はお互いの気持ちを察し合うことが苦手と言うか、できないのね。はっきり言葉に出して言わないと」と圭子が補足しながら、「人を愛する気持ちって、そう簡単に言葉に表せるものじゃないでしょう」と寅に尋ねると、寅は「言葉にしなくても、気持ちは通じ合うものです」と同調するが、アメリカでは「ノー」の場合もはっきり「インポシブル」と断る話を聞くと、「ふられる時も、目と目で語って、黙って立ち去る」と持論を展開し、「それはかりじゃないか」とおいちゃんの合いの手が入り、寅はみかんを投げつける。

ある雨の日、お土産を持ってずぶぬれでマイケルが帰ってきて、母親の手紙を見て、「帰国する」とさくらに言い、「商売もインポシブルだった」とうなだれるが、ついに「アイラブユー」とさくらに語りかける。さくらが「インポシブル」と引き下がると、怒りをあらわにする。

英語塾の増築も済んだ家を寅が訪ねると、圭子と昔からの知り合いの石油運搬船の船長の柳田が現れて、寅が見間違っていたセールスマンでも魚や鯨を獲る船長でもなく、圭子から「お茶の前にシャワーでも浴びたら」と言われる間柄を疑ってめぐみに聞けば、「そのうち親戚、いやお父さんになるのか。母はまだ決心がつかないみたいだけど。そうなればいいと思っている」と言われて、顔色の変わった寅は「そう勧めてやったほうがいいよ」と賛同し、手土産にした福寿草はアドニスと英語で言い、ギリシャ神話に出てくる二枚目だと圭子に言われて、「今度は三枚目の花を買ってこよう」と、ほろ苦さをかみしめるようにして立ち去る。

寅が帰ってくると、さくらが「マイコさん、ひどいのよ。アイラブユーって言ったの」といきさつを打ち明けると、「俺たちみたいに思いを胸に秘めて、すっと立ち去る。そんな芸当はとてもできはしないよ」と言いながら、「馬鹿だな、あいつ」と同類を憐れむが、とらやの店先に帰国するからと現れたマイケルが、さくらにごめんなさいと握手を求めて、寅は「それで、よし」とまた一杯飲みに連れだす傍ら、さくらには「博にはマイケルのことは黙っていろよ」と忠告し、マイケルには自分がかけていたお守りを与えて、握手して上野で別れる。

正月になって、めぐみは職工たちとスキーに出かける中、マイケルからは寅がいつも書くような反省と後悔の日々を送る文面の葉書が届き、相変わらずの薬売りで、さくらの写真を恋人だと持ち歩き、日本すら知らないガソリンスタンドの店員に「美人だろう」と自慢していた。女房に逃げられた子連れのテキ屋仲間が、すぐにまた新しい女と所帯を持っているのを目の当たりにして、正月早々やってられないと言いながら、寅はやけっぱちの商売に精を出す。

男はつらいよ　寅次郎ハイビスカスの花（第二五作）（一九八〇年）（寅♥浅丘ルリ子）

タコ社長が「ごまかして申告したら、ばれて追徴金が来て、首をくくりたくなった」ととらやに入ってきて、「世の中には何億も平気でごまかしている奴もいるというのに」と嘆いていると、博が出てきて、小岩のキャバレーにでき上がったポスターを届けにバイクで出かけていく。ホステス募集のチラシを見たおばちゃんが、「日給一万円だって」と羨ましそうに言うと、「いやな思いさせられるんだぞ」と言うおいちゃんに、「ダンスなんかさせられるんだろうね」と応じると、「今どきのホステスはダンスなんてしないよ。何するって言われても、ご婦人の前じゃ説明できないな」とタコ社長はいやらしく笑う。「首でもくくりたいと、今言ったばかりだろう」とたしなめるおいちゃんに、「好きで行くんじゃなくて、仕事でさ」と慌てて弁解するが、誰も真に受ける者はいない。

さて、小岩に行った博はリリー（浅丘ルリ子）を見かけて声をかけると、「これからすぐ先のキャバレーで歌の仕事がある」と言い、寅と同じ独身で、明日は大阪、そして九州と旅がらすで、とらやに立ち寄る時間もなく、皆が元気なことを確認し合って、その場で別れる。リリーの話を引き合いに出して寅の噂をしていると、寅から電話があり、上州からで、「これから新潟、酒田、秋田と回り、しばらく帰れない」とさくらに告げるが、「リリーさんが会いたがっていた」と伝えられて気持ちが揺れる。

それから一か月後、とらやは本日休業にして、水元公園にあやめを見に行く寸前のところへ、寅が帰ってくるのを見かけたため、帰ってきた人に留守番させる訳にもいかないし、一緒に出かけるはずもないしとあきらめて、弁当など用意したものを慌てて隠して平静を装って寅を迎えたものの、「まだ水元公園に行かないのか」とタコ社長が入ってきて万事休す。「素直にそう言ってくれれば、留守番を引き受けて、快く送り出してやれたのに」ときれいごとを並べながら、「行くなって言っているんじゃない。行けばいいじゃないか」と寅は仏頂面して言うが、さくらの言う通り、それは「行くな」と言っているのと同じことで、皆が白けて箱根代わりのあやめ見物はご破算となる。

寅はそのまま立ち去ろうとするが、リリーから速達が届いているのにさくらが気づいて読みあげると、沖縄に歌の稼業に出たリリーの病気が重く、「未練はないが、今一度寅さんに会いたかった」と、まるで死を覚悟したような内容だった。行き先も分からず寅は飛び出すが、さくらに引き戻されて、沖縄の病院と聞いて一刻も早く着くのはタコ社長が言うように飛行機なのだが、「飛行機だけは絶対嫌だ」と駄々をこねる。御前様まで出てきて、「飛行機は怖くない」と説得し、翌朝羽田まで博の車で送っていくと、柱にしがみついて博に抵抗していたが、通りすがりのスチュワーデスから、「私、毎日乗ってるわよ」と言われて、そのままついて行くいつもの好色ぶりだった。スチュワーデスに抱きかかえられながら、那覇空港のタラップを降りた寅は、バスでうとうとしながら、ようやくリリーのいる病院にたどり着くと、病床を間違えて「リリー、お前そんなにしわくちゃになって」と声をかける。「リリーさんはあっちですよ」と言われて、リリーの元に行き、「昔と一つも変わらねえよ」と手を握りしめる。「手紙をもらって飛んできたが、遠いもんだから、時間がかかって勘弁してくれ」という寅に「私嬉しい」とリリーは寅に身をあずけて泣く。寅はお見舞金やお土産の数々をリリーに渡し、襌まで渡しそうになるが、同じ病室の人たちに仁義を切ると、看護婦に担当医師を聞いてお土産を持っていく気の使いようだ。周りからリリーのいい人と思われた寅は、まめまめしく看護し、食事もスプーンや箸で食べさせ、「この病気は心の持ちようが大事で、生きようと思うことが大切だと先生も言っていたぞ」と力づけ、リリーの表情が和む。「みんな夢だったりして」と疑うリリーから、「つねってみて」と言われて寅がそうすると、「痛い」と声を上げ、周りが焼きもちを焼くほどの仲の良さだった。

翌日、寅は繁華街でテキ屋商売を始め、「私には病気の妻がいる。私の愛する恋女房、これがいい女だ」と口上を述べる。寅がさくらに書いていた便りには「リリーは医者の言うことも聞かないわがまな病人だったけど、俺が来てから素直になって、この調子じゃもう大丈夫と太鼓判を押してくれている。雨の日も風の日も俺が病院に行って慰めているが、近頃よく笑うようになって、顔色も良くなって、だんだん昔のリリーに戻ってきて、化粧までして迎えてくれるようになった」とあった通り、とらやにはリリーからも「退院して、寅さんが借りてくれた部屋で暮らしている」と便りがあるが、追伸で「寅さんからもくれぐれもよろしく」とあり、「泡盛を飲み過ぎて私のそばで寝ています」とあって、タコ社長は「同棲しているのでは」と疑う。

その沖縄でリリーはすっかり元気になり、母屋の息子高志と海に出かけて、刺身にする魚を手に帰ってきたり、テキ屋商売に出かけた寅の帰りを、家の前で待つ世話女房のような暮らしをしていたが、母屋の娘に「夫婦なのか」と聞かれて、「まだ式を挙げてない」と答えたとリリーが寅に言うと、寅は「そういうものの言い方は誤解を招くんじゃないかな」と困惑した表情を見せれば、リリーから「誰かと所帯を持ったことがあるの?」と聞かれて、「そういう過去は触れないほうがいいんじゃないか」と寅は言いながら、「こっちが良くても、向こうが良くないなあと思うこともあるし、要するにふられっぱなし」と正直に白状すると、「こうやって女と差し向かいでご飯を食べるのって、初めてなのね」とリリーに駄目を押される。

翌日、寅が暑い暑いとぼやきながら涼しい所を探し求めていると、海洋博に仕事に行く高志が車で通りかかる。「水族館なら涼しいけど」と言われて同乗し、「沖縄は人の住める所じゃないな」と軽口をたたくと、「悪口言うなら降りてください」と反発されて慌てて訂正し、水族館でイルカに曲芸をさせながら酸素ボンベを背負って自在に泳ぐ若い女性の調教師にすっかり魅せられて、さっそく接近して、「クロちゃんというイルカが恋人だ」と白状させる。夜に帰れば、寅は「水族館に行ってきたが、魚が泳いでいるばかりで、面白くもありゃしない」と、何となくごまかすような物の言い方をして、リリーは考え込む。

リリーは、翌日高志の車で病院に行ったその足で、歌手の仕事を探しにキャバレーを回るが、「ステージ八千円じゃ、衣装代にもならない」と嘆き、「今日はどうしているのかしら、あの男」とつぶやく。高志が、「結婚する人ですか?」と聞きながら、「あの人は何か、リリーさんにはふさわしくない気がするんです。リリーさんにはもっと頼りがいのある人が」と言って、余計なことだと謝る。

その寅は案の定、イルカの調教師かおりに会いに行って、「今日は休みだ」と言うので、皆で浜辺で車座になって沖縄の踊りを楽しんで、夕方一緒に帰ってくるところを見かけたリリーは、「誰、あの娘」と尋ねると、「ちょっとその辺で会ってさ、冷たいもの奢ってやったら喜んで、まだおぼこ娘だ」と寅はお茶を濁すと、リリーは「明日から歌を歌って働くことにした」と言う。寅が「そんなことをしたら元も子もなくなるぞ。よせ」と引き止めるが、「もうお金がないの。どうやって食べていくの」とリリーに言われて、「俺が何とかしてやるよ」と寅が言えば、「嫌だね、男に食わせてもらうなんて。私真っ平」とリリーは反発する。「水臭いことを言うなよ。俺とお前の仲じゃないか」と言う寅に、「夫婦じゃないだろ」とリリーが一言。「あんたと私が夫婦だったら別よ」とリリーが取りすがるように言うと、「馬鹿だな、お互い所帯持つような柄かよ」と寅がはき捨て、「あんたに女の気持ちなんか分かんないわよ」とリリーは嘆いて涙を見せる。

そこへ、高志が病院の薬を持って来て、「今日も水族館に行ったんですか」と聞かれた寅は一部始終を話すうち、リリーから「仕事を探して歩き回っている時に、あんたは娘っ子といちゃついてたのか」と噛みつかれる。「妬いてんのか」と言う寅に、「妬くほどの男か。鏡で手前の顔を見てみろよ」とリリーに啖呵を切られて、高志が寅に「もっといたわってやれないのか」と仲裁に入ると、「リリーに惚れてるな。てめえたち出来てるな」と取っ組み合いになる。リリーが「やめて」と卓袱台をひっくり返し、「私のために来てくれたんじゃなかったの。こんな遠くまで」と言うリリーを置いて、寅は外へ出ていく。翌朝、「まだ寝てるのか」と寅が謝りに行くと、「内地に帰ります」と置手紙を残して、リリーは旅立っていた。慌てた寅は、停泊している船に乗り込み、島伝いに東京に連れて行ってくれと頼み込む。

その頃、さくらが「リリーさんのような、頭がよくてしかも苦労した人が一緒になってくれるのが、兄さんには一番幸せなんじゃないか」とおいちゃんたちと話し合っていると、打ち明けられた御前様は「それも一つの考え方だ」と言いながら、さくらがとらやに向かうと、「同棲はいかん」とぴしゃり。その途中、行き倒れだと騒ぎになっていて、担ぎ込まれた先はとらやで、長旅による極度の疲労と栄養失調との見立てだった。「三日三晩飲まず食わずだった」と言い、おばちゃんの買ってきたうな重に寅は物も言わずにかぶりつく。リリーと何かあったのかと聞けば、リリーとは別室で、母屋の倅の部屋で寝ていたから勘違いしないでくれと前置きして、「そう言えば」と、あの夜リリーから言われたことを再現して見せると、さくらは「それは愛の告白ね」と言い、おばちゃんは「女にそこまで言わせてさ」と嘆き、おいちゃんは「どこの世界に、お前にプロポーズする女がいるんだ」と叱る。博から「リリーさんを探し出して、お前を愛している。一緒に暮らそうと言うんですよ」と諭されるが、寅はどこまで本気なのか、誠に心もとない。

そんな頃、リリーがハイビスカスの花を携えてとらやにやって来て、「ひどいじゃないか、俺を一人置き去りにして」と言う寅と抱き合う。思い出話に花を咲かせているうち、リリーが「私幸せだった。あの時」と言うと、寅は寝そべりながら「リリー、俺と所帯を持つか」と口走る。リリーは一瞬表情が変わる。寅は「俺、今何か言ったか」と起き直ると、「いやね、寅さん。冗談言って。皆が真に受けるわよね、さくらさん」とすかさずリリーが切り返すと、寅もほっとしたように笑ってごまかす。博もさくらも心の中ではがっくりし、リリーは「私たち、夢見てたのよ、きっと。あんまり暑いからさ」

と締めくくり、「夢だ、夢だ」と寅も同調する。

また旅に出ると言うリリーを送りながら、さくらが「さっき兄がへんな冗談言ったでしょ。あれ少しは本気だったのよ」と言うと、「分かってた。でも、ああしか答えようがなくて」と応じたリリーには寅の煮え切らなさは百も承知なのだった。「また旅先で病気になったり、つらい目に遭ったらまた来てくれる?」と聞くリリーに、寅は「これは一〇〇%、本気でそうするよ」と答えて、「幸せになれよ」と言って送り出す。追うように旅に出た寅が、夏の盛りのバス停で暑さをしのいでいると、通りかかったホテルの車が止まり、リリーが降りて声をかけてくる。その掛け合いに息の合ったところを見せながら、草津に一緒に行くことにして同乗し、二人の腐れ縁は果てることもなく続いていく。

幕あいコラム

顔立ちか心映えか

顔立ちと心映えのどちらかを選べと言われたら、断じてやさしさを含んだ心映えの美しさのほうだと模範解答を述べたいところですが、面食いという言葉もあります。化粧技術の進歩やコンタクトレンズの普及、最近では新型コロナがもたらしたマスクを着用する女性の急増などから、見た目の美人は増えているような気もしますから、顔立ちの美しさのほうに惹かれて、なおのこと迷いそうです。

顔立ちの真の美しさは、教養と人柄がにじみ出るような、内から輝く美しさこそ本物なのだと聞かされてきましたが、目の前の顔かたちにあこがれてしまうのも無理からぬことでしょう。そもそも、その心映えからして、顔立ちが気に入ってのことではないでしょうか。

和辻哲郎博士は、『倫理学』の中で、「ある女に性的に引かれ、あるいは結びつく男が、その女の身体、たとえばその女の『顔』を、単に身体的なるものとして愛の外に押しやるなどということがあり得るであろうか。愛する者の『顔』は単なる肉体などではない。そこに相手の人格があり心霊があり情緒がありまた個性がある。相手が頼もしい人物である場合には、その頼もしさは顔に現れている。相手が優しければその優しさも顔にある」として、顔立ちと心映えの不可分一体性を説いています。

むしろ人の心を捉えて離さないのは、能面のような美形といったようなものではなく、きらきらと光り輝く瞳や愛くるしい笑顔といった、多分に内面から発せられる若々しい動きを伴った表情の美しさです。もっとも、どんなに見目麗しく感じられるようでも、必ずどこかに欠点はあるものです。所詮、不完全な人間同士であってみれば、その合作もまた不完全なのは当たり前のことです。それを承知の、そもそもあり得ぬ完全を求めての美人へのあこがれという訳ですが、外形の美しさにも当然のことながら落とし穴が潜んでいます。

吉村昭さんの小説に、小村寿太郎の生涯を描いた『ポーツマスの旗』という作品があります。後に外務大臣となる彼は、美人の妻で苦労をするのです。当時としては珍しい明治女学校卒の才色兼備のその女性は、家事を一切しないばかりか、感情を激することが多く、実家に帰っては泣いて訴え、芝居見物が趣味で家を空けては、食事も向かい合って食べるようなこともありません。絶望した彼は、芸者遊びにふけり、帰宅しても部屋に閉じこもってしまいます。三人の子供をもうけたこと自体、不思議な気がするくらいです。こんな家庭の現状に倒錯的な慰めを見いだす人もあることでしょう。

これほど深刻なことではなくても、こんな昔話もあります。

ある時、アンケートの集計に人を雇わなければならなくなりました。応募者と面接してみると、最初の人は算盤も簿記も有段で、アルバイトにはもったいないような経歴の持ち主です。しかし、表情は明るさに乏しく、何となく採用しようというはずんだ気持になれませんでした。返事を留保して次の人と面接すると、この女性は愛くるしくて、見るからに明るく、名前も〇〇と言い、そのまま慶子と呼びたくなるような美人です。年配の職員から「この子にしましょうよ」と袖を引かれたこともあって、ろくに経歴も見ないで決めてしまいました。実際、この娘が職場に出てくると、部屋は一挙に明るく華やかになって、これまではそんなことはなかったのに、三時のおやつどきには自然と応接セットのソファーに皆が集まって一息入れるようになりました。しかし、何事もいいことずくめとはいきませんでした。彼女の集計したものには間違いが多く、結局職員が計算し直す羽目になりましたが、それでも首にすべきだという声は誰からも聞かれませんでした。それほど、好感の持たれる人柄でもあったのです。

ところで、「蓼食う虫も好き好き」と言われるほどだから、美人の評価は人によってまちまちだと思いがちですが、美人は赤ん坊でも誰が見てもやっぱり美人に見えるもののようです。アメリカの学生に美人と思える人を選ばせた心理学の実験結果もそうだったと、何かの本で読んだ記憶があります。

わが国でも美人と言えば、秋田、新潟などと衆目が一致するところです。

その見識には敬意を表している名優小沢昭一さんの『美人諸国ばなし』によれば、美人の里は、以上の他、大阪、大分（日田）、青森、京都、福岡、北海道、東京となっていて、東京までくれば、もう日本女性全体が美人だというのとそれほど変わらなくなります。

しかし、美人に地域的な偏在があることが半ば認められる以上、その原因は何なのでしょうか。裏日本に代表される日照時間と紫外線の少なさが、肌の白さをもたらして七難を隠してしまうのか。あるいはあの美しい桜のように、冬の厳しい寒さが肌にいい刺激を与えるのか。芳醇な銘酒の産地の多くが名水の里であるように、天然の水が女性を美の化身とするのか。それとも…。謎は深まっていくばかりです。実は秋田美人一本に絞って、文献を漁ってみたことがあるのです。すると、水が大いに関係するとの学説に共鳴するところがありました。

秋田美人は、玉川という川の流域から生まれ出るのです。角館付近がその典型で、その辺りのローカル線に乗っていて女子高生の一行と出会おうものなら、秘密の花園にでも来たような気分になることでしょう。ただし、彼女たちが黙っていればの話で、話し始めれば味わいのある秋田弁ですが、幻滅を覚える人もあるかもしれません。その玉川は、秋田市を河口とする雄物川に注いでいます。その流域沿いが、秋田市まで含めて広範囲に美人の宝庫という訳です。スーパーやコンビニなどで全国各地の名水が売られていますが、ある商売を思いつきました。玉川の水を高級洗顔用に売り出すのです。産湯の頃からこの水を絶やさず愛用すれば、日本中美人だらけになること請け合いでしょう。


ところで、「日本海側美人一県おき説」という俗説があるそうです。この真偽のほどをわざわざ検証に及んだ人がいます。切れ味鋭くユーモアにあふれていて、それでいてそこはかとなく女性の哀しみを感じさせるエッセイの名手酒井順子さんです。彼女は、A新聞社の男性編集者A氏を伴って、『おくのほそ道』ならぬ、美人を訪ねて何十里、いや八三三キロにも及ぶ「奥羽北陸海沿い街道の旅」に出たのでした。そのちょっと怖いような実態報告が、『私は美人』の中にまとめられています。

まず、二人が小手調べに向かった先は、銀座でした。花の東京の美人度を測定するかたわら、美人判定の要領をつかんでしまおうという訳です。対象の年齢を十代後半から三十代後半くらいまでに絞ることに決め、セルフサービスの喫茶店から行き交う女性を眺めて百人を判定した結果は、彼女が三人、A氏は五人でした。平均して美人率はたったの四パーセントです。何という少なさ、何という審美眼の厳しさでしょう。北国の美人たちよ、ゆめゆめ油断なさるな！

そうした勢いで、とある夏の日、訪れた大本命の秋田県の代表秋田市では、すれ違う人はいずれがアヤメかカキツバタの、美人に次ぐ美人といった具合で、彼女が十七人、A氏が二十四人の、美人率にして二〇・五パーセントという高さでした。あまりに当たり前すぎて、「私は美人よ」という顔で歩いていないのが秋田の特徴だそうです。この県の自殺率の高さがいささか気になりますが、日本に残された数少ない桃源郷の一つと言うべきでしょうか。

ちなみに、最初に調査した青森県の代表青森市は、彼女が十人、A氏が十五人で、美人率は一二・五パーセントと、「青森美人」など聞いたことがないどころか、堂々たる美人県なのでした。さすがは百戦錬磨の小沢昭一先生で、青森の秘境、津軽の西目屋村の「目屋美人」を紹介していましたが、「青森美人」の特徴は、肌の白さだというのです。

山形県の代表とされたのは酒田市で、「ほとんど人がいない」というので、販売店のお姉さんや、パチンコの女性客、スーパーの若手主婦まで、無理やり対象に加えた結果は、彼女が六人、A氏が八人で、美人率はわずかに七パーセントです。隣が秋田ということは、「合コンで美人が隣の席に座ってしまった時の感じ」だと、いたく同情されていますが、「庄内美人」という言葉は誰しも耳にしたことがあるはずで、とても納得できるものではありません。ここでは、あの松本清張氏が、『シンポジウム古代日本海文化』の中で、「昔から『何々美人』というのは、日本海とつながりがあるといっていい」と断じた上で、その「日本海美人」の典型として、秋田美人や越後美人などとともに、「庄内美人」も引き合いに出していることだけを、付け加えておきたいと思います。

さて、新潟県の代表の新潟市は、「若者の数も多く、女の子達は東京並みにお洒落で」、美人度は一気に上がって、彼女が十二人、A氏が十三人で、美人率は青森と同じ一二・五パーセントでした。彼女が美人と認めた数が青森を上回っているのは、「女好みの美人、つまりはより洗練された都会的な美人が青森よりも多い」からだそうです。

富山県の代表富山市は、地味で人通りも少なく、彼女が八人、A氏が十人で、美人率は九パーセントでした。石川県の代表金沢市は、またまた華やかさのある都会の魔力でしょうか、彼女が九人、A氏が十六人で、美人率は一二・五パーセントと跳ね上がります。

最後の訪問地、福井県の福井市は、台風が近づいたせいか、風雨も強まり、数少ない歩行者は傘をさしている悪条件の下、彼女が五人、A氏が八人で、美人率は六・五パーセントです。しかし、いずれの県でも花の銀座の美人率を上回っているのでした。

とかく先入観やハロー効果などに左右されるのは仕方がないことですが、この調査は邪念やバイアスが入りやすい男性のみによる調査ならともかく、女性ならではの得難い目利きによる、厳しくも公平なチェックが入った上でのことですから、小沢昭一先生の審美眼とはまた違った意味で、信憑性がありそうです。ともあれ、今回の調査でも、秋田の美人度が群を抜き、改めて秋田は別格だとの印象を強めただけのようでした。

この結果を知らされてからというもの、好奇心の虫がむずむずと頭をもたげてきました。ところが、それから程なく、思いもかけないことに実態調査の機会が巡ってきたのですから、妙なものです。待望の秋田出張の用務を終えて、久保田城址の千秋公園へと向かうその交差点で、こちらに歩いてきた二人連れはともに美人でした。そのうちの一人は、これまで目の当たりにしてきた中でも五指に入ろうかと思えるほどの飛び切りの美人です。目元ぱっちりと色白のこんな美人が、白昼堂々普通に歩いているそのさりげない風情に、まるで度肝を抜かれたような気がしたものです。

竿灯などを展示する観光スポットなどを冷やかしてから駅に戻って、予定していた帰りの新幹線の発車時刻を待つ間、コンコースのベンチに腰かけて、いよいよ本格的な実態調査をしてみようかと身構えました。頃は四時を回って、様々な制服の女子高生が通るようになってきていました。しかし、往来する女性の中には当然なことに高齢の元美人ばかりでなく、対象に入れるべきか外すべきかとっさの判断に迷うような女性もいて、美人と調査対象者の振り分けを瞬時に行い、しかもカウントまでしなければならない、その忙しさにしばらく正の字を手元で付けてみたとはいうものの、何が何だか訳が分からなくなり、すっかり馬鹿馬鹿しくなって、すぐにやめてしまいました。だから、到底正確なものではありませんが、実感では三、四人に一人は美人といったところでしょうか。

しかし、美人が多そうだとはいえ、ただ遠くから眺めているだけでは、だから何なのだといった殺伐とした気分にも陥りがちでした。言葉のやり取りや心の通い合いが伴ってこそ、美人の価値も増そうというものです。だから、美人を探して歩くような旅の仕方はやっぱり邪道で、空しさが募るばかりでした。ごく自然な成り行きで人と出会って、その中にたまたま美人がいて心騒いだりするといった風で、旅はありたいものです。例えば寅さんのように。

それに、顔立ちの美しさには、心映えの良さが伴わなければ、さほどの価値もないように思われます。「旅は道連れ」と言いますが、決め手となるのは「世は情け」のほうでしょうが、どうせ道連れとなるなら、やっぱり美人のほうがいいかな。これでは、またまた堂々巡りです。

評論家亀井勝一郎さんは『「私」をどう生きるか』の中で、その美人について断ちがたい魅力に迷わないよう、美人が老婆と化し、あるいはしどけない寝姿や不浄な様子を想像し、平常心に立ち戻る術を説いていますが、「美人とは本質的に薄命である。年齢のことではなく、『美人』であることの期間は短く、美貌とは一種の不幸だと言う当然のことを私は言っている」としながらも、「だからこそ逆に、美貌に対して激しく心ひかれ、また讃美する気も起る」とあり、まことに歯切れが悪い感じが残ります。


閑話休題、人は皆、無意識のうちに人相鑑定を行っているようなもので、こんな話もあります。最高裁長官となった石田和外さんが若き日、司法官試験で遅刻寸前の窮地に陥ったことがあるそうです。もはや観念してバスに乗り込んで、何とはなしにそのことをつぶやいたところ、発車時刻も何のその、バスは猛然と走り出して、かろうじて試験に間に合ったとのことですが、前途洋々たる未来の裁判官だと運転手が直感したのかもしれません。

また、佐藤栄作元首相がその昔、ラフな恰好で釣りに出かけたところ、船頭の親方がすぐに見抜いて、「あの人は、ただ者じゃないぞ」と仲間に言っていたそうです。

人相のポイントは目にあるようで、昔から「目は口ほどにものを言い」とか、「目は心の窓」とか言われる通りです。ローマの皇帝マルクス・アウレリウスも、「人の心は、その人の顔にありありと現れている。あるいは、その人の声の響きから伝わってくる。愛されている人が、恋人のまなざしからすべてを読みとれるように、人間の人となりというものは、目を見ればすぐにわかるものである」と述べています。

翻って、文豪のユゴーが、本の売行きを尋ねて「?」と手紙を出したところ、出版社から「!」と返事があったそうですが、こうした無言の会話は、目と目で常に行われていることでもあります。渡る世間は、男同士も女同士も、そして男と女の間も、目と目の果たし合いの世界です。目は生きる気迫の象徴です。事の是非はともかく、口を開く前に、目の力でおよそ物事の決着は付いてしまいます。刑事弁護士の正木ひろしさんは、「人相われを欺かず」で、人相は「眼光」の鑑定に尽きると喝破しています。こうしたとらえ方は具眼の士に共通するもののようで、作家の福田恆存さんも、外面と内面、肉体と精神、人相と人柄はそれぞれ別物どころか、心にくいほど一致している、と断じています。

こうなると、外面菩薩内面夜叉なんてことは、およそあり得ないことになります。外形で選ぶことは、そのままその裏に隠された内面の美しさを無意識に選んでいることになります。だから、単なる顔立ちの美しさなど何も羨む必要はなく、外見上のこともさることながら、ともすれば無意識のうちに内容の空疎さのほうを真っ先に相手に見抜かれていることでしょうから、美男美女だからといって、自分の顔の造作を手放しで喜んでいる訳にもいきません。何人も胸に手を当てて、まずはじっくりと自分の人相鑑定をするより他に手はなさそうです。また、相手の姿形を云々する以前に、それに値するように自分のほうをチェックすることのほうが、よほど現実的なようにも思われます。

その時ずしんと胸に響いてくるのは、「人間は四十歳を過ぎたら、自分の顔に責任を持たなければならない」というリンカーンの言葉です。だからと言うべきでしょうか、そうしたことを自覚するあまり、すっかり写真嫌いになり、四十歳以降のスナップ写真など数えるほどしか手元にありません。

第三部　寅さんのカウンセリング・後見役の寅さん（第二六作〜第四一作）

男はつらいよ　寅次郎かもめ歌（第二六作）（一九八〇年）（寅♥伊藤蘭）

国勢調査で寅を入れるべきかとらやで悩んでいた頃、寅がひょっこり帰ってきて、日本の人口から外されなくて済むが、さくら夫婦が一軒屋に引っ越したというので、さくらに連れられて行った寅は、窓を開ければすぐ隣の家といった狭さに苦笑するものの、二階に寅さんの部屋も用意してあると聞いてほろりとする。引っ越し祝いを調達するために向かった御前様には機先を制されて当てが外れるが、小遣いをやった風にして源公が有り金を数えている隙に巻き上げたらしく、結婚十年目になることと併せて祝儀を博に渡す。中身を忘れて袋だけということもあるからと、わざとらしく寅に鎌をかけられて、博が中身を確認すると何と二万円で、こんなに大金と返そうとすると、「一遍出したものを受け取れるか」と言う寅を見て、タコ社長が「五千円だけいただくことにして」と妥協案を出すが、「どこの世界に、祝儀にお釣りを出す奴がいるか。どうして素直に受け取れないんだ。テキ屋風情だと馬鹿にしているんだろう」と、大いに憤慨して寅は家を出ていく。

向かった先は、全国江差追分大会が開催されている北海道は江差だった。テキ屋仲間の常吉が死んだと聞いた寅は、奥尻島へ墓参りに出かける。家を訪ねると、窓越しに遺影が見えるが誰もおらず、イカ加工場で働く娘のすみれ（伊藤蘭）を呼び出して墓を案内してもらう。寅は「ろくな親ではなくて恨んでいるかもしれないが、酒に酔うと、別嬪でできすぎた娘だと、すみれのことをいつも自慢し、大学出の真面目なサラリーマンの嫁にするんだと言っていたから、許してやんな」と語りかける。

その夜、寅の泊まった宿に、お土産を持ってすみれが現れて、お酌をしてもらいながら、「函館で働いていたことがあるなら、この島の暮らしは寂しいな」と寅が言うと、「高校中退だから、就職の時にハンデがあるので、東京に出て働きながら定時制高校に行きたい」との希望を語って帰ろうとするすみれに、寅はとらやの住所を書いた紙を渡し、「人に尋ねる時は真面目な大学生にしろ。いや、お巡りにしろ」と声をかけるが、それも人によると思い直して、慌ててすみれを追いかけていく。

その頃、田舎娘をかどわかす誘拐犯が公開捜査となり、寅とそっくりの四五歳の犯人の似顔絵が、交番のお巡りからとらやにも配られていた。犯人は関西訛りと書いてあって、おばちゃんが一安心していると、寅がすみれを連れてとらやに帰ってくる。すると、近所の人が「誘拐犯だ」と巡回中の交番のお巡りに知らせたため、「よく似ている」と思ったお巡りが、寅に交番まで同行を求めると、すみれが「どうしてこんないい人が誘拐犯なの」と事情を話すと、お巡りも納得して野次馬を退散させる。

夜になって、すみれが五右衛門風呂に入っている間、博たちにすみれの身の上を話し、何とかすみれの希望の道を進ませたいと、極道だった父親代わりになったつもりの寅が相談した結果、定時制の入学願書をもらって編入試験を受験することに決まる。仕事はタコ社長がスーパーの知り合いにパートの職を頼み、勉強の足りないところは試験までの五日間博とさくらが教えてやり、おばちゃんは寺にお百度参りを、寅は裏口入学の相談をタコ社長にしに行き、挙句の果てては御前様に「この寺は入学試験に効用はあるか」と聞き、自信がなさそうなので、お賽銭を出すのはやめてしまう。

いよいよ試験当日、「落ちる、滑るなど禁句だ」と周りに言いながら、思わず連発してしまう寅だったが、すみれが「やめようかな」と弱気になると、「お前、本当にそれでいいのか。親父がろくでなしなら、娘もぼんくらで、人に後ろ指差されて平気か」と説得する。学校では寅は教師（松村達雄）をつかまえて、「おじさん」と気安く呼びかけ、「小使いさん」と呼び直して顰蹙を買うが、その教師が試験官となって筆記試験が行われる。その様子を覗きに来た寅は教師に手招きすると、現金をつかませて入学させようとする。面接では函館の商業高校を一年の時に退学した理由を聞かれ、要領を得ないすみれに、寅が横から口を出して、ついに教師に連れられて退室させられる。そんな経過をたどって、すみれは「殆ど試験はできなかったし、面接も満足に応えられなかった」と泣きべそをかいて帰ってくるが、博が「試験の成績で人間を評価しないのが定時制高校だ」と言っていた通り、すみれは合格し、心配で江戸川の土手に出ていた寅と抱き合い、夜は皆がお祝いに集まる中、江差追分を歌う。

その頃、北海道では函館の大工がバイクで奥尻島を訪ねて行き、すみれの東京の居場所を聞き出そうと躍起になっていた。すみれは夜学に通い始めるが、寅は時に人の自転車を勝手に横取りして使っては、送り迎えを欠かさない。教室の外で授業を覗いている寅がいて、気が散って仕方がない教師が中に入れてやる。国鉄職員の便所掃除をする詩を朗読し、「便所を美しくする娘は美しい子供を産むと言っていた母を思い出します。僕は男です。美しい妻に会えるかもしれません」と結ぶ頃には、寅は白河夜船で、机を倒しかけて大笑いとなる。ある日、すみれに会いにとらやに母親が訪ねてくる。「私、一人じゃないの。分かって」と言う母親に、「私、何もあんたなんかと暮らしたくありません」と、すみれはきっぱりと断る。母親が差し出したお金も突っ返すと、母親はそのまま引き揚げるが、さくらに追いかけていくように言われて、すみれが外に出ると、電柱の陰で母親は泣いていて、思わず駆け寄ると抱きしめられて、「お前は幸せになるのよ」と言われたすみれは、「苦労してたんだわ、母ちゃん」とさくらにポツリと話す。寅はすっかり夜学教室の人気者となり、「中学校のタヌキとあだ名した校長を、運動会の日、一杯飲んで仮装行列で顔を真っ黒に塗り、芸者の子と馬鹿にしていた仕返しに、棍棒を持って校長の後ろから頭を殴ったため、中学三年で首になり、ずっとフーテン暮らしだ」と自慢話のような講釈を垂れているうちに、教師が現れて授業が始まるといった案配で、小使いのおばさんともすっかり顔馴染になり、風呂までお世話になる程だった。

とうとう函館の大工が上京してきて、さくらから聞き出して連絡を取ったすみれと再会を果たす。「手紙書いても返事来ないから、奥尻まで行った」と切り出すと、「二度と会いたくねえと言ったのは、あんたのほうでしょ」とすみれは反発し、言ったの言わないのと口論した後、「お前、好きな男できたんじゃないか」と聞かれて、「あんた最低だわ。そんな言い方大嫌いだよ」とすみれがそっぽを向くと、「俺のこと嫌いなら、はっきり言え。このまま函館に帰るから」と言われて黙り込んでいると、「一緒に暮らしてくれ。お願いだから」と迫られれば、「私だってね、あんたが心から嫌いになった訳じゃないんだよ。本当は好きなんだよ」と軟化し、二人は抱き合う。そんなことになっているとはつゆ知らぬ寅は、すみれの帰りが遅いと、晩御飯も食べずに気をもみ、電話してきた男は誘拐犯で、その似顔絵にあった四角い顔か丸い顔かは電話の声で分かるじゃないかと、とんでもないことを言い出す。だんごの注文の電話も、すみれじゃなければ「馬鹿」と言って切ってしまう始末で、いたたまれなくなり、すみれが休んでいるというのに学校まで出かける。

結局、すみれは朝帰りしてきて、「今朝、相手が函館に帰った」と寅に話すと、「一晩中、その男と一緒にいたんだな」と寅はいきり立つが、すみれから「私、結婚するの」と聞いて、ものすごい形相で二階の部屋に上がっていく。さくらが様子を見に行くと、旅支度をしていて、「すみれがこんなにふしだらな娘と思わなかった」と言う寅に「もう大人なのよ。すみれさんを信じていくしかないの。そんなに心配なら、お兄さんの目で確かめてみたら」とさくらは水を向けるが、「その男に会ったら何をするか分からないから、よく見極めてくれよ」と後事を託して出かけようとすると、「寅さん、怒らないで」と抱きつくすみれに、「怒らねえ。幸せになれるんだろうな。なれなかったら俺は承知しないぞ」と言って別れる。さくらは学校に行き、教師に事情を話すと、何組か結婚している者がいるが、学校に行くのはやめるなと諭しているとのことで、「ちょうどよかった」と話題を転じて、寅から出された生年月日昭和十五年十一月二十九日四十歳の入学願書が手渡され、中学三年中退なので受験資格がなく、認定試験を受けるか夜間中学の道しかないことを寅に伝えるよう頼まれる。ちなみに、渥美清さんは昭和十三年三月十日生まれなのだった。

正月になって、すみれが三月に挙式するという大工の青年を連れて、とらやにやってくる。タコ社長の見立てでは、「大丈夫、あの男なら間違いないよ。こう見えても経営者の端くれで、人を見る目はある」と、おいちゃんに太鼓判を押す。その頃、寅は阿波の鳴門にいて、「源公からくすねた二万円は利子を付けて返すから、もう少し待ってくれ」と当てにならない便りと共に、「幸せ薄い娘を幸せにしてやってくれ」と祈る年賀状がとらやに届いていたが、奥尻島のするめ工場の女性ばかりの一行がリムジンで通りかかると、呼び止められた寅は同乗して、両側に海を臨みながら山間の道に入っていく情景が映し出されて、いつものように「終」の表示が踊るように飛び出してくる。

男はつらいよ　浪花の恋の寅次郎（第二七作）（一九八一年）（寅♥松坂慶子）

タコ社長が不渡り手形をつかまされるなどして、経営が思わしくなくて深刻に悩んでいた頃、寅が帰ってきて、竜宮城の夢の話をする中で、そこにタコがいたので、「社長の工場はつぶれたのか」と聞くと、プーと墨を吹きかけられたが、「工場はつぶれたのか」と居合わせたタコ社長に改めて聞いたものだから、すっかり神経を逆なでされたタコ社長は、おいちゃんたちに励まされて金策に出かけるが、夜になっても帰ってこない。心当たりに博が電話したが、どこにもいない。それを聞き付けた寅は、「警察へ届けたか」と言いながら、晩飯もとらずに、源公を連れて提灯を持って江戸川沿いに探しに向かう。一一時頃になって、博から「浦安の友達の所へ行ったら、いい仕事がとれたので、ほっとしてそのまま久しぶりに酒を飲んでいた」と無事が伝えられる。タコ社長が平謝りしていると、寅が帰ってきて、タコ社長がいるのに驚くばかりか、事情を聞いて掴みかかり、てっきり土左衛門になっていたとばかり思い込み、豚の死体を見間違うほど、溺死体を浦安まで足を伸ばして探し回り、「一一時は、俺の言葉のせいで社長は死んだんだから、俺も死のうとした」と涙ながらに語るのだった。

翌朝、寅は「社長は幸せだな。心配してくれる人が大勢いて」と言いながら旅に出ていったとおばちゃんがさくらに電話してきて、「言われてみれば、寅が旅先で行方不明になっても、誰も心配なんかしてくれないし、哀れだよ」と嘆く。


瀬戸内海を渡って、とある島で寅はテキ屋商売を終えて、パンと牛乳で一息入れていると、色っぽい美女ふみ（松坂慶子）が現れて墓参りをする姿に見とれた寅は、「お身内の方ですか」と声をかけ、「旅の者ですが、これも何かの縁。お線香の一つも上げさせてください」とずうずうしくも割り込むところは、いかにも寅らしい。普通の者なら、声をかけることすらできはしまい。

「こんな美しいおかみさんを残して、先立たれたご主人はさぞ心残りだったでしょう」と手を合わせると、「主人はいません」と言われた時の寅の心境やいかん。

両親は小さい時に訳あって別れて、おばあちゃんに育てられて今は大阪で暮らすふみは、「おばあちゃんを呼び寄せようとしても、この島がいいと応じなかった」と言い、「初七日も済んだし、大阪に戻る」と身の上を語り、お互いに名前を明かして、寅は船に乗る。

大阪に出た寅は、定宿の新世界ホテルで一週間も宿代をためていたが、遊び人のホテルの若旦那（芦屋雁之助）が、母親に言われて催促しに行っても、勘定書きは丸めて捨てられるだけだった。

寅が神社の参道のテキ屋商売で、愛の水中花の置物が売れずにぼやいていると、筋向かいで芸者衆がおみくじを引いている一人が何とふみで、「待ち人、今すぐ会える」と喜んでいるのを見つける。ふみは占いが当たったと、寅と手を取り合って大はしゃぎだ。

仲間の二人とも連れ立って食事をして、芸者だと言いそびれていたことが判明する。寅は「ＯＬか郵便局員かと思い、娘さん、いや芦屋の奥様方かと思ったほどだ」と言うと、連れの芸者から「ホントにお寅さん、きれいな言葉ですね。やっぱり男はんは東京弁ね。東男に京女と言うくらいで」と話が盛り上がり、山を下りて遊ぶ話がまとまるが、勘定となってふみが持とうとすると、寅は財布を差し出したものの、中身を見て結局ふみが支払ういつものパターンだった。

夜遅くふみに送られて寅はホテルに帰るが、部屋には上がらず待たせているタクシーに戻ろうとするふみにお金を握らせようとすると、「チップは客ならいただくけど、寅さんは友だちなのに、こんなことするならもう付き合わない」と言って返される。あまりの色っぽさに、若旦那は度肝を抜かれて宿代を請求するのも忘れ、「詳しい話を聞きたいか」と言う寅に酒まで付けてやる体たらくだ。

寅からは「大阪なんか大嫌いだ」と言っていたはずなのに、「大阪は俺の性に合っているが、ホテル住まいも高くつくので、安い下宿を探す」との便りが届き、邪推に長けているタコ社長に「浪花の恋か」と羨ましがられる。


生駒山宝山寺にデートに出かけ、絵馬に願い事を書き合うと、「妹さくらとその一家が幸せになりますように」と寅が書けば、ふみは「弟が幸せになりますように」と書いていた。母親が家を出る時、五つか六つになる弟を連れて行ったが、「弟と別れるほうがよほどつらかった」と言う。昼はふみの関西特有の薄味の手料理のおかずを、醤油をかけながら味わう姿は、まるで夫婦のような息づかいだ。

弟は、大阪の運送会社で働いているようで、二十四になるが、別れたきりで会ったこともなく、芸者をしているから、気後れもあるというのだ。寅は「毎晩抱いて寝てくれた姉ちゃんのことを弟はよく覚えているよ。たった二人きりの姉弟じゃないか」と励ます。

その足で二人はタクシーで大阪へ向かう。「水商売に見られはしないか」とふみは気をもむばかりだったが、出てきた会社の運転主任に尋ねると、粗末な事務所に案内されるが雰囲気がどうもおかしい。問い質せば、「先月冠動脈心不全で亡くなった」と言う。「皆にありがとう、ありがとう」と言って事切れたが、口数の少ないいい男だったと遺影を見せられて、「何で知らせてくれなかったの」とふみが嘆いても詮無く、会社を一日休みにして会社の事務所で葬式を執り行い、お骨は若狭から来たおばさんが持っていったと聞き、ぼんやりと窓から川面を眺めているふみに代わって、寅がお世話になったお礼を述べて頭を下げる。この辺りの立ち振る舞いは、寅は全く手慣れたもので見事である。

弟が二年住んでいた、がらんどうになったアパートの部屋に案内されると、「酒もたばこもやらない真面目な奴でした」と仲間は言い、「ガキの頃から悪いことばかりして、ろくな大人にならない奴が生きていて、真面目な将来性のある青年が早死にをする」とその理不尽さを寅も嘆くが、趣味で作っていたプラモデルの飛行機をふみが懐かしんでいると、弟の友だちの信子が呼ばれて、「実はこの秋に結婚する約束をしていて、急なことで泣いてばかりだった」と言う。信子から「お姉さんのことは聞いていました。お母さんみたいに懐かしい人やと、とても会いたがっていた」と聞いて、ふみは呆然とするが、芸者だからと夜の座敷にはそのまま出たものの、いたたまれなくなり、気分が悪いからと帰ってしまう。

夜中に、酒に酔ったふみが寅の寝ている部屋を訪ね、「弟がぎょうさん仲間の人がいてくれて、恋人までできていて、私安心したの」と真情を吐露しながら恋人に同情すると、「今は寂しいけれど、年月が経てばどんどん忘れていき、一年か二年すればあの娘もきっと幸せになるよ」と、寅は太鼓判を押す。ふみは開け放った窓辺に座って『星影のワルツ』を口ずさみながら、「うち泣きたい。寅さん、泣いてもええ?」と言って、寅の膝にすがりつき、「何て巡り合わせが悪いんだろう」と泣くのだった。膝枕のまま、「うち眠い。今夜泊めて」と言われて、「いいよ、こんな汚い所でよかったら」と応じたものの、窓を閉めて布団をかけると、寅はそっと退散して、ホテルの若旦那の部屋に厄介になる。いつものパターンなのだが、こんな見上げた男が果たして世の中にどれほどいるのだろうか。寅ならではの筋目の正しさである。

翌朝早く、ふみは「夕べはごめんなさい、迷惑だったら言ってくれればタクシー拾って帰ったのに。これからどう生きていくか、一人で考えていきます。寅さん、お幸せに」と置手紙を残し、タクシーをつかまえて帰っていくと、寅はようやく宿の勘定をしようとする。

「どうしてそう逃げるように帰るのか」と若旦那に聞かれて、「男というのは引き際が肝心よ」と寅が格好をつけると、「この道は、地獄の底まで追いかけていくくらいの根性がなければあきません」ときっぱり言われる。勘定の残りは必ず送ることにした寅に、「大阪に来たら、また顔出してや」と声をかけた若旦那も、寂しさをかみしめる。

大阪から帰った寅は、関西弁を使って皆を驚かす。鐘の音を聞いても、「四天王寺の鐘か」と言い出す始末で、薄味に慣れてしまい、食事も進まない様子で、つい「ふみちゃん」と口走って皆は唖然とする。「抜けるような白い肌で、嬉しい時はぱぁっと桜色に染まり、悲しい時は透き通るような青白い色で」に始まるおふみちゃんとの悲話をひとしきりすると、博が「兄さん、いろいろ力になってあげたんでしょう」と聞けば、「いくら気持ちだけあっても、何をしていいか分からない。金はねえしな。気の利いた言葉一つもかけてやれない」と寅は嘆き、「愛想をつかして、あの娘は行ってしまったのさ」と、広告の裏に書いた例のふみの置手紙を広げてみせる。

ところが、しばらくしてふみが、おばちゃん一人のとらやに対馬の土産を持って訪ねてきて、寅の帰りを待つ間、手伝ってくれた店は大いに活気づく。源公のおごりで飲みに出かけていてようやく帰ってきた寅は、そっと隠れて後ろに回って目隠しする手を満男と勘違いするが、それがふみと分かると、手を取り合って喜ぶ。「寅さんに会いに来た」と言うふみから「芸者を辞めた」と聞いて、「そのほうがいいよ。芸者には向いてない」と嬉しそうに言う寅は、大阪を引き払って結婚して、大阪で修業していた寿司職人が対馬に帰って店を開くのに同行する話になると、「大丈夫だよ。いいおかみさんになれるよ」と応じてみせる。「真面目なばかりで、寅さんのように楽しくないの」と言うふみに、「大事なことは、人生を力強く生きることです」と博は諭し、「兄さんにはそれがないんです」と釘を刺す。一緒に来た婚約者から電話があると、寅はしんみりとした表情で席を外して庭に出て、遠雷が聞こえる夜空を見上げる。まるで寅の心中を表わすかのように、雨が降り出し雷が轟く中、ふみは「寅さん、さいなら。皆さん、さいなら」とタクシーに乗り込み、寅はすぐに二階に引っ込むが、「わざわざ来ることはなかったんだ。葉書一本出せば済んだことだ」とお冠だった。「そんなこと言っちゃ、可哀そうよ。わざわざ言いに来たおふみさんの気持ちになってみなさい」とさくらはかばうが、「こっちの気持ちにもなってくれと言うんだよ、こんなみじめな気持ちにさせられてよ」と寅は本音を吐く。「お兄ちゃん、よっぽど好きだったのね。あの人が」とさくらは同情するが、ならばあの時なぜと思っても、そうできなかった肝心要の時点で、もはや白黒はついていたのだ。

しばらくして、大阪の若旦那が勘定をもらいに上京してさくらが支払っていた頃、ふみからはお礼と近況を伝える手紙が届いていたが、寅は失恋の傷の深さを胸に秘めながら、対馬まで出かけてふみとの再会を果たし、若主人の家に快く迎えられていた。

これを要約してみると、ある島で祖母に育てられた娘（松坂慶子）が墓参する姿に見とれて声をかけ、芸者をしているその娘と大阪の縁日で再会して、ただ一人の肉親である弟を寅と一緒に探し出したものの、二四歳の若さで恋人を残して急死していたことを知ると、深夜寅が定宿としている所に娘が訪ねてきて寅のひざ元で泣き崩れて眠り、寅はそっとその部屋を抜け出す。娘は一人で生き方を考えますと置手紙を残して明け方帰っていき、やがて対馬に戻る寿司職人と芸者を辞めて所帯を持つこと伝える知らせが届いて、失恋の傷の深さを思い知りながら向かった対馬で寅は夫婦に迎えられる。

男はつらいよ　寅次郎紙風船（第二八作）（一九八一年）（寅♥音無美紀子）

今回から満男役に吉岡秀隆さんが登場し、その成長につれて満男の物語の比重が増していく。

寅が柴又小学校の同窓会の当日、とらやに帰ってくる。満男はタコ社長の友達が倒産したおもちゃ屋のゲーム機で遊んでいたが、寅から薬屋の宣伝の紙風船をもらい、「随分安上がりだね」とタコ社長に嫌味を言われて、「これで失礼します」とまた出かけようとすると、おいちゃんが捨てかかっていた同窓会の葉書を寅に見せる。寅が「立派に卒業したし、満男の先輩だ」と胸を張れば、「誰でも小学校は卒業できるんだよ」と満男が口をとがらすと、おいちゃんが「このおじさんがこの頭で卒業するのは、並大抵の努力じゃなかったんだ」と弁護する。

「寅の同級生たちは、皆子供も大きくなって、立派な仕事をしている人ばかりじゃないか」とおいちゃんとさくらが案ずる中、同級生仲間には寅にいじめられて学校を休んだり、顔を見るのも不愉快で来たら帰ると言い出す者もいて、散々な評判のところへ、気安い調子で寅が受付までやって来て、軽口をたたいては仲間をなで斬りにして、会費も払わずに、「ばばあばっかりじゃないか」とポケットに手を入れたまま、意気揚々と会場に入っていく。

結局、寅は遠ざけられて、酒を付き合ってくれた者は、悪口付きたい放題でいじめていた金町のクリーニング屋の安夫（東八郎）だけで、とらやに送り届けた帰り際に、深酒の寅から「もっと付き合え」と言われて「仕事があるから」と断ると、「そんなケチな店の一軒や二軒つぶれたって、世間は痛くもかゆくも何ともない」とほざく。たまりかねた安夫は、「一間か二間の狭い店で、何遍も店をたたもうと思ったが、女房や娘に励まされて、親父から継いだ店を歯を食いしばって守ってきた。いいか、俺にだってお得意がいるんだ。そういう人が何人もいるんだ。その辺の気持ちがヤクザな男に分かってたまるか」と盾突いて帰る。寅は誰にも相手にされず、暴れて酔いつぶれるばかりだった。

翌朝、さくらが電話するとおばちゃんは、「旅に出て行ってしまったが、同窓会できっとみじめな思いをしたに違いないよ。可哀そうに。行かせるんじゃなかったね」と寅を憐れむ。

寅の降り立ったのは夜明という所で、この辺りでただ一軒しかない旅館に泊まると、娘との相部屋を頼まれてやって来た娘愛子（岸本加世子）が、「同じ部屋に寝たって、私とおじさんは関係ないんだから、口をきかないでほしいの。わたし見かけよりガードが堅いんだから」と口をとがらせて警戒心をむき出しにする。苦笑いした寅が、「お姉ちゃんは男にひどい目に遭ったんだ」と言うと、「黙っててと言ってるでしょ。私、落ち込んでいるの」と、とりつく島もない。

しかし、そこは寅で、手慣れたもので、「世界中に星の降るほど男と女がいる中で、ここで一晩過ごすのも何かの縁だから名乗り合おうじゃないか」とフーテンの寅と呼ばれていることを明かすと、一人身であることが分かり、俄然フーテンに興味を示す。

根掘り葉掘り聞こうとするのを、「お互い過去には触れないほうがいいんじゃないか」と寅に言われて合点した愛子は、「面白いタイプね、おじさんて。何考えてるの」と寄ってきて、「姉ちゃんと同じことだよ」と答えれば、「嫌らしい。私嫌だぁ、違うよ」と股倉出して大はしゃぎして笑い転げる姿に、寅はすっかり匙を投げて、うるさくて寝られないと、宿のおばさんの部屋に退散してしまう。

朝になり、宿を出た寅が愛子に、「母ちゃんが男つくったからと家出したら、いくら家出しても足りないいんじゃないか。父ちゃんいなくなったから、母ちゃん寂しいんだよ」と諭すと、「母ちゃんもう五十だよ」と言う愛子に、「五十だって、まだ若いじゃないか」と寅。腹違いの兄がいて、マグロ船に乗っていて半年に一度ぐらいしか焼津に帰ってこないとも愛子は言うが、寅が「焼津に帰れ」と別れようとすると、「二、三日付き合っちゃだめ?」と追いかけてきて、お祭りのテキ屋商売ではサクラになって大繁盛。筋向いのたこ焼き屋の色っぽくて大人の雰囲気を漂わせる女性が気になっていると、昼食時にその常三郎の女房の光枝（音無美紀子）が寄ってきて、「いつも寅さんのことが話題になるが、夫は入院して容体が悪い」と聞いて、寅は見舞いに行くことを約束するが、愛子は「あの人は人妻だから、不倫の恋だ」と先回りする。

秋月の常の家を訪ねていくと、光枝が出てきて、「ちょうど先週退院して常はいる」と言う。光枝に酒を買いにやらせると、常（小沢昭一）は、「博多の料理屋で仲居をやっていて、仲間と張り合って嫁にした光枝を、万一自分が死んだら女房にしてやってくれ」と寅に頭を下げて頼み込む。「あいつが知らん男に抱かれると思うと、夜もおちおち眠られない」と言うのだった。寅は「約束するよ。その代り未練がましく化けて出てくるなよ。苦労が多いな、若いかみさん持つと」とその場を引き取る。

帰り道、並んで歩きながら屈託なく笑う光枝は、訳ありで東京の生まれだったことも分かり、時々連絡し合うことを約束して別れようとすると、光枝は「実はうちの亭主はもう長くないの」と告白し、

「寅さんは亭主に会いに来てくれた最後の友達だ。ありがとう」と言って、泣きながら赤いジャンバー姿が一本道を遠ざかっていく。

その夜、愛子と一緒に泊まった旅館で、寅は人の一生とは何かを浮かぬ顔で考えていたが、「漁師の家で、子どもの頃から酒を飲んでいた」と言う明るい愛子につられて、酒を酌み交わす。

翌朝早く、愛子に焼津に帰るよう諭す置手紙を残して、寅はとらやに帰るが、仏壇に手を合わせてお祈りするなど、まるで真人間になったかのようで、実に礼儀正しくねぎらいの言葉をかける。

常はその後亡くなったという。「残されたほうは、もっとつらいんだよ」とおいちゃんが言えば、「光枝はまだ三十二、三だ」と寅は応じ、タコ社長が「美人だよ、きっと」と想像をたくましくすると、寅はあの別れのシーンを再現して見せる。その時寅の耳に聞こえてきたのは、笛の音ではなくその人の泣き声だったと言い、「いい女が泣くと笛の音に聞こえるが、おばちゃんが泣くと夜鳴きそばのチャルメラに聞こえる」と冷やかして、おばちゃんを泣かしていると、愛子が何ととらやに泣きながら訪ねてきて、「大阪でアルバイトや血を売るなどしながら、ようやくここまで来た」と、抱き合った寅の胸を叩く。タコ社長の印刷工場におやつを持っていくなど、すっかり人気者になっている愛子を、遠洋に出ていた兄（地井武男）がねじり鉢巻きにマグロを一本担いでやって来て、「この半年便りがないから、心配になって帰ってきた」と言い、高校を中退してフーテンになった妹を怒鳴り飛ばし、「酒も女も断って学費を用立ててやったのに、金返せ」と押しまくると、「そんなの一晩で、十万でも二十万でもダサいおじさんを引っかけて稼いでやる」とほざいて、横っ面をひっぱたかれて仰向けに倒れて、「殺せ」と開き直る。「俺の気持ち分からないのか」と言う兄に、「だって、いつも家にいないじゃない」と泣きじゃくるが、「帰るぞ」と言われて、そのまま兄の車に乗って愛子は帰っていく。
亭主が亡くなって一カ月近く経った頃、東京の本郷の旅館で仲居として働くようになった光枝から葉書が届き、さくらから奪い取るようにした寅はすぐに出向くと、亭主の形見の財布を手渡されるが、これまでの疲れもあってか、光枝の表情はさえない。次の休みの日にとらやに来るように誘って、別れる。その夜、食事の前に「身内の者だけで話がある」と、招き猫の置物すら気にしながら、タコ社長を追い出して寅が持ちかけたのは、「俺、所帯を持つかもしれない」という重大発表で、博が代表して聞き役になっても、相手の名前もその時期も要領を得ない。ところが、所帯道具はおろか、住む所は当面二階の部屋といった話になると、「便所がないから、そんな不便を光枝さんにかける訳にはいかない」と言いながら、注文のうるさいこと。「二階に便所も檜の風呂も台所もつくって、入り口も別」と発展していって、次第に皆はついて行けなくなる
寅は御前様を訪ねて、「未亡人と再婚する場合、一周忌まであるいは三回忌まで待つべきか」と尋ねると、「お経には書いていないが、私の考えでは貞淑な妻であれば、他の男らとは再婚はせず、一生仏に仕えて亡き夫を供養するのが道だと思う」と諭されると、がっかりして源公に八つ当たりして帰っていく。それでも寅は、おいちゃんからネクタイとワイシャツを借りて、草履ばきのまま就職試験を受けに出かけていた。所帯を持つためには定職を持たなければいけないことを忘れていたというのだ。駅の新聞の求人広告から選んだのは、日の丸物産営業部正社員の仕事で、面接で笑わせてきたが、結果は二、三日後に手紙で知らせるとのことで、寅はもう採用された気分で、名刺の注文をタコ社長に

しに行くほどだった。

その頃、光枝がとらやに訪ねてくると、寅は気もそぞろで、光枝と一緒に食卓を囲もうともしない。あれこれ余計な気を遣うばかりだったが、さくらが亡くなった人のことを訪ねると、煙草を吸いながら光枝は、「ホントにやくざな男。酒飲みで博打好きで。罰が当たったんでしょう」と冷ややかだった。光枝は訳があって「両親の顔は殆どよく覚えていない」と言い、「親戚の家をたらい回しにされているうちに、反抗的になり不良になったが、だんだん年を取ってこれじゃいけない、家庭を持たなくちゃと一生懸命思って、結婚した相手がやくざもんというお粗末」と身の上を語る。「次は正月まで休みがない」と言う。帰り道で、「寅さんが見舞いに来てくれた時、うちの亭主、変なこと言わなかった？」と光枝が聞き、「息を引き取る三、四日前に、もし俺が死んだら寅の女房になれ。寅さんにそう話してあるからと言われた」と続けると、「病人の言うことだから、適当に相づちを打っていた」と寅が答えたものだから、「じゃ、よかった。寅さんが本気でそんなこと、約束するはずないわね」と光枝は応じ、「私も腹が立ったけどね。まるで犬か猫でも人にくれてやるような口利いちゃってさ」と本音をのぞかせ、「ホント、最後まで馬鹿だったのね。あの男」と斬り捨てて、「安心した。寅さんの気持ちを聞いて」と別れていく。その足で、年の暮も間近な中、寅はまた旅に出ようとすると、面接した会社から速達が届いた不採用の通知に笑い出しながら、寅は焼津に向かう。

正月に再びとらやを訪ねて来た光枝は、ついでに店の手伝いをはじめ、また出航する兄の船に向かって手を振り声を上げる愛子の傍らにそっと寅が近づいて、「金をもうけても、外国の女は買うな。酒も博打もするな」と、届きようもない声を張り上げていた。

ちなみに、『岸惠子自伝』には、こんな岸本加世子さんのエピソードが載せられている。

映画監督のイヴ・シァンピと国際結婚した岸惠子さんが、『幸福』（一九八〇年）で共演した「天才児」の岸本さんから、「パリに行ったらお邪魔していいですか」と聞かれて、「お米一合で一晩泊めてあげる」と答えたら、その通り米の大袋を担いで来たのに驚いたという。パリで一番素敵なホテルに泊まるとしたなら、その名も「ホテル・ド・パリ」だと心得て受付に行ったところ、「ここは市役所だ」と笑われた末の訪問なのだった。あっけらかんとした人柄そのままの飄逸な演技をする彼女が、天才児と評されたのも分かるような気がする。


これを要約してみると、旅先の旅館で空きがなく寅と相部屋となった高校中退のあっけらかんとした家出娘（岸本加世子）に「何考えているの」と聞かれて、「お前と同じことだよ」と答えて「いやだあ」とすっかり打ち解けても、寅は管理人の部屋に逃げ込んで一線を画したまま、テキ屋の仲間が病が重いのを聞いて見舞いに駆けつけると、美貌の妻（音無美紀子）を万一の時にもらい受けるよう頼まれて承諾し、家出娘には置手紙を残して帰京する。家出娘も追っかけとらやを訪ねてくるが、届いた葉書を頼りに訪ねて行った東京の旅館で仲居になっていたその未亡人にすっかりその気になり、所帯を持つ話を真顔で身内にして、就職の面接にまで出かけて、念のために御前様に未亡人の身の振り方を尋ねると、「貞淑な妻は夫の菩提を弔って生きるのが一番だ」と言われて首をすくめるが、その未亡人がとらやに訪ねてきて、送っていくその道すがら、真偽のほどを確かめられると、成行きでそうなっただけだとたちまち打ち消して、「犬や猫を貰い受けるようだ」と言う彼女の話に同調する。とらやに転がり込んでいた妹を案じて来た威勢のいい遠洋マグロの漁師の兄が焼津に連れ帰り、旅に出た寅と一緒に兄を航海に送り出す。

男はつらいよ　あじさいの恋（第二九作）（一九八二年）（寅♥いしだあゆみ）

映画の恒例の冒頭の夢物語は、今回は落語の『抜け雀』から拝借したもので、寅は善光寺に行く道すがら、日が暮れて宿を提供してくれた貧しい農家の家族が、客人に稗の飯を出す訳にはいかないと、お弔いのために取っていたお米を差し出して、自分たちは食事もとらずにもてなす様子に感動して、一宿一飯のお礼に、ふすまに描いた四羽の雀が朝になると行き来するようになって評判を呼び、その家は雀のお宿を建てて裕福に暮らしたというストーリーだった。

さて、葬式から帰ったタコ社長が、「八十幾つで死んだ男の妾の子供が二人飛び入りしてきて、式はめちゃくちゃになった」と土産話をすると、「経営不振で首をくくるような男より、女狂いのほうがまだ華やかでましだ」とおいちゃんが混ぜっ返せば、「お宅の女狂いはどうしてる？」と切り替えされて、おばちゃんが気を悪くしているのをなだめるように、おいちゃんが「あれは恋だよ」と弁護して、タコ社長が大口を開けて笑っている最中、信州の湖畔にいた絵描きに漢字が分からず代筆してもらった寅から届いた絵葉書では、葵祭の京都に行くとの知らせだった。

祭りでの商売はさっぱりだったが、鴨川のほとりで人間国宝の陶芸家加納作次郎（片岡仁左衛門）が鼻緒を切らして難儀しているところを、通りかかった寅が親切に下駄を直してあげる。それが縁となり、寅が一休みしようと入った焼き餅屋で、陶芸家の向上心をおいちゃんたちと対比させて感心してみせて、勘定も寅が持って別れようとすると、今度は陶芸家が料亭に寅を連れて行く。陶芸家が「土に触っているうちに形が生まれてくるのであって、頭で考えているのとは違うので、自然に生まれてくるのを待つのが難しいが、功名心に駆られているうちは駄目で、作るのではなく掘り起こすのであり、土がそこから出してくれと言って泣いているんだ」と、自身も涙しながら持論を展開している頃には、寅は酔いつぶれて芸者の膝枕だった。

そのまま陶芸家の家に厄介になり、朝を迎えて住込みで働く女中かがり（いしだあゆみ）と出会うのだ。旅館と間違えた寅は、陶芸家の弟子近藤（柄本明）を番頭呼ばわりするが、「また来るよ」とひとまず引き上げて、再訪した時には先生用に立派な会津桐、かがりには赤い鼻緒を付け、近藤には安物、それに世話焼きのおばあさんの分と、四足の下駄を御礼代わりに持参していた。

ついでに、気になるかがりの事情を聞けば、五年前に夫と死別して丹後にいる母親に一粒種の娘を預けていると知って、寅の目が輝く。かがりが先生に取り次ごうとすると、近藤がしゃしゃり出て、撃退してみせると意気込むが、寅に聞かれて、弟子を一二年もやっていることに気づかされて、「見込ないんじゃないのか。あきらめるなら早いほうがいい。いくらでも道はあるんだから」と大きなお世話をされたショックを抱えてそのまま戻ってきたところへ、東京の女子大生たち五人が「加納先生の仕事場を観たい」と言うので、安請け合いした寅が記念撮影していると、先生が現れて、一喝されるかと思いきや、一緒に写真に納まる一幕もある。

とらやでは、さくらが陶芸教室で焼いた湯呑を手に取りながら、博が加納作次郎まで引き合いに出していると、寅から電話があって、京都にいて茶碗を焼いているとの一報が入る。

その京都では、東京に出て成功した近藤の兄弟子蒲原が先生を訪ねてきて、「自分の所に勉強に来ていた名古屋の娘と結婚することになり、その伝手で土のいい美濃に仕事場を持つことにした」と話すと、驚いた先生がかがりを呼んで、「この話を知っていたのか」と聞けば、「いいえ」と答える。「それでいいのか」と問い詰めれば、「蒲原さんがそれで幸せになれるということなら」と肩を落とす。すかさず近藤が、「蒲原さんは、かがりさんと結婚するはずじゃなかったんですか」と割って入ると、「この問題については、まず先生のお許しを得て、それからかがりさんに話をしようと思っていた。かがりさんを素敵だと思う気持ちに変わりはなく、結婚を真剣に考えていた時期もあった」と蒲原は釈明しようとするが、先生は「もうええがな。お前が誰と結婚しようと、お前の勝手や」と匙を投げると、「私のことは気にせんといて。気持ちはよく分かっているさかい」と、かがりが横合いから蒲原に声をかける。居たたまれなくなった蒲原は、そのまま帰ってしまうが、「ご心配かけて申し訳ありませんでした」と詫びるかがりに、先生は無言で立ち去ったものの、後で呼びつけて、「蒲原を好きだったのなら、首っ玉にしがみついてでも一緒にならないのか。人に気ばかり遣って生きてるあんたを見てると、腹が立ってくる時がある。人間というものは、ここぞという時は、全身のエネルギーを込めてぶつかっていかなあかん。命をかけてぶつかっていくことができないようなら、とてもじゃないがあんたは幸せにはなれない」と大変な叱りようだった。

寅が花束を持ってまた訪ねて行った時には、かがりは丹後に帰った後だった。寅は「早い話が、かがりさんは男にふられたんだから、慰めてやるのが本当じゃないか。何で叱ったんだ」と先生に盾突くと、先生も「ちょっと言い過ぎたと後悔している」と顔をゆがめる。「これから風任せに旅に出る」と言う寅に、「その風が丹後のほうに吹いていたら、かがりさんに会ってほしい」と先生に頼まれ、先生から手土産に神戸美術館が所望していた名品の茶碗が惜しげもなく寅に手渡されるが、それでなくとも恋多き寅の旅先は、最初からかがりが帰った丹後と決まっていたようなものだった。

「宮津から船に乗ってではなく、間違えて豊岡から山を越えてきた」と言う寅にかがりは驚くが、「若狭の漁師の家に生まれたが、小さい時に親と別れて今の家にもらわれてきた。過ぎたことにはくよくよせず、気持ちの切り替えは早いが、先生には叱られたけれど、苦労したのが身について臆病になってしまった」と語る。

宮津行きの最終便も出てしまい、タクシー代にも事欠く寅は、一泊させてもらうことになったその晩、おばあさんがお産に呼ばれて出かけ、娘を寝かせて二人きりになると、かがりは夫が亡くなってから覚えた酒で、寅と差しつ差されつしているうちに、彼女が次第に身を寄せるようにしていい雰囲気となる中、娘がむずかり、かがりが添い寝をしているのを潮時と見て、寅が用意された二階のかがりの部屋に引き揚げて寝つけないでいると、やがて階段を静かに上ってくる足音が聞こえてくる。

「寅さん、もう寝たの」と声をかけながら、ふすまを開けたかがりは、窓が開いたままなのに気づいて窓を閉め、枕元の電気スタンドの灯りを消して、タヌキ寝入りを決め込んでいるのは分かっているだろうに、しばらく思案気な風を見せながら、また静かに階段を下りていく。

翌朝、「夕べはすっかり寝ちゃって」と寅が言葉をかけても、「歯ブラシ。今ごはんの用意してきます」と、手渡すかがりの表情は硬く、素っ気なかった。宮津に向かう船を見送りに来たかがりは、「寅さん、もう会えないのね」と寂しげにつぶやいて、手すりに細い体を寄せ、寅は後ろ髪を引かれる思いで、船から遠ざかっていくかがりの姿を眺めていた。

とらやに帰った寅は、バッタリと寝込んでしまう。御前様が病気見舞いに駆けつけるほどだったが、医者に見せてもさっぱり原因が分からないという。御前様が推測した通り、寅の恋の病は柴又中の評判になっていると、タコ社長が言いに来る。

寅に食事を持っていった満男が、寅から「おまえも恋をするようになるのか。可哀そうに」と同情され、「たんごか」とつぶやいていたのを、気持ち悪いと言いながら皆に話してその謎解きをして騒いでいると、二階から寅が這い出して来て、「病人がいるから、静かにしてくれないか」とアピールし、ひそひそ話を始めれば、また這い出して来て、「ひそひそ話で喋られたんじゃ、俺は凶悪犯じゃないか。馬鹿笑いだけやめて、いつもの通りに話していればいい」と注文のうるさいこと。

朝になり、おばちゃんが洗濯を始めると、今度は「洗濯機の音がうるさくて眠れない」と寅のクレームだ。「博さんは働いているのに、恋煩いじゃ罰が当たるよ」と言うおばちゃんの一言にカチンときた寅が、「こんな心の冷たい人がいる所へは、もう二度と帰ってこない」とかばんを持って出て行こうとすると、かがりと女友達の二人がとらやの前に立っていた。

突然出てきたかがりは、「一週間ほど東京にいる」と言うが、二人はこの後芝居見物に行くあわただしさにまぎれて、緊張しまくる寅の手にそっとかがりから付文が渡される。「鎌倉のあじさい寺で日曜の午後一時待っています」と書かれてあった。鎌倉はどっちと、むやみやたらにそちらに歩いて向かおうとする寅を、周囲は躍起になって止めに入る。医者が鎮静剤を打って寝かせるほどの興奮ぶりだった。しかし、二時間ほどで起きてきて、「今日は何曜日だ。ぐっすり寝たから、一日早まったんじゃないか。早く日曜が来る方法はないか」と無茶なことを言い出し、柴又中の笑い者になっていると心配してやって来たタコ社長と大げんかになる。鎮静剤も恋の病にはそれほど利かないものらしい。

「人間、ここ一番という時には、体当たりでぶつかっていかな、あかん」と陶芸家に叱責されたのも多分に影響してか、積極的に行動するかがりとはまるで対照的に、いざその日が来ると、からきし意気地がなくなり、寅はさくらに「ついて来てくれないか」と頼むが、「お見合いじゃあるまいし」と断られると、代わりに満男を歴史の勉強にもなるからと連れて行く。

色とりどりのあじさいが咲き誇る長い石段が続く中程で、かがりは待っていた。「手紙のこと、怒って来てくれないんじゃと思っていた」と言うかがりに、「どうしてもついて行くと言って聞かないものだから」と満男を紹介し、「僕、行きたいなんて言ってないだろう」と口答えするのを制するが、二人が差向かうと、会話も弾まぬ寅の煮え切らなさにいたたまれず、かがりは考え込むばかりで、「寅さんに会ったら、話すこと山ほどあると思ったけど、いざ会ったら何にも話ができない」と言うかがりに、「もしよかったら、あいつだけ一人で帰してもいいんだ」と寅が応じても、「そんなことじゃないの。

今日の寅さん、なんか違う人みたいだから。会いたいと思っていた寅さんは、もっと優しくて楽しくて自由に気ままで。だけど、あれは旅先の寅さんだったのね。今はうちにいるんだものね。あんなに優しい人たちに大事にされて」と引導を渡される。

帰りが遅いと気をもむとらやでは、博が「二人だけだったら泊まってくることもあっただろうに」と言うと、おいちゃんは「寅がそんなことできる訳がない」と即座に否定する。「そんな甲斐性がありゃ、とっくに身を固めているよ」とおばちゃんが駄目を押していると、東京駅のかがりから電話があり、「二、三日いるはずだったが、今夜帰ることにしたので、寅さんにくれぐれもお詫びしておいてくださいとのことだった。おばちゃんたちの嘆き節は、寅という人間だけが持つ常人を超えているとしか言いようがないほどの潔癖さとその限界を物語っているように思われる。もっともその限界を打ち破るようなら、『男はつらいよ』シリーズはとても五〇回近くも続きはしまい。

寅は品川で別れた後、涙をこぼしていたとは満男の話だ。「かがりさん、本当はお兄ちゃんのこと好きだったんじゃないの」と言うさくらの指摘をはぐらかして、寅はそのまま北国へ向かう旅に出る。

夏の真っ盛りに弟子の近藤がとらやを訪ねてきたのは、「この秋に加納先生の作品展が三越で開催されることになったので、寅に手渡した茶碗を借用したい」とのお願いだったが、何とそれをタコ社長が灰皿にして使っているところを近藤が慌てて取り返そうとして、落としそうになるのをキャッチして事なきを得る。寅にはかがりから、「とっても恥ずかしいことをしてしまったけど、寅さんならきっと許してくれるでしょう。風はどちらに吹いていますか。丹後に吹いているなら…」と未練を残すかのような便りが届いていた。その寅が彦根城の近くでテキ屋商売をしていると、瀬戸物の茶碗なのに「聞いて驚くな。人間国宝加納作次郎の作だ」とほらを吹いて、「一万円でどうか」と値下げしたところを通りかかった当の本人が、「買うた」と言いながら「一万円は高くはないか。もう一声」と割って入り、たちまち商売は打ち切りになって、二人は冷たいビールを飲みに行こうと肩を並べる。

男はつらいよ　花も嵐も寅次郎（第三〇作）（一九八二年）（寅♥田中裕子）

今回の冒頭の夢芝居は、ブルックリンのトラが刑務所から戻ってきて、札付きのチンピラでスケコマシのジュリー（沢田研二）を貫禄で退散させて、ブルックリンに平和を呼び戻すというミュージカル風のダンス仕立てで意表をつくが、寅が目覚めた神社には腰が水平に曲がったおばあさんがお参りに来て、代わりに寅が鈴を鳴らしてやろうとして、力任せに注連縄《しめなわ》でたたいて鈴が落ちてくるところからのオープニングとなる。

到来物のおすそ分けで、御前様からさくらがいただいたマツタケの香ばしい匂いを嗅ぎ合って、今晩はマツタケ尽くしにしようと話し合っているところへ、寅が帰ってくる。

寅は向かいの店のくっついたり離れたりしているふしだらな幼馴染の女と出会うと、大きな声とジェスチャーで冗談交じりにいちゃついて見せて、とらやの面々の不興を買うが、夕食ではタコ社長が来ると、「マツタケをしまっとけ」と嫌味を言い、「マツタケご飯にマツタケが入っていない」と文句を垂れ、満男のを無理やりつまみ食いする等意地汚いところを見せたため、ついに「出て行け」とおいちゃんの堪忍袋の緒は切れて、「それを言っちゃおしまいよ」と言いながら、想定していたさくらが止めに入ることもないまま、寅は九州へと旅に出る。

大分の湯平温泉で三〇年前に仲居をしていたという母が東京で亡くなり、父とは別れていた母と同居していた青年（沢田研二）が遺骨を抱えて、その旅館に車で訪ねてくる。

デパート勤務の東京から来た娘（田中裕子）は、結婚間近い友達がその青年を目にしてすぐに決めた、同じ宿に泊まることになる。

「結婚するまでは旅館をつぶすな」と旅館の主人に豪語しながら、「選ぶのに手間取っている」という言い草で、ずっと定宿にしている寅は、動物園のチンパンジーの飼育係をしているその青年から身の上を聞き、旅館の主人から「その母おふみは大層人気のある美人の仲居だったが、反対したのに客と結婚した」と聞かされた寅は、こちらのわがままを聞いてくれる坊主を呼んで供養してあげようと提案して、急遽葬式をという話になる。

寅は、通りすがりの同宿の娘たちも呼び止めて、お焼香を頼むが、寅が喪主に続いて上げたお焼香で、熱いほうの香に手を伸べてアチチと手を振り上げたはずみに、おふみに惚れていた和尚（殿山泰司）の法衣と背中の隙間にそれがふりかかって大騒ぎとなり、娘たちが笑い転げる場面もある。

翌日湯平駅に向かう娘たちと合流すると、寅は似合いもしないのにあれこれと物色するばかりでなかなか買おうとしない女性客を笑いの種にして、デパート勤務の苦労に同情しながら、「好きな人が理想の人だが、まだいない」と言う娘の話に耳を傾けていたが、青年のほうは、納骨を済ませて涙にくれながら、いざ帰る段になって車を走らせていると、娘たちと寅の一行と遭遇して、車に同乗させる。サファリー・パークで遊んだ後、大分に向かうフェリーの港で一途な恋心を娘に寄せるようになった内気な青年は、「僕と付き合ってくれませんか」と声をかけるが、「そんなことを言われても」と娘は船に乗り込む。見ていた寅は、「あれが惚れた男の言う台詞か。まるでチンピラの押し売りだ」と笑い飛ばし、「お嬢さん、東京に帰ったらもう一遍顔が見たいな。僕」といった見本を示して、別れようとすると、青年から車で一緒に東京まで帰るよう頼み込まれる。

同乗してみたものの、青年はガソリン代しか持ち合わせがなく、飲まず食わずで柴又までよれよれになってたどり着くと、二人とも夕方まで寝込む。夕食の団欒は、青年にとっては初めてのことだった。寅は、青年の様子がよくて、車を持っているのでお金持ちのお坊ちゃんだと勘違いし、青年は、寅が遊び人だと言うので、てっきり遺産でも入って遊び暮らしている金持ちと思い込んでいたという。青年は、「母の看病も、お産のことに忙しかったので、思うにまかせなかった」と皆を驚かせ、「それは自分の受け持ちのチンパンジーのことだ」と慌てて釈明し、「お互いに自分を変わっていないと信じているところが、人と変わっている証拠だ」と笑い合う。青年が、さくらと博のなれそめを聞いて羨ましがると、「お前は博よりましだから、だったら頑張れよ」と励ます寅から、惚れている娘のことを冷やかされながら、娘への橋渡しをこっそり頼むと、青年は借りていた車を返しに向かうが、あわよくば娘は自分のほうに気があるのかと不埒《ふらち》な望みも持っていたのは、いかにも寅らしい。

大分での写真を届けにやって来て、寅が不在なのを残念がって帰っていった娘は、お見合いの話をせかされていたが、寅は青年に約束した通り、仲介役に立って娘を電話で呼び出し、デパート勤務が終わった夜のバーで、「俺たち常識人とは違って変わっているが、青年には片思いの恋人がいて、それは蛍子さんだ」と告白すると、「あんまり二枚目だから」と娘は断り、即座に二人の飲み会に切り替わったとも知らずに、青年はとらやで寅の帰りを一時間も待っていた。

「ああ三郎の運命や、風前のともしび」と鼻歌交じりで帰って来た寅は、返事をせかす青年に、「断られました。あきらめなよ。気の毒だけど」と素っ気なかった。寅がその理由を言うと、青年は「男は顔ですか」とムキになり、「寅さんは恋をしたことがありますか」と野暮なことを聞く。「俺から恋を取ってしまったら、一体何が残るか。造糞機だよ」と寅はしらけるが、「寅さんに頼んだのが間違いでした」と青年は憤然として立ち上がると、「最初から自分で口説けばよかったんだよ」と寅は言い、「それができないから頼んだんじゃないですか」と悄然と帰っていき、おばちゃんたちに意見されるが、寅にしてみれば有難迷惑でしかない。

しかし、そこは寅だ。だまし討ちのお見合いを企画し、青年をとらやに呼びこんで、江戸川べりのデートの段取りを、特に目と目で語るコツを指南する一方で、娘には青年が来ていることを知らせずに、とらやに呼び寄せると、偶然の再会だったはずが、寅は「蛍子さんが来ていると聞いて、喜んで来やがったの」と正直に舞台裏を明かしてから、「偶然」と言い直して笑い合っていると、偶然タコ社長が顔を出し、郵便局員が配達に来る。

江戸川に散歩に出て、段取り通り座り込んだ二人は、「どうして私と付き合いたいの？」と聞かれても、青年は「弱ったな」と頭をかくばかりで、寅からもらったみかんがいくつか転げ落ちたはずみで、娘を抱えるようにした青年が、「あの白い雲のように、旅をどこか行けたら」と寅から教わった台詞を口走ると、娘は「私も旅が好き」と応じる。湯平荘の主人から敬愛する寅宛てに、「お茶代わりに飲んでください」と一筆添えられて温泉の湯が届く一方で、寅が気をもむばかりの二人のほうは、娘のお見合いの話は、特定の男性がいるという理由で先方から断ってきて、両親が真偽のほどを確かめているところへ寅から電話があり、元気がなさそうな娘を案じて、すぐ来るように言うと、娘は即座に応じる。父親は、母親から寅との2ショットの写真を見せられて、驚愕する。

柴又駅まで迎えに出た寅は、娘と手を取り合って歩く姿を御前様に見とがめられながら、とらやで昼食後、「当たり前の顔して一緒に暮らしているけれど、夫婦にはいろいろある」といった話がおいちゃんからあって、寅と並んで縁側に座った娘が、「相手が何を考えているのか分からなくて困っている。チンパンジーの話以外には黙り込むばかりで」と嘆くと、寅は「それは惚れている証拠で、あれもこれも言おうと思っていても、いざとなると黙ってしまう惚れた男の気持ちを分かってやれ」と説得する。「嫌いなのか」と畳みかけると、「好きだけど、結婚となると」と言葉を濁し、「お兄ちゃんには、結婚前の不安な気持ち分からないのよ」とさくらに言われて、寅はへそを曲げて二階に上がってしまう。

その足で娘は、動物園へと向かい、青年に面会に行く。仕事を中断して、「用事は？」とお互い聞きながら、二人きりになれる観覧車に監視員（桜井センリ）に促されて並んで座ると、青年は「雌のチンパンジーが近頃なつかなくなって、この間も腕を噛まれたりして。訳を考えてみると、僕のほうがそのチンパンジーに愛情を感じなくなったためで、いつごろかと言うと、蛍子さんに会ってからで、もう自分の子供のようではなくなり、ただの動物でしかない」と言い、「だから結婚してくれないか。それが僕の用事なんや」と言葉を振り絞ると、「私を好きなの？」と聞く娘に「うん」と頷くと、「口で言って」と言われて「好きや」と答えて、二人は唇を重ねる。抱き合ったまま、青年は娘の用事を尋ねるが、娘の迷いはようやく晴れる。娘からとらやにいるさくらに電話があって、これから二人で報告に向かうと連絡があるのと同時に、寅が旅支度をして二階から下りてきて、てっきり失恋したものと思い込んで、「自分の力不足で」と青年に同情してみせると、さくらから結婚の約束ができたと知らされて、「それなら俺は用なしだ」と、二人に会おうともせず、「二枚目はいいなあ。ちょっぴり妬けるぜ」とさくらに寂しそうにつぶやく。

正月になり、青年は動物の世話があるため、とらやには娘が一人で手伝いを兼ねて挨拶に来ていたところへ、寅から公衆電話があり、さくらが気を利かせて娘を出すと、「どうして黙って出て行ったの。話したいことといっぱいあったのに。会いたい」と涙ぐみ、「これからいろいろあるだろうけど、お互い惚れ合っていることが一番だから。そのうち帰るから、青年によろしく」と言ったところで切れてしまう。九州の鉄輪温泉で何本も湧き立つ湯煙のような、威勢のいいテキ屋商売の寅の口上が胸に突き刺さる。いつしか寅も、恋の主役から若い男女の取り持ち役に回るようになった。

男はつらいよ　旅と女と寅次郎（第三一作）（一九八三年）（寅♥都はるみ）

天保六年の佐渡金山一揆の首謀者は、柴又無宿の寅吉だという設定で、貧乏人の肩を持って犯人を取り逃がしてしまう岡っ引きの博吉から親方が十手を取り上げようとしていたところ、島を脱出してお尋ね者になって柴又村に立ち戻った寅が現れて、進んでお縄にかかって博吉を救ってやる時代劇の夢物語で始まる。

女手一つで子どもを大学まで上げた生保のおばさんに感心し、おいちゃんが「人間誰でも大なり小なり重石を背負って生きているもので、重石のない奴は風に吹かれて…」と寅を思い出して笑い合っていると、折からの風にあおられて吹き飛ばされながら、寅が帰ってくる。そこにやって来た博が、必ず行くと約束していた小学校六年になる満男の運動会に、用事ができていけなくなったと困っていると、寅が「代わりに行く」と言い出し、「パン食い競走が楽しみだ」と、庭で真剣に練習に精出すほどだった。しかし、その話を聞いた満男は、「おじさん、忙しいんじゃないの。子供の運動会は退屈だよ」と迷惑そうな様子を見せるが、「暇が取り柄で、パン食い競走に出たい」と言う寅が、買ってきたホイッスルを吹いて、「フレー！フレー！満男」と派手な調子と口上で満男を応援する仕草に、皆はあきれて、博が「行く」と言い出し、とうとう満男は泣き始め、タコ社長が「父兄参観に俺が行くと言ったら、娘が泣いて、みっともないから来てくれるなと言われた」話を持ち出すと、からかった寅と取っ組み合いのけんかになり、結局、寅は運動会に行くのを取りやめる。

ところが、運動会は雨で中止になり、その頃寅は新潟にいて、怪しげな化粧品を新潟美人の女子社員相手に売りつけている公園の近くでは、京はるみの公演が本人の急病で昼の部は急遽中止となって、マネージャーや付き人が、へんとう腺だとか食中毒だとか言って、記者たちの追及を逃れるのに四苦八苦していた。夜の部も中止となり、「演歌の女王 京はるみ倒れる」と報じられる中、東京の芸能プロダクションも新潟との連絡がうまくつかず、頭を抱えていた。寅は翌日、出雲崎の良寛堂前で商売道具を広げていたが、人出も少なく、女の子に紙風船を吹いてやると、商売をあきらめて船着き場に出る。佐渡に戻るという小型船の船長に、「金山の看板ぎりぎりに駈け込んで、ほんのちょっとでいいから、残り物には福があるで、かき出せないか」と話しかけていると、側に近づいてきていたサングラスの女性（都はるみ）が一緒に笑い出し、寅が佐渡島行きを頼んで乗せてもらうと、女性も同乗してくる。今は暇はあるが金がない者同士だった。目ざとく釣り人たちがはるみの姿を目撃していた。

東京から新潟に駆けつけたプロダクションの社長（藤岡琢也）に、はるみの書き置きを手渡されるが、「さがさないでね」と書かれていた。小型船に揺られての旅に、船酔いでバケツに吐いてばかりいる寅とは違って、はるみは余裕綽々だった。年老いたおばあさんの民宿に一緒に泊まることにするが、その間社長は記者から病院を教えてくれとか失踪した噂もあるとか聞かれて、「一時間前に本人に会ったばかりだし、誰にも知られず静養したいと言っているから」と、はぐらかすのに脂汗を流していた。

寅は一休みしてから、はるみが浴衣姿で佐渡の酒を嗜んでいるのに合流し、「どこかで見た顔だ」と思い出した女性は見当違いで、「どこにもある顔だから」とはるみはホッとするが、寅は身分を明かしても、訳ありの女性だからと相手のことは何も聞かず、「差し出がましいようだが、誰が心配している人がいるなら電話でもしたらどうか」と勧める。「旦那や子供はいないし、ずっと仕事だから」と言いながら、「ずっと好きな人がいたけど、駄目になって」と、はるみは本音を語り出す。「打ち明ける相手もいないし、一人で泣いてばかりで、気が付いたらバッグ持ってタクシーに乗っていた」と言う。今頃になって自分のしたことを悔やんでいる風だった。寅が「同じ家出人よ」と応じると、訳を聞かれて「惚れた女と逃げたのよ。所も矢切の渡し」と、自分がそうしてやった話を思い出してまことしやかに言えば、『矢切の渡し』をはるみは歌い出し、寅は「歌がうまいな。銭を取れるよ」と感心する。寅は酔っぱらって倒れ込むはるみに、寝るようにせかすと、「自由だから、明日どこかいい所に連れてって」と言われて承諾する。今度は宿のおばあさんと寅は飲み直すが、おばあさんが京はるみのサインを待ち望んでいる様子に、「あれは出雲崎で出会った訳ありの女性で違う」と否定してみたものの、プロマイドを見せられて寅は考え込む。

その頃、釣り人の情報で、はるみが腹巻に雪駄履きの人相の悪い男と佐渡に渡ったと聞かされた社長は、佐渡へ向かう。寅とはるみは、予定通り島の観光に出て、上り下りの激しい道を歌いながらハイキングさながらに散策する。毎日風の吹くまま気の向くまま旅する寅を羨むはるみは、「明日何をするか、明日にならなきゃ決まらないなんていいだろうな」と足取りも軽い。「町中の育ちだから、小さい頃から海にあこがれていた」と言い、歌に聞き惚れた船頭が、小木の港まで船で連れて行ってやると出発した矢先、島内を探しまくって疲れ果てた社長一行は、ようやく二人が遠ざかる姿を発見する。

小木の港のビルの食堂にいたはるみは、ついに社長たちが車で乗り付けて来たのに気づいていたが、寅とビールで乾杯した後、今後の予定の相談に寅がつい「はるみちゃん」と口走ったのに凍りつく。「最初から知ってたの?」と聞くはるみに、「夕べおばあちゃんに教えられて」と答えると、「寅さんはいい人だね」とはるみに言われているところへ、社長一行が到着し、「社長、ごめんなさい」と謝るはるみに、社長は「いいんだ、いいんだ」と応じ、マネージャーが「あと五分しかないけど、五時の連絡船に乗って、次の博多の公演には間に合わせてください」と懇願すると、はるみは承諾する。

社長たちを先に行かせたはるみは、寅に「とても楽しかった」と感謝する。「せめてあと二、三日あれば」と言う寅に、「この旅のことは、私一生忘れない」とはるみは寅の手を握る。「寅さん、行きたくない」と言うはるみに、「行かせたくないが、そんなことしたらあんたを待っている大勢のファンががっかりする」と励ます。思い出に指輪を寅に渡すはるみに、「つらくてたまらないことがあったら、柴又のとらやに」と声をかける。ふと、どうして俺はここにいると気づいた寅は、自分も乗るはずだったその連絡船に結局乗り遅れてしまう。

芸能界にカムバックしたはるみは、ますます歌に磨きがかかる。それをとらやでタコ社長も入ってテレビで聞き入っているところへ、疲れ切った寅が帰ってきて、かぶりついていたタコ社長の頬を箒でなぞってテレビに見入ると、「女の人から手紙か電話がなかったか」と聞き、「来る訳ないわな」と言いながら、箒を杖代わりに二階に上がっていく。タコ社長は、「あの目つきは何度も見たことがある。お医者様でも草津の湯でもの恋の病だから、これから失恋するまで楽しみだ」と言って帰ると、おいちゃんは「タコを勝手に出入りさせるな」とお冠だった。

寅ははるみの歌を聞こうと、電器屋からイヤホンをしたまま歌に夢中で音楽再生器をお金も払わずに持ち去って、御前様の前でも上の空。店からはとらやに電話があって、「寅に限って、そんな泥棒のようなことはしない」と騒動になる。とらやに帰って来た寅は、「これで全部聞いた」と、その再生器をおいちゃんや満男に借りたのかと思って返そうとすると、さくらに「しっかりしてよ、お兄ちゃん」と言われて電器屋に謝ってお金を払ってきた話をすると、「それじゃ、まるで泥棒じゃないか」と訳の分からぬことを言う寅に、「何が原因でそんな放心状態になったのか」と博が聞く。寅は佐渡おけさを歌い始め、出雲崎で出会った訳ありの女性との顛末を語り、もらった指輪はさくらにあげるが、その人の名前を言うと迷惑がかかるから言わないと決めてかかり、皆と一緒の夕食もぽろっと言うかもしれないと警戒して断って、小声で「はるみちゃん」と囁くようにしながら、二階に上がっていく。

すると、はるみがマネージャーと一緒に車でとらやに乗り付けてくる。とらやがどこかを聞かれた源公はサインを求めに来て、タコ社長はびっくりして社員に触れて回り、人だかりが増してくる中、二階から寅が呼ばれると、「俺ははるみちゃんに会ったなんて、誰にも言わなかった」と言い、「見世物じゃないから」と寅は大暴れするが、二階にはるみを上げると、プロマイドがあちこちに飾ってある寅の部屋ではるみは、「東京で七月末にリサイタルをすることになったので、今日は招待券を持ってきた」と言う。「失恋の傷も治ったか」と聞く寅に、「この間彼に会って、もう一度やり直してみようかという気持ちにお互いになった」とはるみは答える。「こんなことを言いに来たんじゃないの」と言うはるみに、気落ちしながらも「俺は誰にもしゃべらないよ」と言う寅に、「寅さん、口が堅いものね」とはるみ。さくらに言われてお茶を持ってきた満男に、「お姉ちゃんは親一人子一人で育ったのよ」と言いながら、満男と下に降りたはるみは、タコ社長の所からカラオケを持って来させて、俄かステージの縁側に立って、「寅さんにお世話になったお礼に」と、お団子屋さんだから『アンコ椿は恋の花』から歌い始め、庭先に集まった人たちから拍手喝采を受ける。博が「お兄さんと恋人同士のようになったのも、ああいう立場の人は意外と寂しく暮らしているということじゃないか」とさくらに語っていると、寅が現れて、「七月末は俺たち稼ぎ時なので、お前たち二人でリサイタルに行ってくれないか」と招待券を渡し、「一本でも二本でも俺からだと花を届けて、どんな旅の空でもはるみさんの幸せを祈っていますと言ってくれないか」と頼むと、そのまま旅に出る。

一六歳でデビューして一五年、夢中で歌い続けてきたというはるみのリサイタルにさくら夫婦が出かけると、はるみは「一人の女として、私の人生は本当にこれで良かったのかと迷うこともあって、小さな旅をした佐渡島で、今日花を届けてくれた寅さんに出会った」と話を切り出して、それにちなんだ新曲を情感たっぷりに披露する。その頃寅は、北海道は支笏湖畔の羊蹄夏祭に現れて、ネズミ顔のテキ屋を冷やかしてけんかとなり、仲間が割って入っていた。

これを要約してみると、恋に破れた傷心の人気演歌歌手の京はるみ（都はるみ）が公演のスケジュールを袖にして失踪し、出雲崎の船着き場で船長に頼み込んで寅が小型船に乗り込もうとしていたその船に乗せてもらい、佐渡島に向かい、同じ宿に泊まり、二人で島の観光にも出かけるようになるが、小木の港のレストランで寅の口から彼女の名前がポロリと出てしまい、捜索を続けていたプロダクションの社長一行がちょうどその頃合に押しかけて来るに及んで、彼女はカムバックを決意する。

ある日彼女がとらやを訪ねてきて大騒ぎとなり、俄かに歌謡ショーが催されて大フィーバーとなるが、実は電器屋から夢中で音楽再生器を持ち出すほど彼女の歌に聞き惚れていた寅に彼女は公演のチケットを手渡しながら、恋人とも仲直りできそうだと告げてとらやを後にし、さくら夫婦に花を託した寅が来ない公演のステージで、彼女は感謝の思いを述べて情感たっぷりに歌い上げる。

男はつらいよ　口笛を吹く寅次郎（第三二作）（一九八三年）（寅♥竹下景子）

ローカル線で転寝をした寅が、タコ社長の紹介でついに縁談が決まった途端に「寅は自分だ」と寅のなりすましが現れて夢にうなされているところを、夫婦別れをして幼い女の子と一緒の職人風の男に声をかけられる。柴又の寺の前では、珍しく源公が経典を開いてお経をあげる練習をしているところを、自転車で通りかかったさくらが「あら、門前の小僧習わぬ経を読む」と声をかける。これらはいずれも今回の伏線となって映画は進行していく。

とらやでは、儲けにならない仕事ばかり受けて長期展望もないタコ社長と博が対立してけんかになっていたが、おいちゃんも一緒になって意見すると、「どうせ無能な経営者だから、この際やりたくもない工場を売りとばして退職金を払い、寅さんみたいにかばん一つぶら提げてフーテンになるか」と、捨て台詞を残して帰っていったところへ、寅から電話が入る。備中高梁からで、博の父親の墓参りに行くからと、寺の名前を聞いてくる。博も機嫌を直して工場へ向かい、不慣れな仕事を博に代わってしていたタコ社長は、涙にくれる。寅は墓の前で、「葬式には来れなかったから、今頃来た」と言って近況報告しながら、墓石にウイスキーをかけると献杯する。

さて柴又にでも帰ろうとすると、よたよたと石段を上がってくる住職（松村達雄）を追いかけてきた娘（竹下景子）が、「やっぱり酔ってる」と住職を抱えながら歩き、風呂敷包みを落としたところを寅が近づいて拾い上げ、「お墓参りかな」と聞く住職に、「諏訪先生の墓参りに東京から来た」と答えると、「ちょっと寄ってきんさい」と誘われて、「急ぎますから」と断る風を見せたものの、「お茶一杯だけでも」と勧める美しく知性を秘めた娘を一目見た時から、寅の心はもう釘付けになっていた。

結局、すぐ帰るはずが夜になり、寅はレントゲン写真を撮る時に明るく笑って撮った話や、葬式の写真でつい「笑って」と言って写真を撮ろうとした話をして酒の席が盛り上がる中、「仏はほっとけじゃ」と夜のお経にも住職は立とうとしない。そこへ出来損ないだという息子の一道（中井貴一）が帰ってきて、「写真道楽で、学生なのに学校に行きもしないで」と住職は嘆くあまり、酔いつぶれて眠り込んでしまう。「本当に一晩だけ」と言って寅は寺に泊まり、朝ごはんの前に発とうとすると、娘から「朝ごはんの支度をします」と言われて、「それでは朝、昼、夜と切りがなくなる」と固辞して、「ご主人によろしく」と言ったところで、娘の朋子が「出戻りなんです」と答えると、寅の表情が変わる。

折しも法事が十時に予定されていて、運転手が迎えに来るが、あと十分しかない。住職は二日酔いで、「誰か代わりを頼んでくれ」と言う。娘が途方に暮れていると、寅が「私にも責任があります」と切り出し、「門前の小僧習わぬ経を読むで、お寺の前で育ったから」と代役を申し出る。法衣をまとって寅が七回忌に出かけると、話を聞いた息子は「そんな無茶な」と毒づくが、「そもそも後継ぎがしっかりしていないからだ」と姉は意見しながら、また撮影旅行に出かける弟にお金を与えて送り出し、バイクで酒を届けに来た娘ひろみ（杉田かおる）と相愛の仲らしく、彼女に見送られて車を走らせる。

さて、法事ではもっともらしく読経を唱えてから、九二歳で逝った故人の遺徳を称えた後、「人にはそれぞれ運命がある」と、干支《えと》や人相占いのテキ屋商売で鍛えた口上を述べると大受けとなり、喪主もお布施をはずむ大層な喜びようだった。とらやでは、博とさくらが満男を連れて父の三回忌に出かけるというので、御前様とタコ社長が見送りに来て、御前様に「寅とばったり会ったりして」と冗談を飛ばされる中、久しぶりに集まった弟たちや妹を前に、小学校一年まで高梁で父と暮らしたという兄が、「空き家となって傷みがひどくなった実家を残すために、定年後自分が住みたい」と提案するが、「自分たちには実家など愛着はない」とか、「その遺産を当て込んで増築した」とか、「相続分を買い取ってもらうなら」といった意見が出されて、博がその様子を「みっともない」といさめると、業を煮やした兄は「処分する」と言って憤然と席を立つ。寅からよそよそしく改まった声で、翌日の段取りを確認する電話があって、法事の日を迎えると、院家様の中に寅がいるのをすぐに満男が気づき、経典をめくり損ねて、垂らして慌てている姿にさくら夫婦は唖然とする。

法事の後の会食では、兄が弟たちを紹介するが、寅はもっともらしく初対面を装う。しかし、博が「お兄さん」と兄に呼びかけたところ、二人が受け応えて、妙な雰囲気になったところで寅は席を立つが、居たたまれなくなったさくらも出てきて、笑っている寅に泣き顔を見せ、「何か悪いことでもしているんじゃないでしょうね」と疑う。さくら一家が高梁を離れる時には、寅と一緒に朋子が見送りに来て、「寅さんのお陰で父がどれほど助けられているか。法話も檀家の間では大変な人気で」と感謝するが、寅との息もぴったり合っている様子だった。帰ったとらやでは、さくらが寺の行事の段取りをきちっとやる寅は評判がいい話をすると、博が「駄目人間だと決めつけずに、可能性を見つけてやることがホントの愛情だ」とフォローし、「その通りだ」と応じたタコ社長は、「やり繰りに四苦八苦で、美しい女性に心ときめかすなんてもう忘れちゃったもんな」と寅を羨んで帰っていく。

一方、高梁では授業料未払の督促状が届いて、「渡していた授業料をなんで払わないの?」と朋子が弟一道に問い詰めると、「カメラを買った」と聞いた住職が「今すぐ処分してお金を返せ」と言っても、「大学を辞めて東京のスタジオで働くことにした」と拒否する息子に「出て行け」と勘当を申し渡す。

その足で、一道は電話でひろみに東京に出ることを知らせ、「困った時は姉や寅さんに相談しろ」と、彼女の反対を押し切ってそのまま電車に乗り込み、踏切警報機で足止めされた彼女と、夢中で手を振り合う。法事に行っていて不在だった寅は、事情を朋子から聞いて驚くが、「そんなに心配することはない。男の子は親父とけんかして家を出るくらいでなきゃ、一人前と言えません。この私がいい例です」と寅は胸を張ってみせる。

「中学二年の時、煙草を吸った煙が、用を足していた親父の便所の小窓に届き、頭をかち割られて脳みそも少し出た」と寅は言い、親父の大事にしていた植木鉢を投げつけて「出て行け」と言われたその顛末を話すと、「それで寅さんは一人前になった訳？」と朋子は笑い転げる。そこに夜のお勤めを終えた住職が現れて、寅が外に飲みに連れ出そうとすると、朋子から「こんな時、寅さんがいてくれて、どんなに助かったか分からない」と感謝され、朋子はいかにも幸せそうな微笑みを浮かべる。

その一方で、寅はひろみの相談にも応じ、「まるで逃げるみたいに東京に行ってしまった」と訴えて涙を流すひろみを、「それが恋する男というもので、お前に会ってしまったら、国から離れられずに寺を継ぐようなことになってしまうと思うからで、ビールを配達してじっと待っていろ。そうしたら立派な写真屋になって、お前をきっと迎えに来るから」と寅が説得するが、「写真屋と写真家は全然違う。その写真家だ」と言うひろみは、「東京にはきれいな女の子がたくさんいて、私のことも忘れてしまう。一道さん、モテるんだもん」とうつむくと、「そんなに心配なら、後を追いかけて東京に行ったらいいじゃないか」と寅はけしかける。

「父親は寝たきりだし、私がいないと店はやっていけないし」と言うひろみに、「一道だって、寺の跡継ぎおっぽり出して東京行ったじゃないか」と寅が言えば、「寺は朋子さんと寅さんが結婚して寺を継ぐんでしょう。皆がそう言っているけど。私は一人娘だもの」とひろみに言われて、寅はえっと驚いて、「こういうことはまだ確定的なことじゃないから、そう大きな声で言う話じゃ」とお茶を濁す。

「せがれを追い出して自分は養子に入る。寅さんの思惑通りにいっているようだが、本物の坊さんでないのが朋子さんの悩みの種だ」と町の噂になる中、風呂に薪をくべている朋子に寅が近寄っていると、住職が湯につかりながら、「お前、そろそろどこぞへ嫁に行ったらどうだ。わしは寅さんと二人でやっていくわい」と言い、「それともお前、寅さんを婿養子にでももらうか」と畳み掛け、「いつかお前、もうインテリにはこりごりじゃと言って、いっそ寅さんみたいな人がいいと言っていたじゃないか」と駄目を押されて困惑した朋子は走り去り、朋子を呼ぶ住職が風呂場の窓を開けると、そこにいたのは寅で、二人とも驚いて何とも気まずさが漂うが、寅は半分夢心地だった。

翌朝、「思うところがあって故郷に帰り、今後の身の振り方について相談してまいります」と置手紙を残して寅は立ち去る。「そりゃおられまいな、ああいうことがあっちゃ」と住職も同情するが、朋子は住職に背を向けて、見るからに不機嫌で、「まずいことをしたな」と住職も後悔する。

一方、とらやに帰った寅は、七月に帰っていたのに何年ぶりだなどと言うくらい、元気いっぱいですこぶる上機嫌だ。夜になって皆に集まってもらって寅が持ち出した話は、「今生を仏に仕えて暮らしたいと考えている」と前置きすると、「いくら失恋したからって、何も坊さんになることはないじゃないか」とおばちゃんは泣き出し、「まだ見合いの口もあるから、あきらめるのはまだ早い」と皆が引きとめるのに、「皆さん誤解しているようだが、あきらめていないから出家をするのだ」と言う。

博がお寺の一人娘の婿養子になる話だと気づくと、「うまく坊さんになる方法はないか」と寅は尋ねるが、「お葬式をやるだけではなく、宗教についての深い学問を修めたり、厳しい修行をしたりしなければいけない」と周囲に諭されて、「あまり日にちがかかるのではなく、手っ取り早くできないか。そうでないと、あの人はばあさんになってしまう」と寅は言い、習慣になった朝五時に起きて、おばちゃんに精進料理を所望して、御前様に相談に行くことにする。

その頃、ひろみは東京に出てきて、渋谷のハチ公前で一道と待ち合わせていたが、写真のスタジオの仕事が長引いて、電話しても一道は抜けられず、とらやで待っているよう話が決まる。

夜遅くなって一道がとらやを訪ねて行き、てっきり帰ったと思っていたひろみがいる二階に案内されて、「これから甘いラブシーンが始まるな」と、おばちゃんが見上げる。折からの雨が雷雨に変わり、雷で停電になって、かつておばちゃんがおいちゃんにしがみついたように、二階の部屋では寝ていたひろみが外の様子驚いて一道にすがりつき、二人は唇を重ね合う。

寅の修行の話は、御前様から「仏教における修行とは、煩悩を断ち切るための命懸けの戦いです。寅の如き、煩悩が背広を着て歩いている男に、どうして修行ができますか」と一喝されれば、一同は「ごもっともでございます」と平伏する他なかった。「本人のたっての願いゆえ、修行の真似事をさせてはみたが、三日で音を上げる始末だ」と御前様が嘆くと、「三日坊主とはこのことですね」とおいちゃんが混ぜっ返して、「冗談を言っている場合か」とまた怒られる。寅の出入り差し止めを申し渡した御前様は、帰り道で朋子とすれ違ってにんまりし、「いかん、修行が足りん」と頭をかく。

その頃、寅は江戸川の土手に寝そべって、自慢げに朋子の写真を見せてやると、源公から「この人が兄貴に惚れてるのか」と聞かれて、「まあな」と寅は答える。

「その人と一緒になるためには、どうしても坊主になる資格がいる」と寅が言えば、「愛があれば何とかなるのでは」とまた聞かれて、「それは若者の考えることで、俺ぐらいの分別が出てくると、そう簡単にはいかない」と嘆いていると、さくらが「朋子さんが見えた」と自転車で呼びに来る。

慌てて自転車に飛び乗って、そば屋の出前とぶつかって台無しにして相手を怒らせながら駆けつけた寅は、朋子と対面するると、あの晩一道たちがお世話になったお礼を朋子が言うついでに、寅が「おいちゃんとおばちゃんも、浅草のデートの帰りに、同じように親戚のおじさんの家に雨宿りして、雷に驚いて二人が一緒になった」とまことしやかに語り、「あの晩の一道たちは？」と朋子が聞けば、「おいちゃんの計らいで、一道は別の部屋で寝てもらった」と言い、朋子は「寅さんがいた頃の寺は明るかったが、今は口をきかない日もある」と懐かしむ。「今日中に帰らなければならない」と言う朋子は、「柴又駅まで送って来て」と寅に頼む。寅は「和尚さんにお土産に佃煮を」と言って立ち上がり、さくらと朋子が駅で待ちかねているところへ、寅がようやくやって来ると、朋子は寅の袖を引っ張り、「この間の風呂場のことをごめんなさい」と謝り、「その三日前に、お前今度結婚するならどんな人がいいと父親に聞かれたの」と朋子が話すと、「寅さんみたいな人がいいと言ったんでしょう」と寅が混ぜっ返す。「和尚さん、笑ってたでしょう。俺だって笑っちゃうよ」と追い打ちをかければ、もう朋子は話の接ぎ穂がなくなり、「あの晩父が言ったことが寅さんの負担になり、それでいなくなったと思って。そのことをお詫びに来たの」と言うと、「俺がそんなことを気にするはずがないじゃないか」と寅は白々しくも否定し、「私の錯覚？」と言う朋子に、「安心したか」と言えば、朋子は首を振ってうつむき、少し涙ぐんで朋子は上野へ向かっていく。さくらが「一体何があったの？」と聞いても、寅は「これは大人の男と女の秘密ですよ」ととぼけて、また旅支度を始める。

正月になり、博が父親の遺産をタコ社長の工場に投資してくれたおかげで、オフセットを買えたお礼にパソコンを満男に進呈して、当時を思い出して感涙にむせぶタコ社長が、満男から「正月くらい笑ったほうがいい」と言われていると、社員一同も集合してお祝い気分が盛り上がる中、瀬戸内海は因島の寅からは、「人に尊敬される人間になりたい」と決意表明する年賀状が届き、船に乗り込もうとしていると、あの幼い女の子連れの職人が飯場の中年女性と再婚しているのと出会って、首尾一貫したところで幕となる。

これを少し長めに要約してみると、さくらの夫博の父親の墓参りに行った岡山は高梁の寺で、不縁で寺に戻ってきた娘（竹下景子）と住職に出会った寅は食事に招かれ、酔いつぶれて二日酔いでダウンしてしてしまった住職の代役を買って出て、門前の小僧よろしく経を読み、いつもの大道芸の名調子から借用した法話を垂れて大好評を博する。父の三回忌で博一家と兄二人と姉が集まった際に、長男が切りだした実家に住みたいという願いは、「相続放棄しろということか」と詰め寄られて、あえなく平等に四分割されてやがて売られてしまう、何やら東京物語のシーンが連想されるような一幕もあった後、法要では住職と共に僧侶姿で現れた寅は、お斎《とき》でとうとう馬脚を現す。

ある晩入浴中の住職が外で薪をたきつけている娘に窓越しに再婚を促し、「インテリはもうこりごりだから、いっそ寅さんでも婿養子に迎えてもいいようなことを言っていたな」と水を向けると、たまたまその場で暖を取っていた寅は、翌朝「今後の身の振り方については肉親とも相談してまいります」と置手紙を残してとらやに帰り、僧侶になるための修業を始めようとする。しかし、「煩悩が背広を着て歩いているような男に修業ができますか」と御前様にたしなめられて、三日で音をあげて「三日坊主」となる始末で、寺への出入り禁止を申し渡されて万策尽きていたところへ、娘が訪ねてくる。受け答えもままならない寅に送ってもらった柴又駅のプラットホームで、寺を去った理由を娘が問い尋ねても、例のごとく話を茶化してしまい、要領を得られないままの娘をいぶかしがるさくらと共に見送る。

この映画では娘の弟（中井貴一）の恋物語が並走する。彼は写真家を志していて寺を継ぐ考えなどまるでなく、大学もろくに行っていない体たらくでついに勘当されて上京する。その相手役の酒屋の娘（杉田かおる）は寅に励まされていたが、恋人会いたさに上京した娘が会いそびれて訪れたとらやに泊っていると、撮影の助手の仕事で夜も更けて雨の中を娘の所在を確かめにきた恋人とようやく二階の部屋で合流する。突然の雷鳴に停電して驚いて抱き合う様子は、落語の『宮戸川』を連想させる。

男はつらいよ　夜霧にむせぶ寅次郎（第三三作）（一九八四年）（寅♥中原理恵）

満男が中学一年生になり、「入学祝をいただいて」とさくらが御前様に挨拶して、いつものようにとらやに自転車に乗ってやってくると、ブラスバンド部に入った満男が、「友達からフルートを月賦で譲ってもらった」と言い、タコ社長はタコ社長で、「あんな娘をもらう奴の気がしれない」と軽口をたたきながら、ようやく結納を済ませてほっと一息ついて、「この界隈の独り者は一応片付いた」と言い、博たちがハッとしているところへ、その寅から入学祝の地球儀が小包で届く。寅がいる盛岡はどの辺りかと回しているうちに、地球が外れてしまうような安物だった。

その盛岡でのテキ屋商売で地球儀を売っていると、堅気になった登が幼い女の子を連れて現れる。

「自分の家に来てくれ」と連れていかれた寅は、「酒だ、魚だ、食堂の店を閉めろ」と奥さんに命じる登をいさめて、「お前とは『堅気になったからもう会わない』と言われても不思議でない間柄なのだから、そんなことはする必要がない」とそのまま立ち去り、追いかけてきた奥さんに登のことを頼むと、「親分」と呼ばれながらそのままおいとまして、八戸を経て釧路へ渡る。

釧路の駅の近くの理容室で寅が散髪しているところへ、娘（中原理恵）がやって来て、「理容師免許を持っているので雇ってくれないか」と主人に声をかける。「普通は組合を通してくるものだし、保証人が要るから」と断ると、娘はあきらめて帰る。寅が「きれいな子だから、若い男の客が増えるだろう」と主人に水を向けると、「だいたいが問題のある子で、それに客との間でトラブルを起こすし、母ちゃんがやきもちを焼くから」と一笑に付される。

理容室から出た寅は、公園で娘が一人煙草を吸っているのに声をかける。名前を聞くと、「北海道生まれで、人呼んでフーテンの風子だ」と答える。「俺もフーテンの寅と呼ばれているんだ」と応じて、すっかり意気投合する。「お姉さんの商売当ててみようか」と手相を見る仕草をしてから「床屋だ」と言えば、「さっきあの店にいたじゃない」と大笑いして、食事をしながら娘の苦労話を聞く。

「前の店では挨拶しないとか、客と仲良くし過ぎだのとか言われて、新人をうじうじいじめるので、バーンとやっちゃって長続きしない」とぼやく。「お姉さんのほうにも罪がある。美人だもの」と寅は相手をいい気分にさせる。その勢いで、女に金を支払わせたんじゃ男の名がすたると大見得を切ってみせたものの、持ち合わせが足りず、「近くに柴又銀行は？」などと言い出す始末だった。

結局、風子に助けられて、駅のベンチでごろ寝することもなく、同じ旅館に泊まることができ、翌日根室に向かう寅に、風子もおばさんを頼って同行することに話がまとまる。そこへ、宿から相部屋をお願いされて来た、小学校の娘のいる陰気そうな男（佐藤B作）が登場し、「住宅ローンでパートに出た妻に男ができて一年も家に帰らず、ようやく居場所を突き止めたのでこれから向かうところだ」と語り、東京に置いてきた娘に連絡を取りながらさめざめと泣きだす有様で、寅たちはすっかり気分を損ねてしまう。翌日、弱気になる男を置き去りにしようとすると、「やっぱり行きます」と追いかけてきて、仕方なく付き合った寅たちに連れられてタクシーで行った先では、裏寂れたバラックのような家が建つ中に、赤子を負ぶって洗濯物を干す妻がいて、その幸せそうな笑い声と出てきた若い男との様子にその男の出る幕はもはやなく、その場に泣き崩れると、寅たちに見送られて帰っていく。

腕を組んで逆方向の根室行きを待つ寅たちだったが、根室に着くと風子は前の店を辞めてから何の連絡もしていなかった港で働くおばさんの所へ、寅はねむろ新緑まつりのテキ屋商売の準備に向かう。その翌日、風子はおばさんの世話で働く所のめどがついたと寅に報告がてら、サクラになって千円で買ったことにしたオルゴールの奏でる音に耳をそばだてていると、「ハッピー・バースディ・トゥ・ユー」と口ずさんで、派手な赤いワイシャツの男（渡瀬恒彦）が近づいてきて、「ちょっと見に来て」と誘い込む。それはオートバイのサーカス・ショウで、その男が巨大な桶のように高く円形に建てつけた壁板から見下ろす観客の下を伝ってぐるぐるとオートバイを乗り回す危険な曲芸なのだった。男は風子がいることを目ざとく見つけていた。

翌日は雨で、仕事が休みで旅館にいる寅の所へ、理容師姿の風子が差し入れを持って来て、「夜にまた訪ねてきていい？」と聞き、「オルゴールをもらったその日はホントに誕生日だった」と言う。

その夜、遊びに来た風子は、不幸だった生い立ちを話してから、「寅さんと一緒に旅に出たい」と言い、「少しは蓄えもあるし、なくなったらバーで働いてもいい」と言うのだが、寅は「太く短く生きるからと、さくらの意見するのも聞かず、気がついたら仲間はそれなりの女と所帯を持って堅気になり、残ったのは自分のような馬鹿ばかりだ」としみじみと語り、「悪いことは言わないから、この地域にとどまって真面目で素直な男性と結婚すれば、五年、十年たって俺の言っている意味が分かるようになる」と諭すのだが、「案外薄情なんだね」と寅に失望して風子は帰っていく。

夜霧のたちこめるその帰り道に、例の男がオートバイに乗って付きまとうかのように現れると、「何か勘違いしてるんじゃないの、私のこと」と風子が言い放つと、にやりと笑ったまま去っていく。

翌朝、理容室の窓越しに寅が顔を出して、風子に別れの挨拶に来て、もし困ったことがあったらとらやに電話するよう言い含めると、風子から「もし寅さんがもう少し若かったら、私、寅さんと結婚するのに」と言われ、「大人をからかっちゃいけないよ」と例の如く寅は笑ってお茶を濁し、風子はがっくり肩を落として見送る。理容室に戻ると、入れ違いに例の男がオートバイで乗り付けて客として入ってくる。

一方、タコ社長の家が手狭なため、仏前の結婚式を挙げる娘が、とらやで花嫁衣装の支度をしていたが、現れたタコ社長に娘は周囲にせかされて、「ありがとう。工場の経営が苦しいのにお金を使わせて。幸せになるからね」と挨拶すると、二人は涙ぐむ。

その頃、寅は江戸川の土手で満男たちのブラスバンド部の練習に耳を傾けていたが、とらやに帰ると、北海道で出会った中年男がいるのに驚く。

話を聞けば、「先日風子から会社に電話があって会ったところ、やつれた感じで、お金を貸してくれと言われた」と言う。「保証人を立てて欲しいと言ったら、それならいいと帰っていった」と言う男の顔を両手で挟んで寅は放り投げ、「田舎出の小娘がお金に困ってきたのに、どうして有り金をスーと出して助けることができないんだ。こんなことだから、かかあに逃げられるんだ。帰れ」と寅は大変な権幕だ。男は、「僕だってそうしたかったが、ポケットには三百円しかなかった。逃げた女房のことまで引き合いに出すことないでしょう」と嘆いて泣いて帰る。

寅は新聞広告でも出して探し当てたいともう無我夢中で、タコ社長が「娘の結婚式が無事終わってハワイに旅立った」と喜んでいてもまるで上の空で、「労働者を搾取した金で、ハワイに新婚旅行に行く娘もあれば、ねぐらのない小鳥のように、夜露にうたれて泣いている娘もある」と嫌味を言えば、「てめえが結婚できないからと、結婚式にケチをつけることはないじゃないか」とタコ社長が憤慨すると、寅の肩を持つおいちゃんがタコ社長に向かっていく、いつもの情景が繰り返される。

ついに新聞の尋ね人の欄で寅が風子を探しているのを博が見つけ出した頃合に、オートバイ野郎のトニーが、「風子が寅次郎さんに会いたいと言っている」と、とらやに訪ねてくる。「今、俺の宿にいるが、四、五日寝込んでいる」と言う。

さくらに金を用意させた寅は、「挨拶は抜きだ」とトニーと出かけるが、身も心もボロボロになって助けを求めている風子の状況を察すると、寅はさくらに電話して博に車で迎えに来るように言ってとらやに連れて帰り、医者に見せて休ませる。寅は気落ちして、そのまま酒を飲みに出かけたという。

風子も回復して、満男たちがブラスバンド部の練習をしている江戸川の土手に散歩に出るようになり、さくらから「しばらくはとらやに落ち着いて、駅前の床屋で理容師の仕事をしたら」と勧められるが、その一方で、寅はトニーを呼び出して風子から手を引いてもらいたいと申し入れ、「女のことで指図されたくない。東京についていてきたのは、あの娘のほうだ」と言う相手に、「お互い渡世人同士じゃないか。こっちの気持ちも分かるだろう。あの娘は苦労して育ったから、どこか無理しているところがあるが、まともな娘だ。所帯を持って子供を産んで幸せになれる娘だ。そう思わないか」と頭を下げて頼み込む。トニーは、「兄さん、見かけによらず純情ですね。ごめんなさい」と立ち去っていく。

一方、風子が「このまま別れてしまうのはどうしても嫌だから、トニーに会って話し合いたい」とさくらに話して出かけようとしているところへ、寅が帰ってくる。「駅前の床屋の話がうまくいきそうだ」と聞いて、「風子の相手は床屋で働く人がいい。そしてやがて小っちゃくってもいいから独立して二人で店をやる人がいい」と夢を膨らませていると、二階から風子が下りてきて、さくらが事情を話せば、寅は「話をつけてきた」と言う。風子は「どうしてそんな頼まれもしないことをするの。寅さんには関係ないのよ」と反発する。寅は「話し合ったたって仕様がないじゃないか。あんな遊び人と」と言えば、「遊び人なら、寅さんだってそうでしょう」と風子は言い返す。寅は「何を」と血相が変わるが、「だらしない人だけど、私さえしっかりしていればきっと変わる」と風子が言い張れば、「そんなに会いたいなら、行ったらいいじゃないか。好きなようにしろ」と寅はすっかり匙を投げる。

風子はそのまま雷鳴の轟く雨の中を駆け出していく。寅は二階に上がって、電気もつけずにしょんぼりとうなだれていたが、慰めに来たさくらに、「俺、きつい言い方をしたか」と聞けば、さくらは「お兄ちゃんの気持ち分かっているわよ。『ごめんなさいと言っておいて』と、風子さんが別れ際に漏らしていた」と言い、「不幸せになるのが分かっていても、どうしようもなかったのね。でもきっと立ち直るよ、あの娘」とさくらは振り返る。


それからしばらく時がたち、空に入道雲が湧きあがる頃、風子からさくらに便りがあり、あれからすぐに北海道に戻り、しばらくおばさんの家でぼんやりと過ごして、思い出すのは寅さんやさくらさんたちのことばかりだったが、前に一緒に働いていた真面目だけが取り柄の男性と再会して、おばさんが彼を気に入り、あれよあれよと言う間に結婚することになったから、寅さんの代わりに中標津の養老牛温泉で挙げる結婚式に来てほしいというのだ。

さくら一家を出迎えた車の中の雑談では、弟子屈にいる寅から電話があったが、養老牛に出るにはバスでも回り道になって四時間もかかり、山越えとなると凶暴な熊が出るという話だった。一行が式場の旅館に到着して、風子たちの歓迎を受けていると、町のスピーカーから「熊が出た」との通報がなされ、猟友会の面々が鉄砲を持って待ち構えている中、何と山越えしてきた寅を熊が追ってきて、ハラハラして見守る風子やさくらたちから「死んだふりをしろ」と言われて、寝そべった寅を熊が相手にしなくなったところはお慰みで、駆け寄って来た風子に寅は「風子ちゃん、よかったなあ。結婚するんだってなあ、まじめな男と」と言いながら、博が「足の先から血が出ている」と話し、満男から熊がかぶりついて半分になった草履を見せられると寅は気を失い、病院に運ばれる。辺り一帯は、北海道の雄大な原野の面影を残す空間がどこまでも広がっていた。

青年と娘の修羅場が省略されて、一挙にハッピーエンドとなる娘の結婚へと話が飛んでいるので、どこか肩透かしを食らわされたような、もやもやした気分が残るのが玉に疵といった作品である。

これを要約してみると、釧路で寅が散髪している店に理容師として雇ってほしいと娘（中原理恵）が現れ、断られてしょんぼりしているところを寅が慰めると、フーテンの風子と呼ばれていることを知って気心が通じ合う。根室にいる伯母の世話で理容師としてまた勤め出した頃は、「寅さんがもう少し若かったらお嫁に行っていたのに」と言うほどだったが、旅回りのオートバイサーカスの青年（渡瀬恒彦）に付きまとわれているうち、一緒に東京に出てきた彼女は急病で寝込んでしまう。寅さんに会いたがっていると青年がとらやに訪ねてきて、見舞いに出かけた寅は彼女を引き取って地道な結婚をするよう諭し、青年には渡世人同士の仁義を尽くして彼女から手を引いてもらいたいと頼みに行き、「遊び人だから」とそうしたと言う寅に、彼女から「寅さんだって遊び人じゃない。二人のことは自分たちで話し合って決める」と余計なお世話だと反発される一幕もあるが、寅が彼女の結婚相手は真面目な理容師の男がいいと家族と話し合っていた通りに、根室に戻った彼女から結婚の知らせが届く。さくら一家が式に出席すると、山越えで熊に襲われかかってすんでのところで一命を取り留めた寅が現れて、めでたしめでたしとなるが、青年と娘の修羅場が省略されて一挙に娘の結婚へと話が飛んでいるので肩透かしを食らわされたような気分になるのが玉に疵といったところだろうか。

男はつらいよ　寅次郎真実一路（第三四作）（一九八四年）（寅♥大原麗子）

結婚したばかりのタコ社長の娘あけみ（美保純）が、「自分の作った料理が不満で、夫が流しに捨てた」と憤慨してアパートを出てきて、とらやの面々がなだめてようやく帰ろうとしていた矢先に、寅が現れてあけみの肩を持ったものだから、怒ったタコ社長と派手なけんかになり、騒ぎを聞きつけた御前様が仲裁に入るほどだった。

けんか両成敗ということで御前様に散々叱られた寅は、上野に飲みに行ったものの手元に金がなく、さくらに「もう二度とこんなことはしないから」と無心の電話をするが、「何遍も同じことを聞いた。もう信用しないから」と言われて、すぐには手配できないでいると、隣にいた中年の男（米倉斉加年）が「それでどうなるんですか」と聞けば、「警察行きとなって、一日留置場に楽しく泊まって、翌朝妹が迎えに来るといった図式になるのかな」と話して、「どうせ泊まるなら豪勢にやるか」と寅が更に注文すると、相手も笑い出す。すっかり意気投合して、相手の出身地は鹿児島と分かり、その話題に入りかけたところで、「今日は時間がないから」と、手渡した名刺には課長とある男は、「近くに来たら寄って」と言って、寅の勘定まで持って帰っていく。

酔っぱらってさくらの家に厄介になった翌朝、寅はさくらの夕べの冷たい態度を非難して、「この人に助けられた」と名刺を出せば、博から「一流証券会社ですよ」と言われて、「品物を持ってお礼に行ったほうがいい」とアドバイスされる。日本橋の本社に出かけた寅は、何のてらいもなく、取り込み中の課長をバナナを持って訪ねていく。「どこかでお会いしましたっけ?」と出て来た課長は、「ああ夕べの」と気づき、寅の誘いにも「今日も仕事で遅くなるから」とやんわりと断れば、「俺、暇だから」と言う寅を応接室で待ってもらうことにするが、夕刻になり、あまり待たせるので会議中のところへ寅が乗り込み、課長が慌てて席を外し、「何でしたら今日は」と言うのを寅は制して応接室に戻る。寅が手土産にしたバナナを食べながら会議は続き、寅が応接室の長椅子に寝そべっていた頃、九時になってようやく課長が現れて起こされる。再び夕べの続きが始まり、酔った課長が故郷枕崎の昔話を何度も繰り返すうち、泥酔した課長に誘われて茨城県の牛久沼の家に一泊すると、奥さん(大原麗子)からとらやに連絡が入り、おばちゃんは「今度は何をしでかすのか、あの男」とぼやく。

翌朝六時に課長は自転車に乗って駅に向かい、ようやく起き出した寅は美人の奥さんに驚いて、酔っぱらっていた時と同じ挨拶をして、息子も学校に出かけて二人きりなのが分かると、寅は慌てて家を飛び出す。忘れたお守りを奥さんが走って持って来て、「また暇な時にね、寅さん」と言って見送る。課長は会社一筋で、美貌の奥さんと一人息子は置いてけぼりの毎日なのだった。

とらやに帰った寅は半ば放心状態で、奥さんを「花にたとえれば薄紫のコスモスで、ああもったいない」とつぶやき、課長の朝早くから夜遅くまで仕事と通勤に縛られる生活を「ああもったいない」と嘆く。自分だったら一日中ずっときれいな奥さんを見つめているというのだ。

タコ社長は「惚れても仕方ないよなあ、人妻なら」と冷やかすと、「俺が惚れていると言ったか」と反発する寅に、「顔に書いてある」と言えば、「するめみたいな女房を持っている者に、俺の話が分かる訳がない」と返したものだから、「羨ましいだろうな。女房の持てない奴には」と寅の最大の弱みを突いたいつもの捨て台詞を吐いて、タコ社長は帰っていく。

ある日、そんな暮らしに疲れ切った課長は、会社に向かうはずが東京駅近くの喫茶店からタクシーに乗り込み、失踪してしまう。寅がもしや行き先でも知っているのではと奥さんからとらやに電話があり、会社も訪ねて気を落とさないように部長に慰められた奥さんがバスを降りると、課長が病気だと知らされた寅が近くの土手でお見舞いを持って待っていて、奥さんから真相を聞く。奥さんは「夫婦でありながら、主人のことを分かっていないことにびっくりしている。会社にいる時間のほうが長いんだから」と言い、「もしかして主人に女の人が?」と聞く。「課長はそんな人じゃない。そのことだけは安心していいよ」と寅は即座に否定する。長居は無用で、近所の目もあるからと、寅は何でもすることを約束して柴又に戻る。寅はおいちゃんに「課長を探しに出かけるから、有り金を貸してくれ」と言って大げんかになり、金庫を開けてみればすっからかんも同然で、「跡取りの人間がまともだったら、こんな情けないことにはならないんだ」とおいちゃんとおばちゃんはぼやく。「事と次第によっては、お金を出してもいい」とさくらが言って尋ねると、「小岩の拝みばばあに北海道にいると言われたから、北海道に行く」と言う寅に、「相手からの連絡を待つしかない」とさくらがいさめ、博が「万一の事態が起きた後の、夫を亡くした美しい奥さんの悲しみがどれほど深いかを考えて対応すべきだ」とアドバイスすると、寅は「これからその後のことについて、じっくり考えてみるよ」と、またまた夢心地になる。そんなところへ、奥さんが息子を連れてとらやにやって来て食卓を囲み、「こういう生活が幸せというものかもしれないね」と言いながら、満男と息子が並んで文化の日にちなんで『里の秋』を斉唱しているうち、奥さんの目から涙が伝う。どんどん前のめりになっていく寅を心配して、さくら夫婦は「何としても課長には生きていてもらわなければ、それが奥さんのためでもあり、お兄さんのためでもある」と頷き合うと、一緒に頷く満男を「大人の話に首を突っ込むな」と叱る。

課長が鹿児島にいることが分かって、奥さんがとらやに飛行機で出かけることを伝えると、寅も一緒に行くと言い出して、タコ社長から五万円の借用書を書いて用立ててもらい、枕崎に向かう。

実家に泊めてもらうことになるが、寅は奥さんから会社の部長として紹介されると、ボケが進行した父親は課長が戻って来てもこの家には入れないと、突然なぎなたを振り回して寅を追いかけ、夜の会食では地唄を口ずさみながら日本刀を振りかざして、再び寅はほうほうのていで逃げ出す。

翌日、嫌がる運転手（桜井センリ）と料金を交渉したタクシーで寅は奥さんと乗り回り、課長がよく懐かしがっていた丸木浜に出て、中学生の時病気療養をしたことのあるうなぎ温泉に来て、ようやく一週間前に車寅次郎名で二泊して一日中魚釣りばかりしていたことを突き止める。「疲れたので、どこか泊まらない？」と奥さんに言われて旅館に入り、明日は同じく懐かしがっていた霧島に行こうと計画するが、奥さんは「今日一日寅さんとあっちこっち探し歩いただけでも、ここまで来てよかったと思っているの」と感謝し、「あのきれいな海や静かな温泉を見た時、今まで気づかなかった主人の心の奥を覗いたような気がするの」と回顧しながら、「どんなことがあっても覚悟している」と泣く奥さんを寅は力づける。奥さんの肩に手をかけたところへ、宿の者がタクシーが迎えに来たと伝えに来て、

「タクシーの運転手の家に泊まることにした」と言う寅に、「どうしてそんな遠慮するの。もう一つ部屋を取ればいいじゃないの」といぶかしがる奥さんに、「好きであんな奴の所に行くのではありません。旅先で妙な噂が立っては、課長に申し訳ないと思って」と、密かに思いを寄せながらも世間の目を意識して一線も二線も画した間柄を保とうとする寅に、何もそこまでしなくてもと奥さんがあきれ加減に、「つまんない、寅さん」とつぶやくと、寅は「俺は汚え男です。ごめんなすって」と、部屋を出入りするふすまと押入れを間違えながら立ち去っていく。

翌日、雄大な桜島を眺めながら、奥さんが「もう帰ろう」と言い出して、寅も同調する。

とらやに帰った寅が「己は醜い」と言っていた様子をさくらが御前様に伝えると、「己の煩悩に気づくことは一つの進歩です」と感慨深げだったが、当の本人は朝ごはんも食べずにうんうんうなってばかりだという。高いりんごを買って寅の見舞いに行ったあけみは、「顔は三枚目でも心は二枚目だと励ましたつもりが怒られた」と、その気難しさを嘆き、とらやの面々に同情する。

博は「人妻に恋するあまり、蒸発した課長が帰ってこなければいいと、心のどこかで思っている自分に気づいて、ぞっとしているのかな」と思いを巡らす。タコ社長が出てきて、「いくら惚れても人妻じゃあな。旦那が死んで未亡人になれば話は別だけど、そうはうまくはいかないものな」とほざいて、おばちゃんから叱られていると、旅支度した寅が二階から下りてきて、「俺も罰当たりな男だよ。俺は醜い」とうなだれる寅に、「自分を責めないでください。自分の醜さに苦しむ人間はもう醜くはありません」と博がなだめ、さくらが「御前様もそれは進歩だって」と付け加える。

「それをはなむけにして他国の空であの奥さんの幸せを祈ることにし、万一のことがあったら牛久沼の奥さんと子供の面倒を見てやってくれ」と寅がさくらに頼んで出かけようとすると、ひょっこり訪ねてきた無精髭の課長とぶつかる。奥さんへの連絡はまだだと言う課長を叱り飛ばした寅は、電話が繋がらなかったため、タクシーで課長と同乗して家に向かうと、出てきた奥さんと息子は課長の身体を叩きながら泣き崩れる。その間、寅は川辺に立って、釣り人に声をかけながらじっと考え込む。

帰りが遅いと案じていると、土浦にいる寅からとらやに電話があり、そのまま旅に出ると言い、さくらに「よかったね、ホッとした?」と聞かれて、寅は「ホッとした」と胸を撫でおろし、風が吹き、枯葉が舞う夜道をかばんをぶら提げて駅に向かっていく。「何だか可哀そうだね」と言うおばちゃんの言葉が全てを物語る。

正月になると早々に、おせち料理を作ってもハムしか食べない亭主に業を煮やして、もう別れてやるとあけみは気炎を上げ、タコ社長まで同調して周囲がなだめている中、課長の奥さんの年賀状には、「退職を免れた夫が十二月一日付で土浦営業所に転勤になり、仕事の忙しさは相変わらずでも、主人が身近にいる人のように思える。寅さんのことはいつも話題になる。今頃どうしているのでしょうか」と書いてあった。ようやく枕崎の田舎に似たゆとりのある暮らしが戻ってきた課長とは対照的に、その頃寅は、とある駅のベンチで汽車が来るのを寝そべって待っていたが、相棒からもはや廃線となって枕木だけとなった線路を見せられて、「お互い馬鹿だな」と笑い合って、飛行機に切り替えようと線路づたいに歩いていた。

ついでながら、司馬遼太郎さんは、「この間ね、高橋義孝先生がいっていたのですがね。サラリーマンには、家庭以外に楽しみがないのだから、いい女房をもらったサラリーマンが、一番幸せになれる。（中村武志）」という語録を、『ビジネスエリートの新論語』に採用し、サラリーマンは、「楽しい家庭を作るためにのみ彼らは昼間アクセク働く」「家庭にコンパスの針を置いて円をえがく人生者だ」と規定して、「女房の味をもっとも知りつくて死ねるのも、サラリーマンならではの役得」であると述べる。その理由として、「家庭生活に割かれる時間が十分すぎるほどある」ことと、「仕事が家庭生活の密度をこわす場合はまずすくない」ことを挙げて、「サラリーマンはいわば家庭を創る芸術家」であり、芸術家が「芸術を創ることに懊悩辛苦する」ように、「サラリーマンもよき家庭を創ることに、不断の努力が必要」であり、「家庭という創造にすぐれた作品を生みさえすれば、その豊かさと意義にかけては、大芸術家の一生と何ら差異はない。だからこそよき合作者をえらぶことはサラリーマンの人生にとって最大の事業といえるだろう」と結論付けている。

多くは働き蜂の会社一辺倒の生活で、家庭を顧みる余裕すらないのが一般的なサラリーマン像でもあるが、それとは真逆の、これほどまでに完璧に家庭生活の本質とその心構えをストレートに剔出《てきしゅつ》した文章をこれまで読んだことがなかった。

歴史小説の主人公の多くは、こうした地道で確かな生き方とは正反対の、「英雄色を好む」をまさに地で行くかのように活写する、この大歴史小説家の文章の魅力に感動させられて、そこに男の生き方の理想を見たかの如く惑わされてしまうことの弊害すら思い合わされてくるほどだった。

家庭生活という一世一代の芸術作品を仕上げるとなれば、この大仕事に着手するには、製作時間に余裕が持てて素材がまだ純粋で汚れの少ない二十代、それも二五歳前後が最もふさわしかろう。あれこれと右顧左眄することなく、無我夢中で人を愛して、損得感情など念頭になく、真一文字に情熱的に突き進めるのはその時ならではの若者の特権でもある。それがいかなる結果を招来しようとも、どこまでも己を納得させるものは、他人の客観的な見方などにはなく、あくまでも自分の主観の中にあるのだ。そうでなければ、力強く雄渾な芸術作品には到底仕上がるまい。

早く身を固めた者からは、まだ無役であってもどこか落ち着いた雰囲気を漂わせる中から、人生の自信のようなものが伝わってくる反面、結婚が遅かった者からは、もう少し早く結婚すればよかったといった多分に後悔にも似た話を後年になってから聞くことも多い。さらに、スタートが遅れて抱える負担や苦労を思えば、結婚も「若い頃の苦労は買ってでもせよ」ということであろうか。

これを要約してみると、飲み屋の支払いができずに警察行きを覚悟している寅に同情して一流証券会社の課長が肩代わりした縁から二人の交流が始まるが、激務の課長は退社時間もままならない。課長は会社に訪ねて行った寅を九時過ぎまで待たせた後泥酔して牛久沼の自宅まで連れ帰るが、翌朝は六時には家を出る会社一筋の人生で、美貌の妻（大原麗子）と一人息子は置いてけぼりの毎日だったが、ある日出勤途中から急に失踪してしまう。妻からの連絡を受けて寅が相談相手となり、課長の生まれ故郷の鹿児島に同行し、人妻に密かに思いを寄せながらも、常に世間の目を意識して一線も二線も画した間柄を保つ寅に、妻は何もそこまでしなくてもとあきれる始末だった。妻の心配は女の人でもいるのではということだったが、人は見かけによらずと言うけれどあの課長の人柄ならそんな間違いを犯すような人ではないと寅は断言してみせる。車寅次郎名を宿帳に書いて宿泊した課長の足跡はつかめてもなかなか見つけられずにあきらめて帰った矢先、とらやにひょっこり訪ねてきた本人を寅が連れて行くと、家族は泣き崩れて元のさやに納まり、課長は退職を免れて土浦出張所勤務となり、ようやく枕崎の田舎に似たゆとりのある暮らしが戻ってくる。

男はつらいよ　寅次郎恋愛塾（第三五作）（一九八五年）（寅♥樋口可南子）

中学校からとらやに帰ってきた満男が、「お父さん、中学校の頃何になりたいと思った？」と博に聞く。弁護士だったが、不良になって成績が落ちて、結局印刷工になった話をすると、満男は「音楽家になりたい」と先生に言ったら、「そんな夢みたいなことを考えないで、もっと足元を見ろ」と馬鹿にしたように笑われたというのだ。

博は、「夢を見ることはちっともおかしくはないが、それが苦手な数学や理科をやりたくない逃げの気持ちから出ているなら話は違う。好きなことをやれば個性的になるというものではなく、嫌いな科目で苦労して取り組んでいく中から、自分で自分の個性を作り上げていくその過程を、先生や親が見守ってやることが大事で、安易に個性的なんて言葉を使わないでほしい」と正論を吐いていたところへ、寅から電話があり、さくらが「今どこにいるの？」と尋ねると、「長崎にいて、いい所だから二、三年したら帰るよ」とのんきなことを言う。「いいな、おじさんは個性的で」と羨ましがる満男におばちゃんは、「馬鹿、寅のようなのは個性的ではなく、でたらめと言うんだ」と笑わせる。

その寅は上五島へ渡るが、手押し車を押しながら歩いていく腰の曲がったおばあさんが転倒するのを目撃した寅と相棒が駆け寄り、家まで送ると、孫娘が東京に出て行って独り暮らしのおばあさんから、神様に守られているから寂しくないというその家に招じ入れられる。

冷たい水を出されたのかと思って一気に飲めば焼酎で、つまみの刺身は相棒が板前修業の経験を活かし、楽しく酒盛りをして寝入っていると、小便に立った相棒がおばあさんが苦しそうなので尋ねると、「神父様を呼んで来てくれ」と言ってると寅に話す。さっそく医者と神父様を呼びにやるが、おばあさんは「楽しい晩を過ごさせてもらってありがとう」と寅に感謝すると、枕元のロザリオを寅から渡してもらい、「寅さんにも神の恵みがありますように」と祈るように言うと、そのまま事切れたような様子に、死んじゃうのかと寅は怯える。明け方に静かな最期を迎えたというおばあさんの、墓堀りの役目を寅たちは任されるが、その弔いの日に東京から若菜（樋口可南子）が教会に駆けつけてくる。

讃美歌が合唱されて式が厳かに執り行われる中、やくざ稼業の長居するところじゃないと、寅たちが教会を出ようとするのに気づいた喪主の若菜がお世話になったお礼を言いに来て、寅が香典を手渡すと、「最後の晩のこと聞きたいので、またお手紙します」と言って若菜は式場に戻っていく。見とれる相棒の急所をこずいて立ち去るところは、いかにも寅らしい。

島の宿屋に泊ると、墓を掘ってもらったからと、おかみさんからのサービスのお酒がついた。その若い従業員の話では、「おばあさんの一人娘は大変な美人だったが、東京から来た男に騙されて、子供を作ったものの男は逃げて、島の皆に陰口をたたかれて、海に身投げしてしまった」と言う。「カトリックでは自殺は罪で、おばあちゃんは一生苦にして気の毒だった」と語る。

そこへ風呂から上がってきた相棒が、部屋を出ようとする従業員にいちゃついて嫌がられた後、「あの孫娘。いい女だったな」とほざくと、寅の怒りを買い、「お前が死んで、お前の娘をどこかのスケベ野郎がそう言ったら、棺桶のお前はそれで腹が立たないか」と言えば、「俺の娘はそんなタマじゃない。偉そうな口をきく前に、娘を持ってみな。女房も持てないくせによ。お前、あの娘に惚れたのか。いい年こきやがって」と相棒がけつをまくったため、寅は「それを言っちゃおしめえよ。お前の顔は二度と見たくない」と部屋を出て、「勘定は相手に回せ」と言って、宿屋を引き払ってしまう。

一方、タコ社長の娘のあけみは、柴又での買い物を口実にとらやに寄って、さくらに「結婚って何だろう」とぼやき、勤めから帰って来ても、ろくに口も利かずに、相手が寝てしまうだけの毎日に疑問を持ちながら、「寅さんに会いたいなあ」と言っていると、ひょっこり寅が帰ってきて、しきりに手紙が来ていないか尋ねる。折よく郵便配達が若菜の手紙を届けに来て、会葬のお礼の型通りの葉書の他にもう一枚、「再会できる日を楽しみにしています」とあって、すっかり上気した寅は、月曜日は近所の床屋は休みと言われて、ならば上野へと出かけていく。


その足で、コーポ富士見とは名ばかりの安アパートに若菜を訪ねると、あまりの突然のことで誰だかおぼつかなかった風だったが、若菜が部屋を片付けてから寅を招き入れた、その階下には若菜に熱を上げている秋田から出てきた司法試験受験勉強中の青年酒田（平田満）が住んでいた。

寅があの晩相棒がおだてておばあさんと炭坑節を一緒に踊った話をすると、「ラッキョウ食べさせられたでしょう」と若菜が言い、「嫌いだけれど仕方なしに食べて、ラッキョウ屁が出た」と言う寅と笑い合っていたが、「きっとおばあちゃん、嬉しかったのね。よかった」と泣く若菜に、「親父とおふくろさんのこと聞いたよ。いろいろ苦労してんだものな」と寅が言えば、「選んで生まれてきた訳じゃないから、気にしないことにしているの」と若菜は気丈に答える。

寅は若菜が印刷会社に勤めていて写植の機械があるのを知るが、「今回のことで休みが長くなって、有給休暇でもぐちぐち言う会社に居づらくなって辞めたけれど、失業保険もあるし、内職でもすれば食べることぐらい」と強がる若菜に、「ちゃんとした勤め口探せよ」とアドバイスして帰ろうとすると、「車さん」と呼びかけられて「買物に行くから一緒に出よう」と言う若菜に、「車さんではなく、寅さんと呼んでくれ」と、すっかりいいムードになる。そんな雰囲気を階下で察している青年は、勉強も手につかなくなり、気が気ではない。

夜も遅くなってとらやに帰った寅は、さっそくタコ社長に「人手が足りなくないか」と聞けば、「余っていて首にしたいくらいだ」と言われて、印刷工の博に矛先を転じ、「写植をする二五、六の人だが、面倒見がよく社長はスケベでなく、社員も相談事に乗ってくれて、早出残業もなく夏冬のレジャーができるような会社を探してくれ」と頼み込む。

博は男で写植は珍しいなと勘違いするが、それが女だと分かれば、寅のまた恋物語の始まりで、「いっそ自分が社長になって会社を興すのが一番いいか」と寅は途方もない夢を膨らませる。

寅は「訳あってキリスト教に宗旨替えする」と申し出ていて、「幸せになるなら何を信じてもいいが、キリスト様が見放したらあの男もおしまいだな」と御前様はつぶやいていた。

一方、若菜の再就職は、いい会社にいただけになぜ辞めたのかといろいろ聞かれて、面接試験も思わしくなかった。寅は若菜を訪ねていくが、不在の彼女を待つ間、ノートに若菜の名前を書くばかりで勉強に身が入らない青年の部屋に立ち寄り、寅が青年をさしずめ将来の遠山の金さんになぞらえてみせても、彼を知らないのに驚き、ノートを取り上げて挟んでいた若菜の写真を見つけると、「お前、惚れているな。でも恋愛には向かない顔だ。この外国人と一緒」と、ベートーヴェンの肖像画を指差す。青年が「確かにこの人は失恋を乗り越えて、偉大な芸術家になりました」と補足すると、「お前も恋愛はあきらめて、しっかり勉強して、そこそこ偉い人間になれ」と寅が励ましているところへ、若菜が帰ってきて元気のない様子に、「一杯やろう」と青年を置き去りにして出かけていく。

収まらないのは青年で、親元から荷物が届いても連絡もないのに心配して寄越した電話にも素っ気なく、とうとう本郷の大学の先生（松村達雄）の所まで相談に行って、司法試験に自信がなく、若いきれいな女性の面影が付きまとって悩んでいると打ち明ける。先生は「君は恋しているのか。やめなさい。時間の無駄だ」と一蹴するが、「男と女が愛し合う素晴しい感情が、偉大な芸術を生み出したことを先生はお認めにならないのか」と反論する青年に、「いっそ、その人と結婚したら」と先生が匙を投げかけると、「そんなことが簡単にできるなら」と青年はさめざめと泣く。

博の紹介で、ようやく若菜が写植の仕事で会社に入る話がまとまり、「紹介した手前、本人にも会っておきたい」と言う博の考え通り、折よく柴又に若菜が寅を訪ねて遊びに来て、とらやに入る前に、満男に周辺を案内させると、寺では「キリスト教だからお参りしない」と言う若菜を見て、御前様は寅の改宗は「そういうことか」と分かり、「困った」と嘆く。江戸川の土手に案内すると、博たちがソフトボールをやっていて、選手が足りないからと仲間に入れられると、若菜は見事に捕球し、大きな当たりを放つ。その後、渡し船に乗って野菊の墓まで行ってきたという。

風呂で汗を流して浴衣姿になった若菜は、就職も決まって明るさを取り戻し、さくらも両親がいなかったため大きな会社ではハンデになった苦労話をすると、「寅さんも苦労したでしょう就職」と若菜に同情された寅は、「大手の企業はあきらめて、中小企業は向こうから断ってきて、個人企業と言うか、現在に至った」と話すと、満男まで巻き込んで大笑いとなる。若菜は、「私、不思議でしょうがないの。おばあさんが道で転んだのがきっかけで、こうして皆さんとお知り合いになって笑っているのが」とはにかむように寅に言う。寅は「おばあさんが言っていたじゃないか。神様のお導きですよ」と応じると、若菜は「寅さんのお導き」と言えば、「それは車引きのほうじゃないか」と寅はとぼける。

ソフトボールをした印刷工場の仲間がとらやに集まって、そうめんを食べて打ち上げをした後、寅とさくらに送られた若菜は、「あんなに大勢で食べたことないんだもの」と余程嬉しかったらしく、寅が「食べようとすると、若菜さんに食べられて二、三本しかなかった」などと笑い合って、お土産にさくらが持たしたお団子のほうはあの青年に渡すように言い、「あの青年は若菜さんに惚れているが、本人は気付いていない」と青年を哀れむようにからかうと、「一年半も前から気づいています。あの人会うと怖い顔するの」と若菜が言えば、「自分の気持ちをうまく表現できない人っているわね」とさくらも同調し、「どういう事情か知らないけれど、真剣に恋している人をからかうのは、お兄ちゃんらしくないわ」と後でさくらは寅に釘を刺す。

ある日、寅は酒田青年を伝通院の境内に呼び出すと、若菜さんに惚れているかいないかを確かめて、青年が「一方的でも惚れています」と答えると、「今度の日曜日に三人で映画に行くことにして、当日自分は腹痛で行けないことにするから、二人でデートしろ」と提案する。「法曹を目指す人間として、人を騙すようなことはできない」と言うので、「さよなら」と寅が立ち去ろうとして呼び止められると、「俺はお前の幸せを願ってわざわざ足を運んできた。お前は秀才かもしれないが、色恋の道にかけてはひよっこも同然だから、俺の言うことを黙って聞け」とデートの心得を伝授する。

「まず映画でも見るかということになっても、いきなり手を握ったりするな」から始まり、「映画の後はレストランで食事となるが、できるだけ楽しい雰囲気で、間違っても法律の話はせず、しゃべりすぎず黙りすぎず、できればあの娘にしゃべってもらって、お前はニコニコ話を聞いている。その後は公園の散歩で、あの娘の歩調に合わせてゆっくり歩いてやる。梅雨時だから雨が降ってくるかもしれない。アパートへ帰る。あの娘は別れがたい気持ちになっている。よろしかったら、私の部屋に寄らない」と続けると、即座に「いいえ、結構です」と言う青年に、「そういう返事はしない」と寅は諭し、そして紅茶でも御馳走になりながら、お前の言葉はただ一つ、「若菜さん、愛しています」の殺し文句でとどめを刺すことになるのだが、自信がなさそうに帰る青年を「お前の人生はそこにかかっているんだぞ」と寅は念を押す。

その後で博は「珍しく寅に誘われて飲んだ」と言い、「お兄さんは二人の仲を取り持とうとしているけれど、お兄さん寂しくないのかなあ。恋してるんだから」と博は気の毒がる。さくらが「お兄ちゃん、余計なことをして、かえって駄目になることもあるんじゃないかしら」と心配すると、「お兄さんのコーチじゃな」と博は含み笑いしながら、「僕だってお兄さんのコーチを受けたんだから」と笑い合い、満男に「その話教えてやろうか」と言えば、「聞きたくない」とまるで相手にされなかった。

さて、三人で映画を見に行く約束をしていた当日、京成上野駅で待ち合わせると寅は現れず、若菜がとらやに電話すると、すぐに寅が出て、「腹痛なので二人で行ってくれ」と言われた若菜は、「病気なら二階で寝ているのでは」と不思議がると、「仮病だったりして」と真っ正直な青年が裏工作を暴露しそうになり、店の通りすがりの女性に水を要求して客だと言われて慌てている様子に、若菜は勘づいた面持ちだった。生演奏の音楽を聞きに行くが、あくびを連発する青年に、「夕べ遅くまで勉強を」と若菜が尋ねると、「よく眠れなかっただけです」と青年は答える。

レストランに入ると、色とりどりのイルミネーションが輝く様子を、「海みたい」と若菜が海で育った子供の頃の思い出を語れば、青年は八幡平のふもとの鹿角で山ばかり見て育ち、蜂の子を取るために地蜂を追いかけた子供の頃の話を、立ち上がって身振り手振りで実演さながらに説明し、最後は地蜂に刺されて顔が膨れあがって小便を引っ掛けたと話すと、周りの客も笑い出し、「寅さんにレストランではあまりしゃべりすぎるなと言われたんです」と白状した青年は、ウイスキーの水割りを急ピッチで呷ること、呷ること。公園のベンチに並んで座っていると、雨が降り出して相合傘で帰る。

その頃、寅は茶の間に寝っ転がって成行きをあれこれ想像していたが、想定していた通りの展開になりそうで、ああ嫌になったとうなだれるのを、タコ社長の娘あけみが遊びに来ていて、「今の亭主と別れて一緒になってあげようか。私、人妻になって初めて寅さんの魅力が分かったんだもの」と体をなでさすり手を握って慰める様子に、周囲は真顔で慌ててしまう。寅が、「それはできない。お前と一緒になったら、タコ社長をお父さんと言わなきゃならないなんて。死んでも嫌だから」と余裕のあるところを見せれば、タコ社長に「俺だって経営者の端くれだが、お前みたいな遊び人を息子と呼べるか。冗談じゃない」と本音をぶつけると、いつものような二人の取っ組み合いの大げんかに発展する。

さて、こちらの二人は雨の中をアパートに帰ると、雨に濡れた青年の服をハンカチで拭きながら、「お茶でも飲んでいかない、私の所で」と若菜に誘われた青年は、「じゃ、ちょっとだけ」と応じ、管理人夫婦が俄然注目する中、紅茶を用意しながら若菜は、「寅さん、仮病使ったでしょう」と言い、「ホントはいつかこんな晩が来るんじゃないかと思っていたの」と告白する。「いいわよ、泊まっていっても」と覚悟したように話し、「私、初めてじゃないのよ。結婚しようとお互いに約束して、それで裏切られて自殺しようとしたこともあるの。十九の春に」と問わず語りに打ち明けている頃には、青年は白河夜船で、こっくりこっくりといびきをかいて眠っている状態だった。こんなショッキングな話は、むしろこうして結局聞かなかったほうが、純情無垢な青年のためだったのかも知れない。

翌朝、とらやに青年が報告に来て、「ちょっと寄っていかないと言われたところまではよかったのですが、暖かい部屋のソファーに座ったら、何しろ前の晩は一睡もしていなくて、水割り五杯も夕食の時に飲んだせいで、急に睡魔に襲われてあの部屋で寝てしまって、気が付いたら朝でした」というのだった。さくらが、「それで若菜さんは？」と聞くと、「多分大家さんの家で寝たんだと思います」と答える。「どうしたらいいんでしょう、寅さん」と聞く青年に寅は、「終わりだよ」と厳しい表情で宣告する。「生理的に限界だった」と言う青年に、「惚れた女の部屋で居眠りをするなんて、恋する資格なんてないんだ。恋はそんな甘いもんじゃない」と寅は叱り飛ばす。

「お前は秀才だか何だか知らないが、夕べのお前の行為は、若菜さんに女として全然魅力がないと言ったのと全く同じなんだ。若菜さんがどんなに傷ついたか」と語気を強める。「どうすればいいんですか」と問う青年に、「死ぬんだよ、俺だったら今すぐそうする」と寅は言い放つ。

慌てる周囲には、「あれくらい言ってやらないと、分からないんだよ」と言う寅だったが、「お世話になりました。さようなら」と、青年はうなだれて帰っていく。さくらが追いかけて、「あなたのしたことは、取り返しのつかないことじゃないと思う。女って男とは違って別の受け取り方をするものよ」となだめるが、青年は「寅さんの言う通りです」と答えるのみで、全く聞く耳を持たない。

大学の先生に青年から電話があり、「全てをあきらめて秋田に帰る」との通告を受けた先生は、「早まるな」と大慌てで青年のアパートへ向かうが、中年の管理人のおばさんに尋ねると、「急に秋田に帰った」と聞かされて、「あなたが恋人か」と亭主持ちのおばさんを疑っているところへ、やって来た若菜は、先生から「思いつめると何をするか分からぬ男です。居場所知りませんか」と詰問されると、すぐに寅に連絡を取る。青年の部屋には「諸君、喜劇は終わった」と落書きされ、ベートーヴェンの肖像画にはバツ印が付けられていて、若菜が見つけた書き置きには「さようなら　幸せになってください　民夫」と書かれていた。

知らせを受けた寅は、「あの野郎、真に受けやがって。しかし、大丈夫だ。人間そう簡単に死にはしないから」と言いながら、先生と陸中花輪駅に酔っぱらった状態で到着し、先に着いていた若菜にあきれられるが、青年の実家の造り酒屋で尋ねると、実家に寄らず山歩きしている青年と出会った人がいて、捜索隊のジープが先導して現地にタクシーで向かうと、山中の青年は渓流の岩に座って飲もうとしていた錠剤を体勢を崩したはずみに流してしまう。ガスが立ち込める岩間をさ迷っていた青年は、着のみ着のままでようやく草原に出るが、草履ばきの寅に山歩きは無理だとリフトを動かしてくれて、気分が悪くなった先生を置いて寅と若菜がリフトに乗っていると、若菜が青年の姿を発見する。

若菜が「どうして黙って出て行ったの。馬鹿ね」と呼びかけ、寅は「若菜ちゃんはな、お前のこと愛しているって」と声を励まし、「ホント！」と若菜が頷く。リフトの父親からは、「なんぼ心配したか分かんねえぞ。結婚するならするで、はっきり言わないか。親に恥かかせやがって。町中の噂になっているぞ。死んじまえ。ご先祖様に何と言うか」と叱責される。

青年からは手紙が来て、「裁判官や弁護士は豊かな教養と伸びやかな精神の持ち主でなければならないのであって、自分のような未発達でアンバランスな人間にはその資格がないと悟り、免許を持っているから中学校の先生になる」という。「向いているよ。ああいうタイプは、中学生に愛されるんじゃないか」と博は言い、「例の恋人とはどうなった?」と聞くタコ社長に、「もちろん結婚するのよ」とさくらが答えると、「幸せな奴だね。あの美人と」と羨ましがる。「きっといい夫婦になるよ」と博が太鼓判を押せば、「さくらたちみたいな夫婦にな」とおいちゃんが冷やかす。そこへ、お盆の供養に御前様が現れて、「寅はどうしてますか? 聞くだけ無駄ですか」と言いながら、仏壇に向かっていく。

その頃、寅はテキ屋稼業のついでに上五島の教会を再訪すると、神父に相棒が元気でいることを知らされる。出てきた相棒は、墓堀りをしてからというもの、全くツキが落ちてしまい、食い詰めて教会に忍び込み、燭台を盗んで御用になったが、警察で神父が「あれは盗まれたのではなく、差し上げたものです」と言ってくれて助けられてから、心を入れ替えて恩返しに働いていると打ち明ける。

寅は、神父にお礼を言い、「この男を一生奴隷として使ってください」と十字を切ってお願いし、「あなたにも神の恵みがありますように」と相棒に言い残して立ち去ろうとすると、相棒が「この辺で帰してくれるよう、お前からも頼んでくれよ」と必死の思いで追いかけて来て、寅にまとわりついて離れないところで幕となる。樋口可南子さんが実にすばらしく、いい女だと葬式の場も顧みずに相棒が讃嘆するのもよく分かる。新潟美人でもとりわけ定評のある加茂市の出身だという。

これを要約してみると、長崎の上五島を訪れた寅と相棒は手押し車を進めていた腰の曲がった老婆が転倒したのを助けた縁で、孫娘（樋口可南子）が東京に出て独り暮らしの家に泊めてもらうと、酒を飲んで騒いで休んだその晩老婆の具合が悪くなってそのまま亡くなり、キリスト教の葬式に写植をして印刷会社に勤める孫娘が来て寅と接点ができる。彼女は老婆の美人だった一人娘が東京から来た男に騙されてできた子供で、陰口を苦にして娘が海に投身自殺したため老婆に育てられていた。

彼女から来た手紙を頼りに訪ねていくと、彼女がその会社を辞めてしまったと言うので、寅はその再就職のため印刷工の博を通じて一肌脱いで、御前様にはキリスト教に宗旨変えすると伝えに行ったりしているうち、同じアパートに住む司法試験の受験に苦しむ青年（平田満）が勉強も手につかないほど彼女に惚れ抜いているのを知って、二人の仲を取り持つのにまた一肌脱ぎ、伝通院の境内に青年を呼び出してコーチした寅の指南通りにデートの成行きが進行して、前の晩一睡もできずに緊張してデートでウイスキーの水割りを五杯もあおっていた青年は、その帰りに初めて彼女の部屋に招かれたものの、「いいわよ、泊まっていっても。私、初めてじゃないのよ。結婚しようとお互い約束して裏切られて自殺しようと思ったこともあったの。はぁ…十九の春」と問わず語りに言う彼女を尻目に、いびきをかいて居眠りを始めてしまい、折角寅が伝授した「若菜さん、愛しています」の殺し文句を決めるどころではなくなって、すっかり面目を失う。

寅に事後報告してさくらになだめられながらもふられてしまったと観念した青年は、大学の恩師に電話をかけると故郷の秋田に向かう。鹿角の造り酒屋の実家にも立ち寄らずに自殺しようと持参した睡眠薬を体勢を崩して流されるなどして山中をさまようが、リフトに乗って捜索していた寅と彼女が青年を発見して事なきを得、青年は司法試験をあきらめて中学の教師の道を選択する。樋口可南子さんが実にすばらしく、相棒が「いい女だ」と葬式の際も顧みず讃嘆するのもよく分かる。

男はつらいよ　柴又より愛をこめて（第三六作）（一九八五年）（寅♥栗原小巻）

タコ社長の一人娘あけみ（美保純）が新婚間もないのに夫婦げんかして行方不明となり、社長がテレビの尋ね人のコーナーに出て、社長の態度に困惑するキャスターを制して、涙ながらにドタバタ劇を演じて訴えると、「柴又の恥だ」と陰口をたたかれる中、伊豆の下田にいた彼女から、「お父さんにみっともないことはしないでと言っておいて。寅さんに会いたいなぁ」と、とらやに電話がある。その頃颯爽と帰ってきた寅は、こうしては居られないと、タコ社長が財布をそっくり渡して手を合わせて拝んで見送る中、その足でそのままあけみを探しに出かける。そんな寅を満男は、「僕分かるよ、あけみちゃんの気持ち。おじさんのやることは、どんくさくて常識外れだけど、世間体なんて全然気にしないもんな。おべっかを使ったり、お世辞を言ったり、絶対そんなことしないもんな」と言い、博は「尊敬しているのか」と驚く。

蛇の道は蛇とばかり、寅はその手の仲間に手配にして、さっそくさくらという名前でバー勤めしていることをつきとめ、「僕とお茶を一緒に付き合っていただけないでしょうか」と声をかけると、驚いたあけみは寅にすがりついて泣く。「夕方の電車で柴又に帰ろう」と言う寅に、「戻りたくない」と彼女は反発するので、「二〜三日一緒に旅でもして、あいつの気持ちがほぐれたら、連れて帰るから」ととらやに連絡する。浜辺に出て座り込み、「愛ってなんだろう」と聞く朱美に寅は、「いい女がいたとする。男がそれを見て、いい女だからこの女を俺が大事にしたいと思うだろう。それが愛というものだ」と答えると、「どうして寅さんにお嫁さんが来ないんだろう」と身を寄せる。「これからどうするの」と聞くあけみに、「お前次第だよ。旅を続けたいなら一緒に行きます」と言うと、「ホント！ 私さっきから思ってたんだけど、あの島に行ってみたい」と言うあけみに、寅はタコ社長の財布を渡す。

その式根島に向かった連絡船で、小学校の同窓会に出席するという島育ちの一行と寅が合流し、「先生が二十二、三の頃に習ったから、もう三十半ばになる美人で、島のマドンナと呼ばれている」と聞いて、寅は「独りもん？」と身を乗り出す。十一人の仲間が二十二の瞳だと言って笑い合っていると、「俺一人が入ると、二十四の瞳だが、目がちょっと小さいから二十三半かな」ととぼけてみせる。

年季の入った自転車で先生（栗原小巻）が船着き場に出迎えに来て、教え子と一人一人言葉を交わしているところへ、寅が顔を出して、「あなた、誰だったかしら」と戸惑う先生に、「寅ちゃんです」との答えに混乱した先生は、「この人は船で一緒になったおじさんだよ」と言われて大笑いとなる。

寅はそのままあけみを置いてけぼりにして、島の迎えの車に先生と同乗し、あけみは出迎えの旅館の青年のオンボロ車に乗ると、青年が遠回りして島内の観光案内をしてくれて、岩間で温泉の湧く露天風呂を勧められて入浴するなどして投宿すると、寅も同じ旅館にいて、声をかけてもあけみはつれなかった。その旅館では、大学を卒業するとすぐに小学校に赴任して十五年になる先生を囲んで宴会が始まり、二十二の瞳の代表者の挨拶では、「きれいでいい匂いのする先生は、初恋の人で、社会に出てガールフレンドができても、つい先生と比べてしまうから、なかなか結婚できなくて困ってはいても、小学校の時に美しい思い出を与えてもらったことを幸せだと思っているが、先生には何度も東京に転任の話が合ったけど、親たちが反対して、先生は優しいからそれに負けて、この島におられるのは申し訳ないような気持ちがします。記念品として新しい自転車をお送りします」とお披露目があって、先生が「とっても嬉しいわ」と感極まっているところへ、寅が加わって『二十四の瞳』となり、思い出の歌を歌うなどして盛り上がった翌日、十一人を先生と一緒に送り出した寅は、まだ帰ろうとしないあけみのこともあって、「島の着任が長くなって、ふと気づいてみれば若いとは言えない年になって、今後の身の振り方に悩んでいる」と言う先生との、お互いに寂しさを感じ合うその語らいに恋心を募らせるが、旅館の青年が熱を上げて、船で海に連れ出し、島内を巡り、「そんなに気に入ったら、この島の人になってくれないか」とプロポーズするに及んで、「駄目。言いにくいんだけど、私、人妻なのよ」とあけみはやっと我に返る。

あけみから事情を聞いた寅は、翌朝授業中の先生の所に赴いて別れを告げると、「私の話を聞いてくだすって、ありがとう。楽しかったわ」と言われて、未練たらたらあけみと一緒の船に乗る。

御前様は、「寅も人様の役に立つようになったか」と感慨深げで、さくらが「旅の疲れが出たのか、寝込んでいます」と言うと、「あれもそろそろ卒業しないとな、恋愛のほうは」と先刻お見通しのようだった。「魚、海、女の先生は禁句だ」とあけみに言われて、とらやの面々は気を遣うが、下校した満男から「新しく来た音楽の先生が、女の先生で美人で」と言われた寅は、ため息交じりにまたうなだれる。「何を読んでいるんだ」と聞けば、『二十四の瞳』で、島の分校にきれいな女の先生がいる話を満男が始めると、寅は力なく横になってしまう。

そこへ、海釣りに出かける近所の客が手土産にだんごを買いに来て、「行き先は式根島」と聞いて、寅はまたがっくりする。とうとう頭に来たようで、突然起き上がり、ちゃちな釣竿を持って釣り客を追い越して式根島に向かおうとして、柴又駅で「その格好じゃ、無理だ」と彼らに説得されて、特に「天気予報じゃ、大しけになる」と言われてようやく思い止まる。

あけみは「自分が式根島に行くと言わなければ…」と責任を感じて落ち込んでいたが、それ以上に落ち込んでいたのは寅で、「皆のその優しい心が、かえって俺の心の傷を深くする」と言いながら、悲しい顔をして首うなだれたまま、タコ社長から餞別を渡されて旅に向かおうとしたところで、先生と出会って元気百倍となる。「父が具合が悪いと言うので、帰ってきたの。寅さんの話をしたら、柴又に行って草だんご買って来いだなんて、わがまま言うのよ」といった次第で、「かばん持ってお出かけ?」と聞く先生に、「いや、今帰って来たばかりですよ」と寅は言い、驚くとらやの面々に、「元気出せよ。陰気だなあ、暗いなあ。パーと元気出せ。せっかく先生が来たんだから」と、まあ現金なこと。

タコ社長の餞別を使って豪勢な朝鮮料理と相成り、先生があの桟橋での出会いの場面を話して、「本当に若者に見えたのよ」と言えば、「知能程度が低いからでしょう」と応じたおいちゃんに、「どうかすると、かわいらしい少年に見えたり、かと思うと、頼もしいお兄さんのように見えたり。私にも役人をしている兄がいるけど、老け込んで面白くもおかしくもない男で。さくらさん、いいわねえ、こんな素敵なお兄さんがいて」と羨ましがる。博が顔を出すと、「これが面白くもおかしくもない義理の弟」と寅が紹介する。

一方、ロシア語辞典編集部に電話がかかると、それは真知子おばちゃんと一緒だと言う小学校の娘からで、「早引きできない?」と父親（川谷拓三）に頼む。先生に電話が代わり、「冬休みまで帰ってこれないと思うから、ひと月早いけど、千秋ちゃんのお誕生日のお祝いをしてあげようと思って」と言われた父親は、お茶の水の例の所に鼻歌交じりで向かう。だんだん亡くなった大学時代の親友に似てきた千秋にプレゼントする洋服の見立てに立ち合うなどしてから食事をし、「明日調布飛行場から式根島に帰る」と言う真知子は家族ぐるみの付き合いをしてきたが、千秋が島の子供たちへのお土産を買いに席を立った間、「転任の話はまだ決心がつかない」と話す真知子に、酒をあおった父親は、「実はこの間見合いをして、おふくろがそういうことにうるさい奴で、無理やりそういうことに。いい人でしたけど、千秋が絶対反対なんです、私が再婚することに。結局駄目になって助かりました」と言って声を立てて照れ笑いすると、「どうして笑うの？」と真知子が、「ちゃんと説明すれば分かるわよ、賢い子だから。何だったら私が話してもいいわよ」と一歩踏み込めば、「それは駄目です。新しいお母さんが来るとしたら、真知子おばちゃんがいい。他の人じゃ嫌」と言っていると、また笑う。

立ち上がって、窓辺から夜景を眺める真知子に、父親は「千秋がどんなに幸せかといった卑怯な言い方ではなく、あなたと暮らせたらどんなに幸せかとずっと思っていました」とついに本音を明かす。一方的な話をしたと父親が謝ると、「愛していると言われて、不愉快に思う女がいると思う」と先生は答える。「もうこんな話は二度としませんから」と弁解する父親に、「私はどう受け止めたらいいの？あなたに結婚を申し込まれたと考えていいの？」と先生が尋ねると、「はい。お願いします」と言われて、「私、考えておきます」とその場を引き取る。

夜遅く寅がタコ社長と酒を飲んで帰ってくると、おばちゃんから「さっき先生が見えて、寅さんに何だか相談があると言っていた」と告げられる。「どうして待たしておかなかったのか」と言う寅に、「明日調布飛行場に見送りに行かせましょう」と言っておいたとおいちゃんが付け加えると、「ひょっとしたら、結婚の相談じゃないのか」とタコ社長は言って、勝手に寅を喜ばせるが、もちろん寅のことを言った訳でもない。

翌朝飛行場で寅が待ち構えていると、タクシーで先生がやって来て、「一晩たってみたら、寅さんを煩わすのはあまりに身勝手な気がして」と言い訳しながら、「学生時代に一番仲の良い友達がいて、勉強ができて明るくてチャーミングで、一体どういう人と結婚するかと思ったら、びっくりするほど地味な、美男子とは一番縁遠いような人と一緒になったの。ところが、娘を一人残して、幸せだった彼女は亡くなり、毎年その子の誕生日にプレゼントを持って伺っていたら、昨日父親にプロポーズされたけれど、誠実な人で女の子もなついていて、何も問題はないの。でも、身を焦がすような恋の苦しみとか、大声で叫びたいような喜びとか、胸がはち切れそうな哀しみとか、そんな感情は胸にしまって鍵をしたまま一生開けることもなくなってしまう。そんな悩みを寅さんがどう答えるかと思って」と、心の奥底で揺れる女心を告白するのだった。

「難しいことは分からないが、ただその話の様子では、その人はいい人だよ」と寅が複雑な面持ちでアドバイスすると、「聞いてもらってほっとしたわ」と先生は、寅から背中を押されたようにプロペラ機に乗り込んでいく。もしもと思って、寅は釣竿を飛行場に預けていたが、それも返されて、かくして寅があこがれたマドンナがまた一人、目の前から空の彼方に消えていった。

寅はそのまま旅に出るため上野に向かい、さくらにかばんを持ってくるよう伝えていたが、釣竿を持って帰ってきたさくらの話では、「真知子さん、結婚するかもしれない。相手は子供のいる人らしいけど」とのことで、付き物が落ちたようなホッとした顔をして、割に元気そうだったという。

正月になり、あけみがさくらの家に挨拶に来て、「寅さんとの旅、楽しかったなあ。今どうしているかなあ」と満男の部屋から空を見上げている頃、寅は浜名湖の遊覧船の発着場のベンチで寝そべっていたが、船長に声をかけられると、あの二十二の瞳の代表だと気づき、タクシーの運転手まで名乗り出てきて、二人から「真知子先生が結婚する。中年の子連れのさえない男だって」と知らされて、「いいじゃないか。愛があれば」と寅は笑わせ、今夜失恋のやけ酒を飲もうと話がまとまって幕となる。

男はつらいよ　幸福の青い鳥(第三七作)(一九八六年)(寅♥志穂美悦子)

博に「幸せは自分の手でつかむものですよ」と言われながら、疲労困憊するさくらたちを引き連れて、ひたすら幸福の青い鳥を求めて、ついに籠の鳥にした夢を見ていた寅は、切符の検札に来た車掌に、行き先を萩に変更した運賃のおつりをチップだと渡そうとして、「それはできない」と言い張る車掌と小競り合いになるところから映画が始まる。

下関の赤間神宮で、ヤシ仲間の占いのおもちゃ器を引くと、南の方角に素晴しい出会いが待っているとのお告げだった。筑豊に向かった寅は、久しぶりに赴いた嘉穂劇場で、そこを根城に旅回りをしていた座長が今年の夏に亡くなったと知らされる。崩壊寸前の炭住が多い一帯の自宅を訪ねると、父の面倒を見てきた娘美保(志穂美悦子)がバイクで買い物から帰ってきて、寅が昔の付き合いを語り、娘が小百合という名前で歌っていた話をすると、美保も寅を思い出す。下田の小さな芝居小屋で雨のため客が一人もなく、座長は寅を宿まで小百合に傘を持たせて送らせて、その時千円やるはずが五千円やってしまい、駅のベンチでごろ寝する羽目になったのが最初の出会いだった。

「本当に立派な人だった。酔っぱらっても芝居の話ばかり。そんなおとっさんが好きだった」と寅が懐かしむと、「芝居辞めてからは、ものすごく老け込んでしまって、わがままばかり言うようになって。夜中に突然笑いだしたり、芝居の台詞を言ってみたり。男手ひとつで育ててくれたので、大事にしなければいけないんだけど、時々早く死んでくれんかねと思ってみたりして」と言う美保に、「苦労したんだね」と寅がねぎらう。旅館の女中のようなことをしているという美保から紹介された宿に一泊すると、彼女は歌の上手なコンパニオンといったところで宴会に出ていたが、翌朝駅に見送りにバイクで乗り付けた美保は香典返しを手渡し、これから東京のほうに向かおうとしている寅に、「私もついて行きたい」と去り難い様子だった。美保に「何か欲しいものはないのか」と聞くと、「それをつかまえた人が幸せになれるという青い鳥」と答えるので、寅はたまたま商売で売っていた鳩笛の青い鳥をプレゼントして、東京に来る時があったらとらやに寄るよう言い含めて別れる。

珍しく寅から帰ると予告する絵葉書がとらやに届いた頃、美保は東京に出てきていた。

その日も町の定食屋からとらやに「寅さんいますか」と電話をした美保は、隣の席にいた青年健吾（長渕剛）から忘れ物を注意されて店を出た後、道端で具合悪そうにうずくまっていた。

彼女に気づいた健吾がまた声をかけると、黙って立ち上がって行ったものの、地下道で不良たちに付きまとわれて難儀していたのを見つけた健吾は、とっさに蹴散らすと、「あんな啖呵を切ったのは初めてだ」と言い、後難を警戒して美保を連れて逃げ出し、発熱している彼女に「堅気の看板屋だ」と名乗って、住み込みで働く親方の家に連れて帰る。

「本当は根暗だ」と言いながら、「アレルギー体質で全身ジンマシンが出て、ジンマさんとあだ名されていた」と笑わせて、美保に風邪薬を与えて休むように言うと、親方に呼ばれて徹夜仕事になる映画の看板の製作に向かい、両の乳房を出した看板の絵を「芸術じゃないから、法令違反にならないよう隠せ」と親方にうるさく注意されていた。

明け方に仕事を終えて部屋に帰ってきて、自分の描きかけの絵を「安い絵具は使うもんじゃない」とつぶやき、「だんだん看板に似てきて堕落だ」とぼやきながら、横になっている美保の布団に入ろうとすると、キャッと騒がれ、「うちのこと、甘く見ちゃいけんよ」とにらむ美保に、「九州か。俺、鹿児島。大丈夫、何もせんから」と健吾はベッドの下に横になる。

「美人のいとこだと親方に話してあり、朝ごはんを用意しておいたが、夕方まで仕事に出かける」と健吾は貼紙して伝えていたが、親方がやって来て、「健吾君の腕を買っているが、残念なことに根気というものがなくて。才能のある人間にはえてしてありがちで、根気というか向上心があれば、とっくに一人前になっているが、何しろ頑固だから。おやじとはまだ口をきいていないのか、よくないなあ」と、半ば独りごちるようにして帰っていく。

美保は貼紙の裏に「お世話になりました」と書き置きして出ていく。

この頃は女の子に囲まれたりすると、さくらやおばさんを見ても、よそよそしくして気取りたがる満男が、「帰ってきた」ととらやに告げに来た寅は、うなだれてからっきし元気がなく、「青い鳥を探していたんだ」と言う。「そう言えば、女の人から二回も電話があったよ」とおばちゃんが話すと、

「何でそういうことを早く言わないんだよ」と突然寅は声を荒らげる。「若い娘がおどおどしながら電話してきてるんだぞ。寅が帰りましたら必ず伝えますからお名前をの一言が、なぜ言えないんだ。いや、俺がいないからもっとひどいことを言ったかもしれないぞ。あの馬鹿、二度とここへ帰ってこないよ、電話なんかしないでくれ。ガシャン！」とおばちゃんを責めたてる寅に、「いくら甥っ子でも、その言い方は許せねえ。出ていってくれ」とおいちゃんがけつをまくる。

寅が出ていこうとすると、美保がちょうど訪ねてきて、二人は手を取り合ってとらやに入り、とらやの面々を紹介した寅は、「人の悪口なんか絶対言わない。俺が言っていた通りみんないい人だろ」などとまくし立てる。「一週間前に出てきて仕事を探していたが、なかなかいいところが見つからない」と言う美保に、寅は二階の自分の部屋を当分提供することを申し出て、おいちゃんの了解を得ると、「よかった。ホッとしただろう」と、今泣いたカラスがもう笑ったように、おいちゃんの肩を叩く。

小学校を五十回も変わったという美保について、「身寄りもないのでよろしくお頼み申します」と寅は、親代わりになったような気分だ。博に就職先を相談すると、「東京の水に慣れるまで、とりあえず目の届く近所で働いたほうがいい」とさくらと話し合っていると言うので寅も賛同し、手っ取り早くタコ社長に水を向けると、「余剰人員があるくらいだ」と断られ、おいちゃんにも「内にも余剰人員がいるから」と指摘されると、タコ社長は「生まれた時から余剰人員じゃないのか、寅さんは」と混ぜっ返し、案の定怒った寅は丸めた新聞紙でタコ社長の頭をポカリと殴りつけて、いつもの騒動になりかかる。そこへ、出前に来たラーメン屋のオヤジ（桜井センリ）に聞くと、「若い人が来てくれなくてね」と嘆いているので、美保が「中華料理屋で働いていたこともあるし、ラーメン屋で働く気持ちがある」と伝えると、話は即決して乾杯する中、「寅さんの生れた家を見たら、九州に帰ろうと思っていたのに、こんなことになるなんて。ホント夢のごと。寅さん、来てよかった」と美保は深々と頭を下げて泣く。

彼女が仕込んだ九州豚骨ラーメンがメニューに入り、常連客が「寅さんの恋人が『上海軒』にいる」と、源公もとらやまで来て触れ回ったこともあって、店は長蛇の列をなして大繁盛となる。その夜、寅は「大事な話がある」と言ってとらやの面々を集めて、「この際諸君に誤解を解いておいてもらいたい」と前置きして、「美保に対して一点の心のやましさはない」と言明し、博が「惚れていないということですか？」と確認すると、「そう解釈してもらって構わない」と言い、「仕事が決まった以上、三国一の花婿を見つけてやりたいというのが、今日一日考えた結論だ」と述べて、おいちゃんたちに拍手される。「手近なところで片付けようとするイージーな考え方はやめて、人一生の問題だから、もっと真剣に考えて」と寅が訴えると、さくらが「手に職を持った人がいいわよ。食べ物屋さんとか」と言えば、寅は「寿司屋の職人はどうかい」と、二人に店を持たせて客として通う自分と幸せになって子供も授かった美保の姿を想像たくましく描いてみせてから、部屋に引き揚げようとして、「赤ん坊の名前は、父親の名前がさ、寅次郎だから。あっ、俺の子供じゃなかった。ああ、こりゃ恥ずかしいこと言っちゃったな」と、うっかり口が滑ってしまう。博は「惚れているのと、殆ど紙一重だな」とあきらめたようにつぶやく。寅が『こんにちは赤ちゃん』を口ずさんでいると、仕事を終えた美保が戻ってきて、「みんながいる所に帰ってくるのは嬉しい」とさくらに耳打ちする。

一方、健吾は東陽展の公募の出展に親方の車で出かけて行く。寅は美保の働く店にぶらりと現れると、美保から「十日分の給料が入ったので、お礼したいが何がいい？」と聞かれて、「青い鳥でも買ってもらおうか」と冗談を言い、「看板娘に出前までさせるのか」とオヤジに文句を言った勢いで、寅は一度だってとらやのだんごを届けたこともないくせに、ラーメン屋の制服で出前を買って出て、とらやの前を通り過ぎて行ったのを見た、おいちゃんとおばちゃんに散々叱られる。

寅は、「明日から心を入れ替えて、美保さんのお婿さんを探します」と誓い、「東京中の寿司屋を片っ端から訪ねていく」と真顔でさくらに言う。「ああ羨ましいな、そこまで徹底して愛情を抱けば」と脱帽する博に、「徹底すればいいのか。何事も」と満男の納得したようなそぶりに慌てて、「馬鹿、お前は徹底して勉強するんだ」と博は怒鳴り、「困った影響を与えてくれるよな、寅おじさんも」と嘆く。

さて、展覧会に六回か七回か、今回も落選したという健吾を美保が訪ねていくと、「小さな公園で昼寝しているんじゃないか。困っちゃうんだよな、ああわがままじゃ」と親方はぼやきながら、「いとこだってよ。いつまでこの俺を騙せると思っているのか」と独りごちていたが、公園でハーモニカを吹いていた健吾に、「この間はありがとう。お礼を言いに来たの」と美保が近寄り、これまでの事情を話し、展覧会に落ちてもまた一年頑張って勉強すればいいと言葉をかけると、「絵なんか描きたくないんだよ。見たくもないよ」と大荒れで、「俺なんか才能のひとかけらもないクズなんだよ」とわめくと、「お前なんかクズだと、私もよく父親に言われた」と小さい頃から舞台に立ち、景気が悪い時はストリップみたいなことまでやらされていたと美保が慰めると、本物のストリップのようなまねをする健吾に、そんなことやっていないと笑い合う。

寅は、源公を連れて区役所に赴き、入り口で「あなたの声をお聞かせください」という投書箱に向かって源公が「ワッ」と声を立てるので、寅もやってみてから中に入り、備えてあった婚姻届の用紙を寅が一枚、源公が五、六枚頂戴して結婚相談室にたどり着くと、「俺じゃないが、ここで結婚相手を見つけてくれるって、ホントか」と切り出し、自分の好みばかり話した挙句、「俺の知ってる娘さんに、いい婿さんを紹介したい」と、バナナの束を名刺代わりに差し出したものだから、「受け取れないから、帰ってください」と担当者も逃げ出す始末だった。

一方、健吾は、部屋に戻って落選した作品を美保に見せて、心象風景という心の中を描いたものだと説明しながら、「出てるだろ、俺の卑しいところが」となだれると、「これがあなたの心やったら、美しか。どことなく寂しげで」と評する美保に、「やめろ、お世辞言うのは」と制し、「鹿児島の田舎の高校で、天才だ、芸術家だとおだてられて上京した訳よ。高校の先生には自分よりうまいと褒められて。モデルになりたがる女の子はわんさかいたし、ああ昔はよかったなあ」とため息をつき、「芸大を受けると言ったら親父が怒って、絵描きなんかになる者に二度と敷居をまたがせないと言われて、家を飛び出して、芸大を受けたらデッサンの試験では、大人と子供ほどの俺とは桁違いなのに驚いて、田舎に帰る訳にもいかず、看板屋でアルバイトしてもう一度勉強しようと思ったがこれが失敗で、看板ばかり描いているうちに絵が皆看板に似てきた」と笑い合う。そのタイミングで、両手で美保の顔を挟んでから、「今晩泊まっていけよ」と健吾は誘い、美保をベッドに引きずり込んで抱きしめて、「この前泊まっただろう。頼む。俺を一人にしないでくれよ」と強引にキスをして、一線を越えようと手をかけると、「うち、帰らにゃいかん。やめて」と頑なに拒んだ美保に、「じゃ、帰れよ。柴又でもどこでも。惚れた男でもいるんだろう」と健吾はわめき散らし、「出ていった日から、ずっとあなたを思っていたのに。来るんじゃなかった。こんなことになるなんて」と嘆く美保は、「悪かったな。どうせ俺はこの程度の男さ」と自嘲する健吾の捨て台詞を背中で聞きながら、帰っていく。

御前様の誕生日のお祝いが寺であって、出かけたおいちゃんたちが長寿にあやかりたいと寿ぐと、御前様は「心配事が一つぐらいあったほうが長生きすると言います」とのたまうので、「それなら大長生きだ」と笑い合って、さくらが先に帰ってくると、店番をしていた心配事の当の本人は、「五箱ばかり売って、もううんざりした」とぼやき、手回しよく美保に「チャーハンをさくらの分まで頼んだ」と言っていたところへ、健吾が「だんごとビールをください」と現れて、女の人が道を通るたびに落ち着かない様子に、寅がビールを注ぎながら「人を探しているのか」と聞いて、「もちろん、若い娘だ。失恋したのか」と畳み掛けるが、「話してもしょうがないよ。ごめんと謝りたいだけだ。このままだと一生悔いが残りそうで」と健吾は答えて笑い合ったものの、寅はその娘が柴又の中華料理屋で働いていていて名前は美保だと聞いて血相が変わる。そこへ、「おまちどおさま」と美保が出前に来て、さくらが「この人、あなたに用事があるとか」と紹介すると、「この間は悪かったな、ごめん」と健吾が立ち上がり、無視するような態度をとる美保に、「俺、そんなに悪いことしたかな。自然な関係じゃねえか。嫌なら来なければよかったんだ。そう、嫌いなんだ、俺が」とまくし立てると、「女の気持ちが分からん人は好かん」とそっぽを向く美保に、「じゃ、おしまいなんだな。二度と来ないよ。そのうち一流の画家になって見返してやる。その時悔しがっても知らないからな」と、また捨て台詞を残して逃げるように走り去っていく。

一部始終を見ていた寅は、「早く言ってくれればよかったんだよ。好きな男がいるって」と美保に声をかけ、寅にすがりつくように訳を話そうとする美保に、「後で聞くから、すぐに追いかけていきな」と促し、「お前はあの男が好きだし、あいつはお前に惚れているよ。俺から見りゃよく分かるよ」と断定する。さくらに「このまま別れ別れになったら、どうするつもり?」と諭されて、健吾におつりを渡してくれるよう言われた美保は走っていき、それを見た寅は首うなだれて悄然として二階に上がっていく。

柴又駅のプラットホームで仏頂面していた健吾の前に美保が現れて、おつりを渡すと健吾に笑顔が戻り、引き寄せられた美保は、健吾のオーバーのポケットの中で手を重ね合う。

寅は、「あの二人を見届けてやることができないから、面倒見てやってくれ」と言ってさくらに頼み、所帯を持つ時のために区役所に持っていく婚姻届の保証人の欄にさくらも署名してくれよと手渡す。

正月になって、女の子に取り囲まれて御満悦の満男は、あけみが自転車で通りかかっても、ろくに挨拶もせず、「近所の変わったおばさん」と彼女たちに話している姿を見て、あけみは「一生、足を引っ張ってやる」といきり立つ。さくらの家にはエンゲージリングをした美保が来て、「あの人、私と結婚したら絵を描くのをやめて、本気で看板屋になると言うので、何か気の毒で考え込んでしまう」と心配事を話すと、さくらは「大丈夫よ、簡単に夢を捨てたりする人じゃないわ」となだめ、同行していた当の本人は、二階で一人、鳩笛ならぬハーモニカを吹いて、こちらのほうが本職なのだがステージに上がって歓呼の声に応える仕草を真似ていた。

寅から届いた年賀状には、「二人の平和な生活と幸せを願っている」とあり、「相変わらず青い鳥を求める旅暮らしを続けている」との近況が書き添えられていたが、富士山を望む湖畔の寅の元には、美女との見事な掛け合いに触発されて、振り袖姿の若い女性が群れをなし、これを吹くと幸せを呼ぶ青い鳥のおもちゃの大安売りに、得意の口上を並べ立てて精を出していた。

青春の出会いとその揺れ動く心理と行動の光と影を活写して、寅はもはや主役ではなく脇役に回ってしまったような、また寅の身の振り方のこれからを予感させるような一作である。

男はつらいよ　知床慕情（第三八作）（一九八七年）（寅♥竹下景子）

珍しくオープニングは、寅の奇想天外な夢物語ではない。十六の春に親父と大げんかして、これが見納めかと涙をこぼしながら歩いた江戸川の土手は、一面の桜吹雪で、今では一本も残っていないが江戸川堤は絢爛たる桜の名所で、両親に連れられてさくらの手を引いて桜見物する時の、わくわくする楽しい気持ちを今でもまざまざと思い出すという寅の回顧談の情景から始まる。

境内で御前様が幼児たちにシャボン玉を作ってみせていると、さくらが入院したおいちゃんのお見舞いのお花のお礼を述べて、「すっかり良くなって今週末には退院の予定だ」と伝えると、「こういう大切な時に何をしているのかね、跡取りの寅は」と御前様は立ち上がり、「兄のことはあきらめています」と言うさくらに、「あきらめちゃいかん。寅もいつか気が付く日が来ます」と諭し、傍らの源公には「お前はあきらめた」と断じて寺に向かっていく。とらやは「当分の間休業」の貼紙をし、今日も病院に出かけたおばちゃんと入れ替わりに、博がつばめに例えて噂していたように、寅が帰ってくる。「とらやはつぶれたか。それとも温泉旅行でも行ったか」と軽口をたたいていた寅は、「おいちゃんが風邪をこじらして肺炎で入院して大騒ぎになって、新聞の尋ね人に広告を出そうかと思ったほどだったが、近々退院する」と知らされると、「その病院長は辛党か甘党か。担当医の名前は。看護婦は何人くらいいるのか」と矢継ぎ早に尋ねても、要領を得ないさくらたちに、「世間知らずだな。俺が帰ってきて良かったよ。こっちが心を込めてお礼をすれば、向こうもそれなりのことをしてくれるものなんだ」と言いながら、押っ取り刀で病院に駆け出していく。

追いかけて博が病院名を教えると、どっさり買い込んだ袋を抱えて病室に入った寅は、おいちゃんに声をかけ、おばちゃんをねぎらうと、同室の人たちには腐りかかったようなバナナを一本ずつおばちゃんから渡してもらい、診察に来た医者にはウイスキーの小箱を渡そうとすると、「病院の規則で受け取れない」と言うのを、「出した物はひっこめられない」と執拗に追いかけて迫り、医者が落としたはずみに小箱が寅の足に当たると、代わりに医者の足を踏みつけて、それを医者が踏み返しての大騒ぎとなる。おばちゃんは病院から戻ってくるなり、「医者から二度と病院に寄越さないでくださいと言われて、恥ずかしいったらありゃしない」と嘆いていると、上機嫌で出てきた寅には反省のかけらもない。あけみから「明日とらやを開けることになったので、お手伝いに来る」と聞いて、「そういう訳だから、忙しくて面倒見ていられないから、昼はお金あげるから何でも食べに行っておいで」とおばちゃんに言われた寅は、「俺が邪魔なんだら、はっきり言ってくれよ。旅に出るから」とすねるが、「疲れていると思って、遠慮してるんですよ」と博がなだめる。

「大黒柱のおいちゃんが倒れて、皆で力を合わせて働かなければならない時じゃないか」と寅はまともなことを口走っても、「だんごを丸めるのや串に刺すのは困る。あんこを練るのも駄目、配達も自転車が苦手で嫌。掃除やお茶出しはこの家の跡取りの沽券にかかわるから」と、結局帳場にじっと座ってお金の出し入れをしたり、電話を受けたりといった仕事に決まると、さっそく想像をたくましくして、「これこれおなご衆、今のうち御膳は済ませておきなさい。昔から早飯、早糞、芸のうちと言って、私など座った途端けつを拭いています。この間などは糞をする前にけつを拭いてしまいました」などとふざけて、おばちゃんのあきれ顔をよそに覚悟を決める。

しかし、「いつまで持つか?」と博が案じたように、帳場であくびを連発し、注文の電話を受けても相手先も聞かずにさくらに指摘されると、「向こうが言わなかった。言いたくないんだろう。そこまで立ち入ることはないだろう」といった調子で、漫画を読んではあけみに注意され、「さっきも行ったばかりじゃないか」ととがめるおばちゃんに、「さっきはうんこ」と客をまるで気遣う様子もない。

しまいには眠りこけて、昼食も置いてけぼりの有様で、「可哀そうよ。もう放してあげたら。好きなとこ、走り回っておいでって」と言うあけみに、「犬のほうが利口だよ」と同調するおばちゃんの声を耳にした寅は、形相が変わって憤然と店を出て、「とらやの若旦那」と呼びかけられると、「ビール、飲みに行こう」と源公始め近所の者を連れ出す始末だった。

夜になって、「もともと寅さんに期待するのが間違いなんだよ。彼なりの魅力はあるよ。しかし、地道に働くなんてことは、一生縁のない男だよ」とタコ社長に今更言われるまでもなく、おばちゃんは、「店やめよう。この店みんな売り払って、おいちゃんと小さいアパートに住むよ。今度ばかりは馬鹿馬鹿しくなった」とわめき、「一生懸命働いてきて肝心の跡取りがあのザマじゃ」と泣き出す様子に、こっそり帰ってきた寅は、そっと入り口の戸を閉めて、うなだれて立ち去っていく。

「やめるのは簡単よ。ねえ、社長さん」とさくらが言うと、「そうだ。この界隈で店や工場をやっている奴は、一日に一度はやめようかと考えるんだ。しかし、それで本当にやめてしまったら、日本の中小企業はどうなる」とタコ社長はボルテージを上げながら、「やめるという言葉だけは言わないでほしい」とおばちゃんをいたわる。そこへ満男が帰ってきて、「かばんと上着をこっそり持って来てくれと、柴又駅にいる寅に頼まれた」と言う満男と一緒に出かけたさくらは、「おばちゃんが店をやめると泣いていた。とらやがなくなって、新しいビルが建っていたらどうするの。どうしてまじめに働いてくれないの」と意見するが、「すまねえ」と言って電車に乗り込み様に満男を呼んで、「一生懸命勉強して立派な人間になって、お母さんを安心させろ」と励ませば、満男に「おじさんも少しは反省しろよ」と返されて、「何を偉そうに」と面目丸つぶれで旅立っていく。

北海道に出た寅は、札幌の大通り公園でゴッホのひまわりを四千七百円でどうだと売りつけて笑われていたが、おいちゃんが快気祝いののしを書いていると、テレビでは新緑の季節の川湯温泉から中継が入る。寅がどうしているかと話題になり、「本当は欲のない気持ちの優しい男なんだが、顔を合わせると、ああ憎たらしくなってしまうのかね」とおばちゃんがぼやいていると、観光客のインタビューに何と寅が出てきて、「おいちゃん、おばちゃん、見てるかい。俺すごく反省している」と大写しで放送される。

斜里まで足を伸ばした寅は、通りかかった武骨な獣医（三船敏郎）に「フェンダーを蹴飛ばしてくれ」と頼まれてようやく動いたオンボロ車で宿屋のある所まで乗せてもらおうとすると、一人暮しの自宅に招かれる。「おかみさんいないのか」と聞けば、「十年前に死んだ」と言い、「昼は牛の面見て、夜は独りで酒くらって寝ているんじゃ、楽しいことは何もないよな。おじさん、どうして後添えもらわないのか」と聞けば、「君は日本の農政についてどう考える。牛や馬は人間の仲間だ。深い愛情で結ばれていた。今は牛は経済動物だ。駄目な牛は殺してしまう。恐ろしい思想だとは思わないか。人間に当てはめればどうなるか。役に立たん奴は、切って捨てよというんだぞ」と熱弁をふるわれて、「俺なんか切られちゃうな、すぐ」と寅は驚きおののく。

そこへ「近所の女」だと言うスナックのママ（淡路恵子）が洗濯物が入った包みを、「自分で取りに来ればいいのに」と言いながら、ポンと投げ渡す。

牛のお産の連絡が入ると、「食事はこの人の店で。どうせろくな物は食わさんが、銭ばかり高く取りやがって。君は今夜ここに泊まれ」と寅に言って出かけた獣医を、「少し変わってんな」と寅が言えば、「大変わりよ。後妻の口なんて、誰が来るもんですか」と、けんもほろろにママは切って捨てるが、獣医の身の回りの世話をしている様子に、惹かれ合っていることを寅はすぐに察する。

一人娘のりん子（竹下景子）がいて、東京の男と結婚したが、「東京の男は信用できるか」と獣医が頭ごなしに反対して駆け落ちしてからというもの、全然行き来がなくなった状態だという。

スナックの地元の常連客の間で、総スカンの獣医に対して寅は、「俺は嫌いじゃないな。生まれた時からああいう顔をしていた訳じゃない。長い人生、苦労した挙句の果てに、東京ののっぺりした男に一人娘をさらわれて以来、見るもの聞くもの腹立たしいばかりで、ああなったんだ」と説き、「それを考えると、可哀そうになるのよ」とママも同調すると、「子供も最初から苦労するのは分かっているから、所帯は持たないできました、俺」と述懐すれば、アッパラパーの娘がいる船長（すまけい）は、「賢い人だな」と周囲と頷き合い、テキ屋の口上で磨いたダジャレも冴える寅は人気者になる。


寅が泊まった翌朝、獣医にりん子から「今、斜里駅にいて、突然だけど急に帰りたくなったので、帰ってもいいでしょう」と電話があって、ぶっきらぼうに「お前一人か」と問えば「もちろん」と答える。「何かあったのか?」は「会ってから話す」と言う。髭をそり、新しいシャツとズボンに着替えて、掃除する獣医に仕方なく起こされた寅は、「誰が来るんだ、女か。ママさんの他にもまだいるのか」と驚いていると、「娘だよ」と言われて、間違っても「何しに帰ってきた」なんて言っちゃいけないぞと念を押して、帰ろうとする寅に、「娘に会っていかんか」と獣医に呼び止められ、「美人かい?」と聞けば「大したものじゃない」と言うので、「また邪魔します。幸せになれよ」と出かけようとすると、りん子と入り口で鉢合わせになる。

むっとして挨拶もしない獣医に、りん子が「ただいま」と言うと、「何しに帰ってきた」と、厳しい態度の獣医に寅は顔をしかめる。りん子が「いけないの? 帰ってきちゃ」と嘆くと、「黙って家を飛び出して、何の連絡もなく突然帰ってきて、それで俺によく帰ってきたなと、そう言えと言うのか」と憤然とする獣医に、寅は歩み寄り、「いい加減にしろよ。優しく迎えてやれよと、あれほど言っただろう」と責めると、りん子は泣きだす。

「勘弁してくださいね。困った性格だよ。根は悪い人間じゃないけど、たった一人の娘に裏切られたから、根性が曲がっちゃったんだよ。もとはと言えば、娘が一番悪いんだよ。ああ、どうもすみません」と本質をズバリ突きながら、寅が二人の間を取り持ち、りん子にも笑顔が戻る。往診の電話があって出ていく獣医は、「もう一晩泊まっていってくれ。ジンギスカンでもやろう」と寅に声をかけ、「寅さんがいてくれてよかった」と車の中で独りごちていた。改めて寅とりん子は挨拶を交わすが、りん子はママやスケベったらしい船長たちに温かく迎えられて、寅さんがいて助かった話をする。

夜の食事で、獣医から「君、少し変わっているなあ」と言われた寅は、「そっちが変わっているから、そう見えるんじゃないか」とどちらも自覚していない変わり者同士が首を傾げ合うと、「でも悲観することはないよ。俺の仲間にはもっと変わった奴がいて、歯磨きが好きで一日チューブ一本ペロッと食う奴や、いつでもどこでも屁をこいて、風呂屋の湯船でやらせたら、顔が真っ青になって、引き上げたら腹がぺちゃんこになっていた」と、給仕に来たりん子を笑わせ、獣医も「そんな馬鹿な」と含み笑いをしていると、ママと船長が魚を持って来て、ママが「嬉しいでしょ、娘に会えて」と言うと、「家出娘に会えて、何が嬉しいか」と獣医は相変わらず素っ気ない。

「早く子供つくれや。孫の顔見たら、どんな頑固オヤジもイチコロだ」と言う船長に複雑な表情を浮かべるりん子に、ママが「昨年の秋手紙をもらって、悩んでいたようだったけど、うまくいっているの?」とそっと聞けば、首を横に振る。

能天気な船長に「無神経な奴だ」と不快感をあらわにする獣医に、「そう言う資格はないんだよ」と寅がいさめると、りん子は獣医に結婚に失敗したことを報告する。三か月前に別れて、しばらく一人で暮らしていたと聞き、鼻歌交じりに魚をさばいている船長に「うるさい。歌なんか歌うな」と怒鳴ると、寅は「八つ当たりだけはよしな。みっともない」となだめるが、北海道に出てくるまでの寅の言動からすると、「そう言う資格はないんだよ」と言いたくなりそうになる。

「あんな情けない男と一緒になるからだ。お前は馬鹿なんだ」と獣医が言い放つと、「なんてこと言うの。黙ってりん子さんの話を聞きなさい」とママが口を挟むが、「なんでしゃべっちゃいかんのか。娘が親の許しもなく、下らん男と一緒になって勝手に別れて帰ってきて、それで知らん顔をしろと言うのか」と収まらない。りん子は「ごめんなさい。謝ればいいんでしょう」と泣き出して、ママが引き取っていく。「気持ちは分かるけど、自殺もしないで親元にこうして帰ってきたんだから、よかったじゃないか。飲もう」と寅は鷹揚なところを見せる。


港の岸壁で釣りをしながら船長が、「りん子ちゃんに好きな男ができたとか、そういう理由で離婚したんじゃないんだ」とスナックの仲間に話して、内情を聞かれた寅は「愛が冷めたのよ」と答えると、船長が「何しろ、いがったのは半年くらいで、後は顔を見るのも嫌になって、亭主はお終いには家にも帰ってこなかった」と補足する。「なんで、すぐに別れて帰ってこなかったのか。二年も三年も我慢することはない」と言う仲間の疑問に、寅は「こういう豊かな自然の中で暮らしている君たちには、ちょっと分かりにくいかもしれないが、東京のインテリの中には、ひとかけらの愛情がなくても、夫婦の形を取っている者がいるんだ。いやぁ、貧しいねえ。ある日そのことに、りん子ちゃんも気が付いたんじゃないかな」と哲学者然としたうがった解説をする。

小宮豊隆氏が『漱石先生と私たち』の中で、漱石の『行人』を引用して、「主人公の一郎が、自分の細君の、自分に対する冷淡と虚偽と残忍とに悩んで、自分は自分に定められた女でない女と結婚している為めに、こんな不幸な生活を続けなければならないのではないかと想像する」場面と、りん子の場合は真逆のインテリ夫婦の悲劇を、寅は指摘してみせたのかもしれない。

それからのりん子は、「ひとり暮らしになったある日、テレビで知床半島が映っていて、矢も盾もたまらなく帰りたくなったんだ。いやいや、あの子がそんな不幸せな目にあうなんてなあ」と船長は嘆くが、独身者に向かって「可能性が出てきたぞ」と冷やかす者もいた。

寅からは知床の大自然と人情を讃美する手紙が届くが、「こういう時は必ず何かあるんだよ」と言うおばちゃんに、すかさず満男が「犯罪の陰に女あり」と口を添える。

船長がサービスしてくれて、カムイワッカの滝を遠望して知床の岬を巡る船には、もちろんりん子も一緒だった。「毎日面白おかしく暮らしている訳ではなく、大自然に生きる人たちの厳しい生活も体験している」と書いてあるように、獣医が牛の出産に奮闘する現場にも寅は立ち会うが、ひと風呂浴びてオホーツクの海に夕日が沈む海岸に出ていく場面には、りん子が並んで眺めているのだった。知床の昆布は、りん子さんが上京するので言付けることにしたという。

アパートの引き払いを済ませたりん子は、昆布を持ってとらやに寄り、「いいわねえ、生まれた家が残っているなんて」と羨み、寅が「古い家で、鎌倉時代じゃないか。弁慶がだんご食っている写真があるよ」と言っていた話をさくらにすると、おばちゃんが「終戦後、羽黒山の山伏が来たよ」と言って、さくらが額にして掲げられている写真を指差す。

「寅さんは人気者で、あっちこっち引っ張りだこで、りん子の家にもあまり泊まらない」と言い、「全国から季節の漁に一か月、二か月働きに来るからちっとも不思議じゃないけど、寅さんはつい昨日会ったばかりなのに、ずっと昔からいるかのようで、自由なんですよ、考え方が。寅さんと話していると、あくせくして働くのが嫌になると皆言っている」とも言う。「そういう悪影響を人に与えるんですよ、あの男は」とおばちゃんが口を挟めば、「寅さんは、人生にはもっと楽しいことがあるんじゃないかと思わせてくれる人なんですよ」と、りん子はどこまでも肯定的だった。「でも、程度問題じゃないかしら」とさくらは、アリとキリギリスのイソップの話をする。「キリギリスか」と言う博に、「そう言えばあの男、キュウリとナスビが大好きだもんね」と、またおばちゃんが添える一言がきつい。

寅がきのこ狩りに出かけている間、ママは獣医の体に膏薬を貼りながら、「何遍も言うけど、もうこの仕事は無理なんだよ。りん子さんも戻ってきたことだし、都会へ出て小さな犬猫病院でも開いたら」と水を向けると、「そんなままごとみたいなことができるか」と一蹴する。「どうするの、体がきかなくなったら」と問えば、「山に登って、銃口を口にくわえてズドンだ。死骸は熊にでもくれてやるさ」と、まともに取り合おうともしない。

「私、引き揚げる決心をしたからね」とママが切りだすと、獣医は驚く。「オーナーがあの店売っちゃったんだよ。お金かけて改装しても、売り上げちっとも上がらないしさ。もう北海道はたくさん。もともと地元の人間じゃないんだし。冬が寒くって。年だもんね。妹が新潟で芸者してるから一緒に暮らすの。先生とは長い付き合いだったね。手も握ってくれなかったけど」と横座りになって語りかけて、顔を獣医の肩に寄せると、「いかん、いかん」と獣医が憮然として離れようとする。

東京から帰ったりん子には、漁が休みの青年が『知床の自然を守る会』の看板を掲げた車で斜里駅に迎えに来て、「五年前までは『りん子さんの純潔を守る会』だったが、結婚したから名前を変えた」と白状しながら、「留守中困ったことに、寅さんと獣医がけんかして口も利かない状態だ。りん子ちゃんと寅さんが仲がいいのが原因じゃないかと皆言っている」と知らされて、「馬鹿、そんなことがあるはずないでしょう」とりん子が即座に否定すると、「あるはずねえ」と青年も嬉しそうに頷き、俄然元気を取り戻す。ところが、りん子と再会した寅が、獣医のことを可哀そうに思って、「冗談のつもりで言ったら、真に受けて怒らしてしまったが、『ママを本当に惚れているんだったら、一肌脱いでやってもいい』と言った」と真相を明かすと、「まさか、父さんが恋してるなんて。そんな、悪い冗談よ。父さん、もう年よ」と、りん子は真に受けない。「男が女に惚れるのに、年なんかあるかい。何よりの証拠に、真っ赤になって怒って、鉄砲で撃ち殺されそうになったよ。本気も本気。胸の内は恋の炎で、焼肉みたいになっている」と言われて戸惑うりん子に、「いずれふられて失恋ということになるのよ。可哀そうな男だよ。何とか未然に防げなかったのかねえ。五年も十年も面突き合わせていて、愛の言葉一つも言えないような男に、ママが惚れるかい。せめて自殺でもしないように、りん子さんが見張ってやることだな」と危ぶむ寅に、「恋って、そんなに激しいものかしら」とりん子がいぶかしがると、「そうだよ、これでも男の端くれだからな」と格好をつけているところへ、船長が自転車で通りかかって、「皆と相談したんだが、明日灯台の原っぱでバーベキューをやる」と声をかけていく。

その話をすると、獣医は「そんなものに行くか」とつれない返事だったが、結局りん子の車には獣医も同乗して来て、仲間の不興を買う中、獣医は一人離れて岩に座って陣取る。

船長は挨拶で、「知床の自然を守る会も三周年を迎えたが、その間、北海道は不漁、牛飼いの離農、炭鉱の閉山と不景気の風が吹きまくっている。このうえ美しい自然が汚されるようでは、たまったものじゃない」と息巻きながら、「そういうゆるくない話の中で、りん子ちゃんが帰ってきてくれて、寅さんという色男が仲間に入ってくれた。寅さん、いつまでもこの町にいてください。りん子ちゃん、もうどこさも行くな」と締めくくり、寅の音頭で乾杯してしばらくすると、ママが立ち上がって、「この夏いっぱいで、あの店やめることにしたの」と告白して、「ごめんね、こんな楽しい時に」と謝る。

「新潟へ帰る。私に子供でもいれば、頑張ろうという気持ちになるのかもしれないけれど」と弁解するママに、「決心する前に、なんで相談しないの」と気落ちする船長に、「この間、先生にはちょっと話したんだけど、仕方がないと言われた」と聞いた獣医が「俺は言わんぞ、そんなことは。反対だから黙っていたんだ。反対の理屈なんかあるか」と反論すると、寅が「反対なのは皆同じで、ママさんは田舎に帰らなきゃならない理由があるんだよ。あんたが子供みたいに駄々をこねたって、しょうがないんだよ」と口を挟む。獣医は「とにかく行っちゃいかん。俺は許さん」と立ち上がる。ママが「私がどうしようと、勝手でしょう」と言えば、また寅が「そこまで反対する訳があるんだろう。言ってみな」と促すと、「言えるかい。そんなこと」と躊躇する獣医に、「言えませんと。言わなきゃお終いだ。ママは新潟に帰っちゃうもんな」と畳み掛ける。

「だから俺は反対だと言ってるじゃないか」とむきになる獣医に、寅が「その訳を言えと言ってるんだよ、男らしく。勇気を出して言え。今言わなかったら、一生死ぬまで言えないぞ」と声を励ますと、「はぁ、よし言ってやるぞ」とママに向かって歩み寄り、「俺が行っちゃいかんという訳は、俺が、俺が惚れているからだ。悪いか」と獣医は言葉を絞り出して、ママは手で顔を覆って涙を流す。

一同大喜びで、『知床旅情』の合唱となると、寅の手はりん子にしっかり握られていて、寅はハッとする。それにしても、灯台の真下に海と青い山を臨み、緑なす野原が広がり、つがいの鳥や鹿が顔をのぞかせる、知床の情景は素晴らしい。


スナックでの打ち上げの席で、仲間から結婚式の話をされた獣医は、「始末のつかない娘がいるのに、そういう訳にはいかない」と怒りだしたので、寅がりん子さんの気持ちを聞いてくると、中座して確かめに行くと、「お父さんを取られるような気がして、ちょっと寂しいけど」と言いながら、りん子は喜んで賛成する。帰りがけにりん子は、「もう行っちゃうの？　寅さん、ありがとう。いろいろと」と万感の思いをにじませて見送る。

翌朝、船長が犬の世話をしていたりん子に寅から頼まれて持ってきた手紙には、「渡り鳥は南に帰ります。あなたの幸せを祈りつつ」と書かれていた。昨晩、酒に酔った勢いで船長が、「寅さん、もしかしたらりん子さんに惚れているんじゃないのか」と言ったら、寅が真っ赤になって怒りだしたという。

「冗談のつもりだったのに、ああ真面目に受けなくても」と船長が口を濁すと、「船長さん、何てこと」

と憤慨して、りん子は家に走り去る。

帰りの車の中で、寅は運転する青年に、「恋をしたことがあるのか」と尋ね、「いつだってしてますよ」と答える青年に、「本当に愛してるんなら、昨日のおじさんのように、愛してますと大きな声で言わなくちゃいけない」と諭すが、十年前にりん子に告白して、「決して嫌いじゃないけど、愛しているとは言えないの。いつまでも友達でいようね」と言われたと泣きだす。

夏になり、東京で仕事が見つかったとりん子がとらやを訪ねてきて、獣医は結婚することになり、寅にお礼を言いたいと言っているという。江戸川の花火大会にりん子が誘われていると、長良川まつりで川のほとりにいる寅から暑中見舞いが届いていて、テキ屋仲間と合流した寅は、威勢のいい口上を並べてさっそく線香花火を売る商売にいそしんでいた。

これを要約してみると、獣医の反対を押し切って黙って家を出てそのまま東京で結婚したものの三か月前に別れてきた一人娘りん子（竹下景子）から電話があって、帰って来た娘にぶっきらぼうにつらい言葉を投げつける獣医を寅はいさめながら間を取り持つが、『りん子さんの純潔を守る会』から『知床の自然を守る会』に宗旨変えしていた船長たちが伝え聞いてきた離婚のいきさつを、恋愛専門家の寅が「豊かな自然の中で暮らしている君たちにはちょっと分かりにくいかもしれないけれど、東京のインテリの中にはひとかけらの愛情がなくても夫婦の形を取っている者がいるんだ。貧しいねえ。ある日ふとそのことに気が付いたんじゃないかねえ」と解説し、楽しかったのは最初の半年ほどで二、三年も不幸な結婚生活を送った彼女の身の上を嘆いてみせているうち、今度はスナックのオーナーが店を売ることになって、ママが新潟の妹の所に身を寄せる話が持ち上がり、打ち明けた獣医からは無言で何の反応も得られないまま、『知床の自然を守る会』の船長たちが開いた野外のバーベキューの集いに娘と一緒に珍しく出てきた獣医も一人離れて参加すると、ママは新潟へ帰る決意表明をしてしんみりとする中で、「反対だから黙っていたんだ」と言う獣医は、「とにかく行っちゃいかん。俺が許さん」と更に語気を強めるが、寅から「反対の訳を言ってみな。今言わなかったら一生死ぬまで言えないぞ」とけしかけられて、ついに観念した獣医は、「俺が惚れているからだ。悪いか」と心中を告白してママは涙ぐみ、寅が確かめに行って娘が父の再婚に賛成すると、二人の仲を取り持つが、「りん子に惚れている」と船長に冷やかされた寅はその翌朝旅立ち、その後を追うように心の傷を癒した娘は仕事を見つけて再び上京して再起を図る。

男はつらいよ　寅次郎物語（第三九作）（一九八七年）（寅♥秋吉久美子）

オープニングは、大嫌いな父親に折檻されては謝りもせずに家出を繰り返し、「お兄ちゃん、行っちゃ嫌」と泣いて追いかけてくるさくらに、「泣くなさくら。お兄ちゃんは今にきっと偉い人間になって帰ってくるからな」となだめ、考えてみりゃ今でもあの時の同じようなことをやっているとの寅の述懐から始まる。

人は突然大人になる訳ではない。子供の時代は、無意味どころかそれが土台をなし、人生は子供から大人への一つながりの歩みがそっくりそのままその人の人となりを形成していくものならば、「氏より育ち」と言われるように、生育の基本をなす親子関係は殊の外重要であることに人は気付かされる。

ローラ・インガルス・ワイルダーは『大切なものはわずかです』（結城絵美子訳）の中で、「生まれ育った家庭とその愛の思い出は、何年もの時を経て私の記憶を呼び覚まし、優しく語られた助言の言葉があふれるように胸によみがえってきます。（略）父や母が示してくれたお手本に、私はいつでも従おうとしてきました」としながら、「家庭を築くという仕事のなんと重要なことでしょうか。（略）経済的に豊かであろうと貧しかろうと関係なく、父母から子どもたちへと受け継がれていく家庭の財産というものがあるのです」と述べている。

児童精神科医の佐々木正美氏もまた、『抱きしめよう、わが子のぜんぶ』の中で、「子育てというと、どうしてもお母さんにばかり責任の矛先がいってしまいがちですが、私は子どもがうまく育たない家庭の責任の80％は父親のほうにあるのではないかと感じています」と意表をつき、「小さいときからお父さんお母さんが十分に相手をしてやり、そばにいてやることで安心し、親を信頼することができると、子どもは人のことも信頼できるようになります。それがコミュニケーション能力になっていくのです。過保護が子供を悪くすることはありません」と親子関係が人間社会の基本であることを挙げ、ただし「過剰干渉は子どもの自立をもっとも阻みます」としながらも、「幼児からの生い立ちに、自分のことを大歓迎してくれる人、ぞんぶんに甘えさせて保護してくれる人がいたか、いなかったかでその子の成長は大きく変わってしまうのです」と繰り返し、「子供の要求や希望に対しては、すべてこたえてあげようというぐらいの気持ちでいることが大切で」、「これが年齢に関係なく、子どもに向き合ううえでもっとも大切な心がけになのです」と駄目を押し、「子どもの望みをぜんぶ満たしてあげられる過保護な親になりましょう」とまとめているところからするならば、寅に決定的に不足していたのは、こうした懐かしくも時にエールを送ってくれる親と子の思い出であったように思われる。

さて、三者面談で満男から「大学を受けるか、まだ決めていない」と言われて、ショックを受けて帰って来たさくらがぼやくと、「いいじゃないか。無理に受けなくなって」とおばちゃんが受け流している頃、母親と一緒に歩くのは恥ずかしいからと遅れてきた満男は、柴又駅前で大洋ホエールズの野球帽をかぶった少年が自販機で買った缶を開けられないでいるのを助けてやると、寅の年賀状を持って訪ねていくと言うので、とらやに連れて帰る。

あけみが「すごい名前」とびっくりした秀吉というその子は、母親は蒸発し、最近寅の仲間の父親に死なれて、その遺言で寅を頼って郡山から出てきたと聞いて、おばちゃんはもしや寅の子供ではないかと案じ、タコ社長は寅によく似ているよと焚きつけるが、おいちゃんは寅にそんな甲斐性があるかと一蹴し、秀吉に出していたゆでダコをつまんで、似てるならこれはお前の息子かと怒り出す。警察に届けるよりも二、三日様子を見ようという話になるが、おばちゃんがリュックを開けれてみれば、父親の位牌と秀吉を捨てた母親の写真が出てくる。

翌日、寝小便をやらかした布団が干されて、しょんぼりしている秀吉に「天下を取る人間が、いじけんじゃないよ」と力づけるあけみに、「名前負けということもあるからね。真面目につけたのかね」とおばちゃんがつぶやいていると、近所の者と子供に悪態をつきながら寅が帰ってきて、どこかで見た顔だと気づいて「秀吉だ」と言い当てるが、当の本人は「ちっちゃかったから覚えていない」と言う。事情を聞いた寅は、「仏に免じて、とんでもない迷惑を許してくれ」とおいちゃんに詫びるが、あけみが「夕べは警察に渡そうかと大騒ぎだった」と話すと、寅は血相を変える。

その男は、背中に般若の入れ墨をして、般若の政と呼ばれて「飲む打つ買う」の三道楽そろった悪で、借金地獄で逃げ回っていたと聞いていたと寅は言い、鹿島神宮の祭りの時に子供が生まれてお祝いに行くと、名付け親になってくれと言われて秀吉と付けてやったと語る。

「俺なんか、寅次郎なんて名前を付けられたから、出世し損なったんだ。人間、何だって名前が肝心なんだ」と言う寅に、「秀吉は草履とりをしたり、苦労したから出世したんだ。お前が秀吉という名前だったら、出世したかい？」とおばちゃんは至極真っ当に反論する。

「問題はこれからどうするかだ」と言うおいちゃんに、「決まってるよ、おふでさんを探すのよ。あんないい女、どうして極道なんかに惚れるのかね」と、寅はあけみから渡された写真を眺めていると、「自分のお腹を痛めた子を置いて、よく逃げ出せるね」と言うおばちゃんに、「会ったことがあるのか、この人に」と寅は声を荒らげ、あの世界の地獄のような暮らしぶりを大変な迫力で説いてみせ、その写真を腹巻に入れると、一日も早く息子に会いたいと待っているおふでさんのためにと食事もとらず、福祉事務所に相談に行って帰ってきたさくらとすれ違うように、蛇の道は蛇とばかりに、当たりをつけに走り出す。

「寅さんに会ってがっかりしたか」と聞くと、頷く秀吉と江戸川の土手で遊んだ満男は、夕食後「お父さんは大学に行けなくて、どんなに悲しい思いをしたか。存分に勉強させて、アルバイトしなくてもいいよう、生まれた時から貯金もしてきたのよ」と言うさくらに、「失敗してもいいから、思い切ってぶつかってみろよ。大学受験だってチャンスなんだから」と博が加勢して、満男に反発されていると、寅から電話があり、「タコ社長と飲んでいる。おふでさんが和歌山で旅館の女中をしているらしいことが分かったので、明朝から出かけるが、どうだ一緒に飲みに来ないか」と誘われて、「秀吉に比べれば、満男は幸せなはずなんだが、何が幸せかそれが問題か」と言いながら、博は気晴らしに明るい楽しいおじさんの所へ出かけて行く。

御前様始め方々から餞別をもらって、危うく秀吉を置き忘れるところだった寅を印刷工場の車で送り出すと、福祉事務所でさくらは、「子供は施設で預かるのが筋で、母親を訪ねて行っても相手に事情がある場合もあるし、いずれにしろ施設で対応を考えるべき問題だ」と言われて、「子供を連れて行ったのはまずかった」と、おいちゃんや博たちと話していると、天王寺の派出所のお巡りさんに誘拐犯と間違えられたらしく、寅の身元を確認する電話があり、足止めを食らった寅は例の調子で、「女中が夜遅くまで面倒みてくれる日本旅館で、千円位の所を紹介してくれ」と頼んで笑われる。

お似合いのパートがいる安宿の一室で、寅はコップ酒を飲みながら、釋善政と書かれた位牌に向かって、「何が善だ。悪いことばかりしやがって。今頃は地獄で針のむしろだろう。どんな人間でも取り柄があって、悲しまれ惜しまれて死ぬんだよ。お前を悲しんだのはサラ金の取立人だけだったと言うじゃないか。情けねえなあ。たった一度の人生を、どうしてそう粗末にするんだ。お前は何のために生きてきたんだ」と語りかける。

家族水入らずで女の子が話を交わすボックスを、同じ車両の秀吉が羨ましそうにちらちら眺める中、和歌山に到着した寅は、さっそく駅前にいるタクシーの運転手仲間に写真を見せると、「ずっと前だが。和歌の浦の旅館にいた」との情報を得て、訪ね歩いてついにつきとめるが、お客同士のもめごとで居づらくなってとっくにいなくなっていて、途方に暮れていると、おふでさんから年賀状が来ていて、奈良の吉野で女中をしているらしいと知らされる。

その頃、小さな車で化粧品のセールスをしている若い女性（秋吉久美子）が、「二人で泊まるはずが、一人になった」と言ってチェックインしたばかりのその旅館に、杖を突いてよれよれになった寅が秀吉を連れて現れ、おふでさんの所在を宿の主人に尋ねると、「美人の彼女は仲間にねたまれて、上千本の桜が散る頃に、自分はちっとも悪くないのに辞めた」と言う。

やむなく泊まることにしたその晩、秀吉が吐いて高熱を発したのに慌てた寅が、深夜さくらに電話すると、「すぐに病院に行きなさい」と言われて、「だから生き物を飼うのは嫌いなんだ」と寅がぼやきながら、宿の主人を巻き込んで大騒ぎになる中、隣室の若い女性も看病を買って出てくれて、寅はタクシーが向かった医院から、「息子は学会で不在で、自分は隠居した身で耳鼻科が専門だ」と言う老医師（松村達雄）を、有無を言わさず連れて帰る。

「なんで、こんなになるまで放っておいた」と、夫婦だと勘違いした老医師に叱られた二人は、すっかり夫婦気取りで呼び合い、「奥さん、お尻出しなさい」と言われて戸惑っている若い女性に、「あんたのお尻じゃない。子供のお尻だ」と促されて頼みの注射を打ち、「今夜が勝負だ」と言われる。

明け方に秀吉の熱が下がって、添い寝していた二人は喜ぶ。心配していたさくらが旅館に電話すると、「秀吉は大丈夫だ」と言われた一方で、「父さん、母さん」と呼び合う声を聞いて空耳かと疑うので、博が寅に電話してみると、宿の主人が出て、うっかり「奥さんと買い物に出かけた」と言ってしまい、博まで空耳かと疑い始める。

修験場の名刹金剛山寺を訪ねた二人は自己紹介し合うと、彼女は髙井隆子と言い、「淡路島で生まれて四国、関西といろんな所で育ち、昨晩は男と泊まるはずが急用ができたと断ってきて、勝手にしろとけんかしてしまい、旅館の窓の下の崖に飛び込んでしまおうかと思っていた」と言い、寅が「母さんのようなきれいな人の約束を破るような男は、ろくな男じゃない」となだめれば、「今はホントにあの男が来なくてよかった。もしはあの男が来ていたら、隣の室がどうだろうと、くだらない時間を過ごしていたに違いないから」と頷く。

隆子が、「チアノーゼで苦しむ秀吉が恐ろしくなって、神様、仏様、キリスト様、この子の命が助かるなら、酒でもたばこでも男でも断ちますからと、部屋の隅で祈るばかりだった」と言うと、寅も「偶然だなあ。俺も女を断ちますからと祈っていたんだよ」と笑い合う。

さらに隆子は、「あの子の命が助かった時は、自分の命まで取り返したようで、胸の奥から冷たくてきれいな水が音を立ててあふれてくるような、そんな幸せな気分になった」と涙をぬぐう。

すると、「坊やが目を覚まして、お腹すいていると言っているから」と呼びに来た宿の主人が、「おふでさんの居場所が分かって、伊勢志摩にいる」と伝える。

その夜、寅は、「今度は本当に会えそうだけど、お前の母さん本当に喜んでくれるかどうか、何だか自信がなくなった」と秀吉に言い、「男好きのするおふみさんだから、金持ちの後妻になって、自分にも子供ができたりして迷惑な顔をされるんだったら、このまま柴又に隣の母さんと一緒に帰れば、さくらが聞くな。いろいろ考えたけど、秀吉を俺の息子にすることにしたよと話せば、その陰にいる美しい人は?とさくらが…」などと想像を膨らませていると、部屋に入ってきた隆子が、「明日お別れやね」とつぶやくと、「お互いに旅人だから、いつだって会えるよ」と慰める寅に、「じゃ、その時まで男断ちして待っていよう」と身を寄せる隆子に、「俺も女断ちして待ってるよ」と笑い合うと、笑い声が泣き声に変わった隆子は、「私、粗末にしてしまったのね。大事な人生なのに」と嘆く。「大丈夫だよ。まだ若いんだし」と寅が彼女の肩に手をかけると、「そうね、生きててよかった」と隆子は涙をぬぐう。隆子は立ち上がると、「ねえ、ここに寝てもいいでしょう」と秀吉の布団に入り、「私にもこれくらいの子供があったのよ。可哀そうにおろしてしまうたけど」と言いながら、秀吉のあごの下をなで、「ここに寝て」と言われて寅が川の字になろうとすると、とたんに秀吉が寝小便を催して隆子が抱き起し、引っかけられた寅は、「汚ねえ、飲んじゃったよ」と、しかめっ面をする。

寅は、「母さんもよ、今度会う時はもっと幸せになっているんだよ」と言って、大和上市駅で隆子に見送られて別れてから、船で賢島に渡り、松井真珠店でおふでさんの所在を尋ねると、病気で養生しているが治りたい気力が今一つで、息子に会いたいと言い続けているという彼女の所へ、タクシーの代わりにいささか乱暴な運転をする船長（すまけい）の車で、店の女主人と一緒に出かけることになる。出てきたおふで（五月みどり）は、「寅さん」と声をかけ、寅に「行け」と言われた秀吉に歩み寄って倒れ込むように抱きしめると、「ごめんね」と涙にくれる。事情を話した寅は、感謝するおふでに、「名付け親として当然のことをしただけだ」と語り、さくらに電話して「用事も済んだから、このまま帰る」と伝える。夕食も一泊することも固辞して、秀吉に「母ちゃん大事にするんだぞ」と声をかけて寅が乗船しようとすると、「おじさんと一緒に帰る」と泣いて駄々をこねる秀吉に、「おじさんは、お前のろくでなしの親父の仲間なんだ。いい年をして、おっかさんの世話もしねえ、子供の面倒もみねえ、そんなお粗末な男にお前なりたいのか。なりたくないだろう。母ちゃんと二人で幸せになるんだ。おじさん怒るぞ、さあ行け」と言い含めて追い返すが、出港した船に向かって、「行っちゃ駄目」と泣きながら、秀吉は岸壁を走り続けていた。

さくらが御前様に報告に行くと、「仏様が寅の姿を借りて、その子を助けてくれたのだ」と御前様は涙ぐみ、「仏様は愚者を愛しておられるから、私のように中途半端な坊主より、寅のほうをお好きなのではないかと思うことがある」と言い、源公を見て「あれは愚者以前です」と嘆く。

その話をすると、寅は「仏に好かれたって、いい迷惑だよ。そっちはその気でも、こっちは愛しちゃいないよ」と、つれなかった。「働くというのは、博のように女房や子供のために、額に汗して真っ黒になって働くことを言うので、口から出まかせでインチキくさい物を売って、客も承知で金を払う。そんなことでおまんまをいただいてんだよ」と言いながら、寅はまた師走の旅に出る。

「お兄ちゃん、忘れ物」と、さくらが補充してくれた財布を腹巻に入れて、満男に送られて駅に向かい、元気がなさそうな満男に「参考書でも買え」と小遣いを渡すと、突然満男から「人間は何のために生きてんのかな」と聞かれる。答えに窮した寅は、「ほら、生まれてきて良かったと思うことが何遍かあるじゃないか。そのために人間生きてんじゃないのか。そのうちにお前にもそういう時が来るよ」と肩を叩いて別れていく。

人間は何のために生きているのかという問いは、裏返せば「生まれてこないほうが良かったのか」という嘆きでもあるが、生まれてくることに自らは全く無力である以上、これは大いなるものの授かりものと考える他なく、だとするならば、たとえささやかなものであったとしても、自分なりに何らかの使命があるはずで、それを果たすために、極力自己中心にならず、世のため人のためになることをひたすら願って懸命に生きる以外に人間ができることはない。その過程において、時折神様からのご褒美のようにして生きてきて良かったと思えることにも出会えるのだろう。

正月になり、隆子がとらやを訪ねてきて、さくらが後日談を話すと、「今頃どこにいるのかな、父さん」とつぶやき、驚く博たちに訳を話す。おふでからは、「秀吉と幸せな正月を迎えるが、今生きていてよかったと心から思う」と書かれた年賀状が届いていた。

その頃寅は、二見浦にいて、仲間から「あれは般若の政の女房じゃないか」と言われて、思わず身を潜めて眺めた寅は、船長と一緒に秀吉を連れて仲が好さそうに歩いている様子に、「いいだろう、あいつだったら」と安堵の胸を撫で下ろし、新年のテキヤ商売の口上を始める。

男はつらいよ　寅次郎のサラダ記念日（第四〇作）（一九八八年）（寅♥三田佳子）

昼食を取りながら、博から「満男は受験のことをどう考えているか」と尋ねられて、「地方の小さな大学に行きたいなんて言っている」と答えるさくらに、「意気地がないんだ。東京にいながら、わざわざ金かけて地方に行くことはないいんだ」と博が嘆いていると、とらやの入り口で寅のようにうろうろしていた満男は、届けられた郵便物に寅の汚い字の絵葉書を見つけて、「いいなあ、おじさんは。大学落ちたらおじさんの弟子になろうかな」と羨ましがる様子を見て、「大学出ないから、あんな人間になっちまったんだよ」とおばちゃんが言い放つ。

その寅が、小諸駅前のバス停のベンチで体を屈めていたおばあちゃんに聞いた次のバスは、「一時間後」と言われて、「近くにひなびた温泉でもないかね」と尋ねると、お金持ちに間違われかけて、「金はないが、暇はある」と弁解した寅は、息子夫婦が出て行って独り暮らしのおばあちゃんから、「面白い人だ。うちに泊まらないか」と言われて、「いや、暇なように見えても、結構忙しいんだ」と断ってみたものの、結局、バスでは寅の隣で眠りこけるばかりのおばあさんの家に厄介になる。

「酒はおじいさんの法事の時のものだから酸っぱくなっているかもしれないが、こらえてくれや」と言われて、民謡を歌って盛り上がっていると、「そこにおじいさんが座っているだ」とおばあさんは手招きする。「時々ああして出てくる」と言われて、寅は肝を冷やす。

その翌朝、病院の車で女医（三田佳子）が訪ねてくる。「おばあちゃん、病院に行こう」と声をかけるが、「おら病院で死ぬのはやだ、この家で死ぬ」と手を合わせて拒み、女医の説得に応じようとしない。寅から「俺も一緒について行ってやるから」と言われて、「仕方ねえ、そんなら行くか」と腰を上げたおばあちゃんの病状を聞くと、十年以上も独り暮らしで、「もうこれ以上一人で置いていく訳にはいかないの」と女医は答える。観念したおばあさんは、今にも崩れ落ちそうなボロ家を「見納めか」と車の中から眺めて合掌する。

「強引に連れて来たけど、人生の最期をどう迎えるかを決めるのはその人の権利ではないでしょうか」と、女医は思い悩んで院長（すまけい）に話すが、「それは野垂れ死にしろということになるぜ」と、まるで取り合ってくれない。入院してベッドに横たわるおばあさんに、「寅さんは朝からご飯を食べていない」と言われて、様子を見に来ていた女医から「じゃ一緒に」と誘われた寅は、また「あの先生は旦那さんを亡くして寂しく暮らしているから、慰めてやってくれ」と言われて元気づく。

女医の住む立派な借家に行くことになり、「病気を治して寿命を延ばすだけではなく、どう安らかに死を迎えるかという患者の心の領域に立ち入ることも、医学のうちだと思うの。長年住み慣れた家で、家族に囲まれて安らかに息を引き取るほうが幸せに決まっているもの」と言う女医に同感しながら、注射が大嫌いな寅は、「注射を打たれるくらいなら即死」を主張して笑い合っていると、駅前で東京から遊びに来た姪の由紀（三田寛子）と出会う。

窓から広がる小諸の景観の美しさを崇める寅に、女医が四季の移り変わりの情緒の妙を称え、由紀が島崎藤村の『千曲川旅情の歌』の詩の一節をそらんじると、「遊子とは寅さんみたいな人を言うのね」と言われて、「爆弾三勇士とか真田十勇士ってのは、ガキの頃あこがれていました」と答えて笑われる。

寅はその家から満男に電話して、「勉強は順調に進んでいるか。いろいろ考えたんだが、早稲田大学を受けなさい」と勧めると、代わった先輩の由紀が、「いつでも大学案内しますから、連絡してね」と声をかける。「しかし、大したもんだな。女の子で早稲田大学に入るなんて。よほど頭がいいんだろう」と寅が感心すると、「ちっとも珍しくないのよ。クラスの半分以上が女の子よ」と謙遜する由紀は、現代風の和歌で一世を風靡した俵万智さんの母校で国文学を専攻して短歌三十一文字を勉強していた。寅が「古池や蛙飛びこむ水の音」と口ずさむと、「それは俳句だから、あと七七と続ければ」と由紀に言われて、「それにつけてもカネの欲しさよ」と付け足すと、それからはテキ屋の口上の名文句を並べ立てて笑わせてから、「女の一人暮らし、それでなくとも噂の種ですから」と早々に引き揚げようとすると、「不思議なご縁で、あなたのような人に会えて嬉しかったわ」と女医に言われる。

由紀は、「おばさんにお見合いの写真を持ってきたの」と、奥さんに死に別れて子供もいない病院経営者の写真を差し出すが、「細面の人はあんまり好きじゃないの」と言いながら、女医はたった一人の男だった、死んだ亭主と寅の風貌が四角くてえらが張っている辺り似ていることを思い出す。その後も、寅はおばあさんの見舞いに出かけていたが、「女医によろしく」と言って会わずに帰っている。由紀は、「お見合いの話を断ってあげる代わりに、五千円拝借する」と置手紙して東京に戻っていた。

タコ社長は、「この土地は絶対に売りません」と大きな看板を掲げて地上げ屋に対抗し、「この工場は、生涯を懸けた俺の仕事だから、どんなことがあっても操業は続けるが、ボーナスは餅代程度で」と言って職工たちの反発を招き、怒ってとらやに来たタコ社長がさくらを見て、「すっかりだんご屋のおかみさんになったね」と言いながら、「娘の頃はきっと玉の輿に乗って、いいとこの奥様になるに違いないと思っていた」と惜しんでいると、「あんたがしっかりもうけて、博さんに高い給料をあげないからだよ」と、おばちゃんが嫌味を言う。「何もかもお前に甘えて、悪いと思っている」とさくらを気の毒がるおいちゃんに、「私はそれほど苦にしていないわよ。この家で育ったんだもの。むしろ申し訳ないと思っているわ。本当はこの店の後継者は…」と、寅の話になりかかったところへ寅が現れて、「元気か」と尋ねる寅に、「そりゃ、社長さんにしても、おいちゃんにしても、うちにしても、それぞれ悩みはあるけど、誰にでもあることだものね」と言うさくらに、「この俺にだって悩みがある」と応じた寅が夜に披露した話は、小諸で一宿一飯のお世話になったおばあさんが入院した顛末のさわりだけで、「今頃どうしているかな」と医者を気遣いながら引き揚げた寅に、博たちは「美人の話は出てこなかった」と首を傾げ、満男が「鍵はこの前電話があった早稲田大学にあると思う」と打ち明けると、二階から下りてきた寅が、大学に行く経路を尋ねてきて、満男が答える。

大隈重信の銅像の近くに現れた寅は、校内を走っている二人の学生を「青年」と呼び止めると、「何をしている」と聞く。「体を鍛えるために走っている」と答えると、「学生だろ、頭鍛えろよ」と寅は言う。「頭くんな、このおじさん」と学生が立ち去ろうとすると、寅が再び呼び止めて、「由紀さんに会いに来たが、どこにいる」と真顔で聞くと、「この大学には何万人もいる」と言われて驚くが、学生たちが学生簿を調べてくれて原田由紀を探り当て、「次の講義が西洋近代史だから、この教室で待つように」と、がらんとした大教室に案内する。

いざ講義が産業革命の話から始まると、前のほうで聴講生然としていた寅は、周りの学生に声をかけてはうるさがられていたが、先生（三国一郎）が「私語はやめて。何か質問でもあれば手を挙げて」と言われて、「はい」と手を挙げ、「端から全然分からないんだけど」と答えて失笑される。

「ワットが蒸気機関を発明したことは知っているでしょう？」と聞かれた寅は、「ワットが発明したの？　うそだあ。あのぼんくらが。冗談じゃないよ。あいつが生まれる前に、蒸気機関車は走っていたんだから」と、宮城県出身（第20作の長崎県出身ではなく）で、電気会社でいつも高い電柱に登って仕事している、ワット君とあだ名されている男が失恋してガス自殺しそこなった話までやり出す。

例の学生から「寅さんが待っている」と言われて、由紀が遅れて四〇二教室に入った時には、爆笑の渦と化していた。いくらも講義しないまま時間が来てしまったので、「後は私の本を読んでください」と言う先生に、寅が「その本はいかほど」と声をかければ、「千八百円」と応じたところで講義が終わると、寅は由紀に手を挙げて、「おじとして、大学の下見に来た」と言う。

「私の母の実家から大学に通っている」と話す由紀から、「ということは、あの美人のおばちゃまの実家でもある」と聞いて、寅がよく分からないふりをするので、「女医さんよ」と言われて、「何かそのような人がいたような気がするな」ととぼけると、「がっかりするわよ。好意を持っているのよ、寅さんに。亡くなった旦那さんに似ていて、とっても懐かしいって」と言う由紀から、「おばさん一人で寂しくしているから」と電話番号を書いたメモを渡されて、寅は相好を崩す。

校内でさっきの先生とまた出会うと、寅は「君、忙しい？　暇？」と気安く呼びかけて近づき、

『寅さんが早稲田の杜にあらわれて　やさしくなった午後の教室』

のテロップが流れる。

そんな早稲田の授業光景の一コマを松原泰道師は『百歳からあなたへ』の中で触れて、哲学の桑木厳翼先生は、朝八時の授業の開始時刻になると、ドアの内側から鍵をかけてしまうほど厳格なことで有名だったが、ある日早慶戦の決勝戦があって、大学はもぬけの殻で休校のような状態になっていたその翌週の授業で、先生が「今日は第四章だ」と言うので、一番前の席にいた松原さんが「一章分飛んでいます」と指摘すると、「第三章は先週講義した。学生は一人もいなかったが、テーブルと机に講義した」というエピソードを取り上げて、「誰が見ていても、見ていなくても、自分の仕事を忠実に果たしましょう」と結んでいる。また別の所では、八木重吉の「花はなぜ美しいか　ひとすじの気持ちで咲いているからだ」という詩も、どこか通底するかのように引用している。

さて、女医は、小学生の一人息子を実家に預けていたが、女としての生き方と女医とのバランスのとり方に悩み苦しんでいて、くたびれたからと一週間休暇をもらって、母の元に帰っていた。「子供のためでもあるのよ、再婚は」と母に説得されていたが、「医者として充実しているかもしれないけれど、女としてどうなの。同い年の豆腐屋の美世ちゃんが娘と一緒に仲良く買い物なんかしているのを見ると、一体どちらが幸せなんだろうと思うこともあるのよ」と母に言われても、「私、骨休めに来たの。お母さんの幸福論に付き合うつもりはないわ」と、二人は平行線のままだった。そこへ由紀が大学から帰ってきて、寅とのいきさつを話すと、「そんな人がいたの」と母はふくれる。

寅が女医に電話しようと、そわそわして外でかけようとして十円玉をせびれば、さくらから「家に電話があるじゃない」と言われて、仕方なしに家の電話でかけると、繋がらないでいたところへ、電話があってしぶしぶ寅が出ると、由紀から電話番号を聞いてかけてきた女医からで、「柴又に行ってもいいかしら」と言われた寅は、すっかり食欲が戻る。

当日、寅は粗相がないようにと段取りを決めてから、博が来たものと思って「遅いじゃないか。馬鹿」と怒鳴ったところが、それは例の学生も交えた女医の一行で、帝釈天や矢切の渡し舟で野菊の墓まで足を伸ばして女医が戻ってきた頃には、夕べ寝られなかった寅はぐったりしていたが、お茶の間ではあのおばあさんの連れ合いが八年前に亡くなった話が出て、野良仕事から帰ると、「おら疲れたから先に逝くでよ」と言うおじいさんは、「心配すんな。おらおめえの枕元に毎晩出てやっから」とおばあさんと約束した通り、あの夜も出てきて、かすれ声で一緒に佐渡おけさを歌ったと寅は真顔で語る。

女医の夫は、山が好きで信州に就職した学校の先生で、慎重だから山では絶対死なないと言っていたのに遭難して一か月も見つからず、手帳には「真知子　ごめん」と書いてあったが、女医は「謝って済むものか。なんて身勝手な男だろう」と破って捨ててしまったと言う。丈夫なだけが取り柄と言われた寅は、悪い所があると訴え、「最近胸がキュンと痛いんです」と言われた女医が脈を取り始めたのに慌てて、博を代わりに引っ張り出そうとしたはずみに、博の手が女医の手と重なると、「手をすぐ消毒しなさい」と言い出す始末で、そんな団欒の時を過ごして柴又駅のプラットホームで見送ると、女医は「寅さんといると、どうしてこんなに楽しいのかしら。寅さんと話していると、私が一人の女だってことを思い出すの」と指を唇に当て、別れ際に満男の前で差し出されたその手の感触に寅は茫然とし、

『愛ひとつ受けとめかねて帰る道　長針短針重なる時刻』

の短歌が表示される。

御前様は、「昨日寅が来て久しぶりに話したが、金儲けしか考えない人間が多い中で、寅のような無欲な人間と話していると、むしろホッとする。あのままでいい」とさくらに語り、喜んで帰る様子に、「褒めたつもりじゃなかったが」とつぶやく。

その寅は江戸川の土手に寝そべって、満男から「大学に行くのは何のためか」と聞かれて、「決まってるでしょ。勉強するためです」と答えると、「何のために勉強するのか」とまた聞かれると、「人間、長い間生きてりゃ、いろんなことにぶつかるだろう。そんな時に俺みたいに勉強していない奴は、振ったさいころの出た目で決めるとか、その時の気分で決めるより仕方ないが、勉強している奴は、自分の頭で筋道を立てて、こういう時はどうしたらいいか考えることができるんだ。だからみんな大学に行くんじゃないか」と教え諭す。


その頃、由紀は例の学生と交際するようになり、

『初めての口づけの夜と気がつけば　ぱたんと閉じてしまえり日記』

と記すようになっていた。その由紀に女医から電話があり、おばあさんが危篤で寅さんに会いたがっていることを寅に伝えると、寅はすぐに例の学生と由紀が運転する車で信州に向かう。

朝を迎えた頃に、由紀が殆ど運転して病院に着くが、五時に亡くなっていて、「おばあちゃんがこの家で死なせてくれと、手を合わせた時の顔が目に浮かんでね」と女医は涙にくれる。「疲れてるんだろう。少し横になって休んだらいい」と寅が慰めると、「ありがとう」と言って、女医はうっとりとして

寅の肩に顔を寄せる。看護婦が通りかかって「あっ」と驚くと、女医もすぐに戻っていく。

あの家では葬式が行われて、寅が参加していたが、女医のほうは「この病院を辞めて、しばらく自分を見つめ直してみたい」と院長に相談していた。「その程度のことで辞められたんじゃ、医者はいくらあっても足りませんよ」と院長が難色を示すと、「私にとっては大きな問題で、いろいろ勉強したいこともある」と言う女医に向き直って、「この病院はあなたを必要としている。これが大事で、あなたの問題は大したことじゃない。悩み事があれば働きながら解決すればいい。この土地で医師を続けていくことがあなたの人生だということに、確信が持てないのか。そのうち縁談があって、瀟洒な病院の奥様に収まる。そんな人生があなたにとって幸せなんですか」と、半ば恋の告白でもあるかのように院長が力説していると、看護婦が患者が急変したと女医を呼びに来て、院長から患者の注意事項を授けられた女医は病室に向かう。

寅は、松本で仲間が待っているからと、由紀が晩御飯を作っているのを断って、例の学生に車で送ってもらおうとすると、「駄目だ。おばちゃんに叱られる。折角サラダも作ったんだし」と渋る由紀に、「迷惑かけてすまなかった」と言いながら、「おばさまは女だ。いざという時に、ちゃんと筋道を立てて考えてくれる人が必要だ。そういう人、探してやりな」と諭すと、「その人が寅さんじゃいけないの」と由紀はすがる。「馬鹿言っちゃいけない。おばさまが聞いたら怒るよ」「寅さん、好きなのね。おばちゃまが」といったやりとりがあって、サラダをつまんで「いい味だ」と褒めた寅は、「由紀ちゃんも、うんと恋をして、いい歌作んな。あばよ」と去っていき、

『寅さんが「この味いいね」と言ったから　師走六日はサラダ記念日』

の歌がテロップで挿入される。女医からはその夜、「姪が気に障ることでも言ったのか」と心配してとらやに電話があるが、とらやの面々にとってはこれも年中行事の一つだ。

正月になって、満男は女の子たちが迎えに来てモテモテで出ていく中、博は由紀に約束したという『サラダ記念日』が題名の歌集を、儲けなしのサービスで、出版するための編集に没頭していた。

「正月は独り者にとって地獄だ」と言う院長のぼやきを聞きながら、病院に残ることにした女医は、由紀から来た年賀状に添えられた、

『旅立ってゆくのはいつも男にて　カッコよすぎる背中見ている』

の歌を眺めていた。寅は、島原城下のテキ屋商売で、早稲田ブランドの商品を泥棒に持ち逃げされるドタバタ劇を繰り返していた。

男はつらいよ　心の旅路（第四一作）（一九八九年）（寅♥竹下景子）

ノイローゼのエリート社員（柄本明）が、寅の乗る田舎の電車に飛び込み、間一髪助かって寅に慰められるところから話は始まる。寅に頼りきりになって、トイレにまでついてくる情けなさだったが、「この際やりたいことをやってみろ」と寅に言われて、旅行会社を手配して旅費まで負担して同行を求められた寅だったが、家族中から無理だと言われて当日断ったものの、自殺してしまいかねない相手の気落ちぶりに、「人に親切になどするものじゃない」とぼやきながら、結局芸術の都ウィーンへと旅立ち、カップラーメンをどこまでも手放せない寅に象徴されるように、本来混じり合わない者同士の

奇妙な味が醸し出される。

音楽にも美術にもまるで関心がない寅は、美術館に出かける社員からモーツァルトの記念像が立つ公園のベンチに座ってずっと待っているように言われても、じっとしていられるはずもない。草履履きでうろうろして、通りがかった観光の一団に日本人のガイド久美子（竹下景子）が「急いでください」と呼びかけているのについて行って、そのバスの前で誰何されるが、ホテルの名前や通りの名前を聞いてもまるで答えられず、所持金も「千五百円ちょっとしかない」と言う寅を、ともかく彼女が同乗させてくれたことから、寅のウィーン物語が始まる。

久美子は日本の一流企業に勤めていたが、社内の男性と恋愛していざ結婚という段階で、退職するのが暗黙の了解になったいた当時の慣習の圧力に反発して、会社も彼との結婚もやめてしまう。

何の伝手もないヨーロッパに出てきたものの、退職金などの手持ちも潰えて、自殺しかねない状況に追い詰められていた頃、「承諾しないなら、ピストルでお前を殺して自分も死ぬ」と迫る、表向きはお酒の輸入商でも、どうもスパイだったらしいという現地の男に熱烈に求婚されて結婚した、実は寅の隣町の金町出身のマダム（淡路恵子）に助けられたことから、今は一人暮らしのマダムのマンションに出入りするようになっていた。

迷子となってしまった寅も、久美子に呼び出されたマダムが問い合わせてくれてホテルは見つかり、マダムの手料理で待望の番茶と焼きおにぎりの日本食にも有り付く。電車に乗って柴又で降りるつもりでおいとましようとした寅は、ここがウィーンだと気づいて笑われる。

寅と久美子は、水量がとてつもなく豊かで、その流れに吸い込まれていきそうな雄渾壮大なドナウ川の河畔に佇んで、「流れ流れて、どこかの海に注ぐんだろう。その海をずっと行くと、俺の故郷の江戸川に繋がる訳だ」と言う寅の話に、飛行機の切符も高くてかれこれ八年も帰っておらず、長良川のほとりの岐阜で育った彼女は、すっかり郷愁に駆られてしまう。

「寅さんって、不思議な人ね」と言う久美子に、「俺は常識的な人間だと思っているけど」と答える寅に、「故郷の塊みたい。寅さんに会った日の夜、故郷に帰る夢を見て、一番かわいがってくれて、困った時のために指輪もらった、昨年亡くなったおばあちゃんが泳ぐような手つきで出てきて、私ね『おばあちゃん、帰って来たよ』と言って、おんおん泣くのね」と、久美子は泣き出す。

マダムが、旅費を餞別代りに用立ててくれて、「寅さんと一緒に日本に帰りたいんだって。連れて行ってくれる」と寅に電話で頼んで、久美子は帰国の決心をする。

それもこれも、彼女がある時財布をなくして困っていた店で、助けられて知り合ったオーストリアの音楽家の青年ヘルマンから、「いつか日本に帰る日が来ることを僕は覚悟していた。故郷に帰ることが君の幸せなら、僕は寂しさに耐えるつもりだ。君を愛しているから」と言われていたからだが、事情を聞いたマダムは、「ホントに好きなら、なぜ帰るなとヘルマンに言わせなかったのか。そんなことでどうして愛していると言えるのか」と、亭主の激しい求愛を引き合いに出して、実は不満顔だった。

ところが、いざ出発間際の空港に、慌ててタクシーで乗り付けてきたヘルマンは、「クミ！」と呼びかけると、久美子と熱いキスを交わす。「行っちゃ駄目だ。ぼくは君を離さない、絶対に！」と固く抱きしめられて、「あなたの言う通りにする」と彼女は素直に応じる。

帰って来た寅は、時差ボケがひどく、毎日ボーッとしてろくに口も利かない状態で、皆が内心そう思っていたように、「俺は本当にウィーンに行って来たのかね。ひょっとしたら、夢だったのかね」と聞く寅に、お土産を持って行ったら御前様が「もともと寅の人生そのものが夢みたいなもんですから」とおっしゃっていたことをさくらは引き合い出す始末だった。

社員のほうは、ウィーンの舞踏会で申し込まれてワルツを踊って意気投合した女性の勤め先に翌日花を届けに行き、夜は酒場の人たちと飲み歌って「ブラボー！」と快哉の声を上げるなど、社員なりのウィーン物語を満喫していて、「何で寅のような男を連れて行ったのか」と正常に思えるようになるほど、すっかり病気は良くなっていた。

その社員が、帰国後とらやに現れて、寅とガイドの写真を披露したことで、「恋物語」が発覚する。「そう言えば」とさくらから、「故郷の塊のような寅さんとお会いして、私がもらったものは故郷よりもっと素晴らしい愛でした。まもなくヘルマンと新しい生活に入ります。どんなにつらいことがあっても、私は耐えていくつもりです。本当にありがとう」と仕事先のオランダから伝える久美子の跳橋の絵葉書が紹介される。その頃、祭りの出店で、ヨーロッパ直輸入の「オーストラリア」はウィーン製バッグと銘打って、大安売りする寅の口上が出たところで幕となる。

日本から抜け出して、ヨーロッパの「オーストリア」はウィーンが選ばれて、日本の情景と交互に出てくるその取り合わせは絶妙で、この映画により深い味わいを与えて、愛すべき作品にしている。

第四部　甥の満男の支えに徹する・寅さんの黄昏（第四二作～第四九作）

男はつらいよ　ぼくの伯父さん（第四二作）（一九八九年）（満男♥後藤久美子）

これまでの寅さん映画とはすっかり様相を異にして、この映画から以降は、寅の甥の満男が主役となり、寅はそのコーチ役に回って物語が進行していく。それを裏付けるかのように、オープニングも満男のナレーションで始まり、おじさんは親切だが少々押しつけがましく気が短いところに難がある一例として、ローカル線で立っていた老人に席を譲るよう強引に高校生を立たせたものの、「農業で鍛えた体だから、じいさんと呼ばれるほどの年寄りじゃない」と老人が拒否したため、「好意を無にするのか」と寅が周囲を巻き込んで大げんかになる一幕が紹介される。

さて、大学受験に失敗して浪人した満男は、高校のブラスバンドでフルートを吹いていた可愛い後輩の泉（後藤久美子）の父親に若い女性ができて，離婚同然に別居した母親（夏木マリ）に連れられて転校した泉が名古屋から、「先輩と一緒だった葛飾の高校が懐かしくてたまりません」と突然手紙で告白してきてからというもの、勉強に手が付かない。心配したさくら博夫婦が寅に相談を持ちかけると、寅は満男を泥鰌の料理屋に連れ出して、初恋の悩みであることを聞き出す。「唇や胸を思うばかりで、愛する資格はなく、不潔だ」と訴える満男に、「自分を醜いと知った人間は、決してもう醜くない」と言っていた博のことを引き合いに出して、「三年間じっとさくらに恋した父親は、今のお前と変わらないと思うよ。不潔だと思うか」と諭し、飲み方から伝授してやった酒はエスカレートして、ぐでんぐでんに酔っぱらって帰ってきた満男は、博からビンタを食らう。

とうとう居ても立ってもいられなくなった満男は、「旅に出ます。親不孝をおゆるし下さい」と誤字の貼紙をして、バイクで名古屋に向かう。泉はいなかった。スナックのママになった母親から、佐賀の高校教師に嫁いだ妹（壇ふみ）の所にいることを教えてもらうと、バイクを走らす。カーブを切り損ねて転倒すると、親切にバイクで駆け寄ってきた中年男と同宿したものの、男色に驚いて逃げ出す。

ようやく佐賀にたどり着いて、待っていた家の前で泉と再会する。土手で語り合って別れて、泊まった宿で相部屋だと言われて寅とばったり出会うところなど、映画ならではの都合の良さだが、寅がさくらに電話して満男が叱られて泣いた翌朝、「突然訪ねて行って、ホントは迷惑だったのでは」と弱気になる満男を、寅は「女はそんな風には思わないものだ」と、日本一の美女小野小町に懸想する思いを三十一文字に託して百日百夜通いつめて恋が成就した深草の少将の話を持ち出して、「せめて五日か十日通ってみたらどうか」と励ます。

「甘ったれるな」と言いながら、一緒に泉の寄宿先を訪ねると、出てきた郷土史家のおじいさんに寅はすっかり気に入られて、迷惑顔のお堅い高校教師を尻目に一泊した翌朝、寅から聞かれた母親の妹は「高校を出る年になったら、両親のどちらかを選ばせるつもりだ」と言っていたというが、その泉と満男は、バイクで相乗りして向かった吉野の里遺跡で、おじいさん仲間に同行していた寅とばったり出会う。映画ならではの設定が再現されて、更にバイクで一回りして遅く帰った夜に、高校教師から辛辣な皮肉を交えてなじられると、そのまま帰ることにした満男は、別れ際に軽いノリで、「アイラブユー」と言いながら、体を寄せたところでヘルメットのつばが泉のおでこに当たり、「痛い」と言われて、自分のドジぶりを嘆きながら、遥か家路へとバイクを走らせていく。

寅は寅で、別れ際に、「預かった子に対する責任もあり、バイクで突然来られたりするのは迷惑なので、二度とこんなことが起こらぬようご指導ください」と言う例の高校教師に、「甥の満男は間違ったことをしていないと思います。慣れない土地に来て寂しい思いをしているお嬢さんを慰めようと、両親にも内緒で、はるばるオートバイでやって来た満男を、よくやったと褒めてやりたいと思います」と反論して、「思想の違いですな」と相手にあきれられている。

寅は泉の通う小城高校に立ち寄って、彼女に満男のことを詫びながら、「早く土地の言葉を覚えて、いい友達を作んな」と励まして帰る。

明けて正月、泉は父親に呼ばれて上京した際に満男の家を訪ねてきて、「寅さんから来た年賀状が面白いの」と言って、「本年も私の愚かなる甥満男をよろしくお引き立て願います」と書かれた文面を満男に読み聞かせて、この映画が次作の予告編であることを悟らされる。

男はつらいよ　寅次郎の休日（第四三作）（一九九〇年）（満男♥後藤久美子）

満男は晴れて大学生になるが、八王子にある大学まで電車で出かけると二時間もかかるとあって、博の目を盗んで一時間で済むバイク通学をしていたが、ついに「アルバイトしながら下宿したい」と言い出す。友達と物件まで決めて引越しとなったその当日、母親の妹の夫である高校教師の意向が強く働いたのだろうか、再び名古屋の母親の元に戻った泉が、何と家出して満男の家にやって来るタイミングとぶつかる。友達に加勢を頼んだ引越しは、急遽延期となる。さくら博夫婦は、二階にいる二人の様子にやきもきしながら、寝不足の朝を迎える。

泉が父親（寺尾聡）に「女性と別れて戻ってくるよう頼みに行く」と言うので満男も同行すると、既に父親は会社を辞めていて、大分は日田の女性（宮崎美子）の故郷で暮らしていると聞かされて帰った十五夜の晩、月を眺めている二人とは対照的に、泉の父親は真面目そうな印象だったとさくらが話すと、「それじゃ何か、真面目な男は女に惚れないと言うのか。じゃ俺なんか、総合的に見たら真面目じゃないという訳か」と盾突く寅に、博が慌てて「兄さんの場合は独身ですから、どこの女性とどんな恋をしても問題ないんじゃないですか」となだめれば、「俺は他人に一つも迷惑かけてないからな。俺は独り身だから」と寅が胸を張ると、「威張ることはないんだよ。いい年して」とおいちゃんは苦り切り、「四十過ぎて独身なんていうのは、みっともないだけなんだよ」とおばちゃんが嫌味を言い、それにタコ社長が加わるいつもの一家のやりとりに、「みっともないなあ、大声出して」と満男があきれて、自転車に泉を乗せて帰った後、寅は想像をたくましくして、「同棲します」と言う二人に、「社会人になるまで三年待て」とその仲を取り持ち、華燭の宴を挙げて感謝されて、子供の名付け親になる夢物語をひとしきりした翌日、名古屋に帰るはずが、急に九州にいる父に会いたいと、新幹線で向かおうとする泉に居たたまれなくなり、見送りに行ったはずの満男もそのまま同乗する。

薬局を営む女性の家に同居し、製材所で働いているという、見違えるほど生き生きとして、出張先で知り合ったその女性とも気心が合って幸せそうな父親の様子に、「女性と別れて戻ってきてくれ」とはとても言いそびれて、祭り見物の人ごみの中、「パパをよろしくお願いします」と逃げるように別れて来た泉を、満男が慰めているその道すがら、並行して家出娘をとらやに迎えに来て、急を知らされた、色っぽいが操正しい母親（夏木マリ）が寅と同行して、寝台特急で向かい合わせになって、次第に意気投合して缶ビールを重ねてしっぽりとした一夜を送った後、寅と泉探しに一息入れているところへ、映画ならではの絶妙のタイミングで、ばったり出会った四人は、連れ立って家族気取りで温泉旅館に泊まる。泉から「幸せそうだったから、復縁はあきらめて一緒に暮らそう」と言われて、グラスを壁に投げつけて泣いて荒れ狂った母親もとうとう観念して、朝早くのバスで発つ母娘を、寅は満男を送りに行かせ、日田の女性とは明暗を分けた、二人の暮らしがまた始まる。

母親にはママの出勤前に店に来た寅から花束が贈られるが、寅にセーターをプレゼントした満男は、「困ったことがあったら、風に向かって俺の名前を呼べば、いつでも飛んでくる」と励まされる。

年が明けて、また泉が訪ねて来たとさくらに知らされて、家路に急ぐ満男は、「人間、誰だって幸せになりたいと思っている。でも幸せって何なんだろう。泉のお父さんは、幸せそうに見えても、ホントに幸せなんだろうか？　タコ社長は『寅さんが一番幸せだよ』とよく言うけど、おじさんはホントに幸せなんだろうか？　仮におじさん自身が幸せだと思っていたとしても、お母さんの目から見れば不幸だとすれば、一体どっちが正しいのだろうか？　人間はホントに分かりにくい生き物だ」と思いながら、自転車を走らせる。

幸せとは、どこまでもその人本人のみに帰属する主観的な感情であり、他人が当て推量できないものである。また、他人と比較するところに真の幸せもない。虚心坦懐に己を顧みさえすれば、幸せか否かは、およそ感覚的に実感できるものである。とはいえ、人間は大いなるものに生かされている存在であってみれば、その大いなるものが喜ぶ範疇の中に幸せも包含されている。全く行動しないところに真の幸せはなく、放埓を極めるところにも幸せはない。多くの識者が口をそろえるように、それは仕事の中にある。広い意味で世のため人のために役立つ行いの中にある。

それをヒルティは、「人間の本性は働くようにできている。本当の休息はただ活動のさなかにのみある。こうした自然の休憩によって中断されるだけの、絶え間ない有益な活動の状態こそが、この地上で許される最上の幸福な状態である」と言い、オリソン・マーデンもまた『自分の磨き方』（弓場隆編訳）の中で、「人間の最高の幸福は、自分が本来なすべきこと、すなわち個性を活かして人生の大いなる目的を果たすために努力することによってもたらされる。働くというかたちで活動していないなら、人生の目的を果たすことができない。幸せを手に入れる唯一の方法は、誠実な気持ちで社会の役に立つ生き方をすることである。それ以外の生き方では人間は幸せになれない。自分の行いを恥じているなら幸せになれない。また、復讐心や嫉妬心、憎しみを抱いているなら幸せになれない」と説く。

そうした活動の過程において、恩寵のようにして束の間に感じ取られるのが幸せという感情なのではないだろうか。

男はつらいよ　寅次郎の告白（第四四作）（一九九一年）（寅♥吉田日出子・満男♥後藤久美子）

名古屋の泉が進学せず就職するというので、先生から紹介された銀座の楽器店に満男も同行して求職活動をするが、厳しい現実に直面してそのまま名古屋に帰った泉は、クラブで雇われママをしている母親（夏木マリ）に再婚相手ができたのに、不潔だと強く反発したようで、家出したとの連絡が入る。その泉から「寂しい海が私の淋しさを吸い取ってくれるようです」と書かれた鳥取砂丘の絵葉書が届いた満男は、居ても立ってもいらなくなり、砂丘の天辺で待っていると伝言を頼んで鳥取に向かう。

折しも、あてどもなくひとり旅をしていた泉は、子供たちにつられて入った駄菓子屋でアンパンを買い求めると、一人住まいのおばあさんに「上がれ」と言われて、豆腐を買いに使いに行った帰り道、寅と一緒になり、川の字に寝ながら、ママの再婚や満男の話をやりとりして慰められた翌朝、おばあさんの孫の車で砂丘に行き、天辺から転がるように降りてきた満男と再会する。

そのまま、寅が「かつて訳ありだった」と告白した、床など傾いた古い料理屋の女将（吉田日出子）

の所に厄介になるが、女将は寅を袖にして二枚目の板前と結婚したものの、大変な浮気者で、それでも連れ添って十年、土砂降りの雨の中、鮎釣りに出かけて、寅が悪い冗談を言っていた通り、鉄砲水に流されて土左衛門になって亡くなったというので、「もう帰る汽車の時間だ」と気もそぞろの満男に、香典袋と花を買いにやらせて、墓参りをしてもう一泊する。

「客も皆帰り、従業員も皆帰した」と言う女将は、「寅さんと所帯を持つんだった」と言いながら、酒を酌み交わすうちに、寅にしなだれかかる。ただならぬ様子を察した二階の満男が、階段の手すりにもたれて聞き耳を立てていると、手すりが壊れたはずみに池に転げ落ちると同時に、女将との濡れ場にも水が差される。おじさんは手の届かない女性には入れあげるのに、手が届きそうな女性が現れると逃げ出してしまうと嘆いていたさくらの話を、満男が泉にしていた通りの結末となる。

翌朝、帰りのバス停に見送りに来た女将から「覚えてるだか、夕べ何をしたか?」と聞かれて、「いや、俺は何にも」ととぼけてみせる寅の手を女将は後ろ手で、「私もすっかり酔っ払ってしもうて、何にも覚えておらん」と、つねり上げる。

鳥取駅で二人を見送る寅に泉が「いろいろありがとう」と握手を求めると、「お母ちゃんと仲良くな。女だから時々寂しくなることもあるんだよ。お前、娘だからそこんとこをよく分かってやりな」とアドバイスし、「幸せになるんだぞ」と二人を励ます寅と別れる。大阪に向かう列車では、満男は左手を泉の右手の甲に重ねると、やがて泉も左手を重ね合って、二人は車窓から日本海を眺めていた。

帰宅した泉は、母親が「思っていることがあったら何でも話してよ。ママはあんたなしじゃ生きていかれないんだからね。再婚だってあんたが嫌ならあきらめるわよ。どんなに心配したか」と涙ぐむと、「幸せになっていいよ。私、もう大丈夫だから」と伝える。

正月二日、両親と恒例の初詣を断って友達とバイクで出かけようとしていると、泉が急に訪ねて来て、たちまち今帰って来たばかりだということになり、泉も交えて初詣に向かう江戸川の土手を歩きながら、満男は「どうして恋をする人間はこんなに無様なんだろう。今回の旅で分かったことは、おじさんのみっともない恋愛を笑う資格などないということだ。その無様な姿は、自分のことのように悲しく思われてならない。これからはおじさんを笑わないことに決めた」と、寅の万感の思いの一端をかみしめる。

男はつらいよ　寅次郎の青春（第四五作）（一九九二年）（寅♥風吹ジュン・満男♥後藤久美子）

題名は寅次郎の青春とあっても、中身は満男の青春であり、寅の年齢からくる役柄の無理を次第に心得た演出に、この作品辺りから舵が切られているように思う。

東京のレコード店に勤めるようになった泉を、家で夕食に誘って満男との家族ぐるみの交際が続く中、宮崎の油津で理容店をしているちょっと色っぽい女蝶子（風吹ジュン）が、昼休みに行きつけの喫茶店で、「どこかにいい男はいないかな。沖縄でも北海道でもついて行く」とぼやいたところ、その場に一人いた寅が、「俺じゃ駄目か」と冷やかして、お代を奢っていい格好しいで店を出ていく。

寅が木材を筏にして運ぶ川面を眺めていた橋の上で蝶子と再会すると、今度は散髪に誘われる。彼女には、十五歳下の青年で、小さな貨物船の船乗りをしている音楽好きな弟がいた。寅が散髪した後におつりはいらないと出て行こうとすると、やらずの雨が激しく降り出す。財布の中身がすっからかんだったのはとうにお見通しで、一宿一飯の縁ができる。

折しも泉は、友達の結婚式で宮崎に向かい、翌日城見物に行くと、寅と出会う。同行していた蝶子と泉との間に挟まれて、どちらに行こうかと迷いながら、泉のほうに移動しようとした石の階段で寅は転倒し、足を骨折したかと救急車を呼ぶ騒ぎとなる。泉から電話で知らせを受けて駆け付けた満男は、青年の車で迎えに来た泉との関係を疑ってご機嫌斜めだったが、青年に恋人がいることが分かると態度は一変して、青年がバンドを従えて歌う祭りの会場にも足を運ぶようになる。

寅はすぐに退院して、理容店の厄介になっていたが、そんな満男に泉のことを「接吻はしたのか」と問いかけ、「そうか暗闇で手を握るくらいか。愛していないのか。思っているだけで何もしないのは、愛していないのと同じなんだ。愛しているんだったら、態度で示せよ」と畳み掛けると、「そう言うおじさんは、床屋のおばさんとキスしたのか」と逆襲されて、「指一本触れちゃいない」「ただ意気地がないだけじゃないか」と首尾一貫しない応酬となる。

一方で、泉は、床屋のおばさんから、理容店の入り口に吊るされた鈴をちりんと鳴らして客が入っては出ていく毎日の繰り返しの中で、ある日初めて来た中年の男から、「俺と一緒に暮らさないか」とストレートに言われて返答できずにいると、「気にすんなよ」と言って帰り、また同じことを言われたら承諾しようと思っていたのに、再び訪ねてくることはなかったという話を聞いていた。泉はその話を満男にして、「すてきな男の人が現れるのを待っている。幸せが来るのを待つなんて嫌。幸せが男の人だなんて考え方も嫌い。幸せは自分でつかむもの。待つなんて嫌」と大人びた持論を述べる。

髪結いの亭主にでもなるのかと周囲が思い始めた頃合に、皆で出かけた先で、突然寅はおいちゃん夫婦が病気なことを口実にして、満男と一緒に帰ることを蝶子に伝えると、全てを察した蝶子は、「もっと早く言わんね。私が一人で寂しくなってしまうと、同情してくれたのかね。私がそんな可哀そうな女に見える。大きなお世話よ。宿に困るほどだったのを、同情したのは私のほうだよ」と言って、その場を立ち去る。「愛しているのよ、おばさんは」と言う泉に、満男は、「残れば、もっと大きな悲劇が待っている。最初は楽しいかもしれないが、奥行きがないおじさんは、一年もすれば飽きられる。おじさんはよくそのことを知っている」と反対する。結局、おばさんがまた戻ってきて、空港まで送る車中で、「寅さん、さっきお礼がどうのと言ってたけど、そんなもんは要らん。私はそれなりに楽しかったんだから」と厳しい口調で別れを告げられると、寅はただただうなだれるばかりだった。

寅は大げさに松葉杖をついて帰り、心配して集まった町内の人たちに驚くほど立派な挨拶をするが、夜の語らいで、満男と泉の様子を聞かれた寅は勝手な想像話をしてあきれられ、さくらから「満男がもし失恋でもしたらどうしてくれるの」と言われると、「はっきり言うけどもな。一度、二度失恋したほうがいいんだよ。失恋して人間は成長するんだい」と腕を組んだものだから、博に「お言葉を返すようですが、失恋して成長するんなら、兄さんなんか、今頃博士か大臣になっているはずじゃないですか」と混ぜ返されて、「うまい、うまい」と笑ったタコ社長と例の口論となり、取っ組み合ったところで、足は何ともないことがばれてしまう、いつもの体たらくだった。

困り果てた電話が母親から泉にあり、「入院して手術するから名古屋に戻ってきて」と懇願されて、休みを申し出たものの、有給を取ったばかりだからと店の上司は聞き入れず、辞めて名古屋に帰ることにして、満男が見送りに行くと、「ママは私がそばにいなきゃ駄目な人なの。一緒に暮らす」と言う泉に、満男が「俺、結局何の役にも立てなくて、泉ちゃんの周りをうろうろしているだけの間抜けだったな」と自嘲すると、泉は満男を抱きしめて軽くキスをして別れる。

また旅に出る寅は、満男を待ってくれていて、「ふられたってことか」と言う寅に、満男は「簡単にあきらめないよ」と返し、「何年先が分からないけど、これから大人になって泉に会った時、また新しい物語が始まるんだ」と心に誓う。

そして正月、下呂温泉でのテキ屋稼業で、新婚旅行に来た例の青年と寅は出会う。蝶子はあの客がついに再来すると、店をたたんで博多に行ったという。「寅さんと結婚すると思っていた」と言う青年に、寅は「俺も一応そのつもりだった」と応じているのだが、本心は推して知るべし。

男はつらいよ　寅次郎の縁談(第四六作)(一九九三年)(寅♥松坂慶子・満男♥城山美佳子)

冒頭は、秋の良き日に嫁ぐ娘に、寅が「お嫁さん、きれいだよ」と声をかけると、父親(すまけい)から「門出にお言葉を」と一言求められて、「まずはお二人が愛し合うことです。そして、二人を育ててくれた皆様に感謝する気持ちがあってこそ、初めて二人は幸せになれるのです」と述べ、「いい年して嫁のきてもないくせに」と冷やかす中年の仲間から、「最近女房を若いのと取り替えたばかりだ」と言われて、憤然として相手を突き飛ばす。

満男は就職活動に苦しんでいた。百枚も応募する会社に葉書を出し、四十何通も同じ身上調書を書いて、テープレコーダーよろしく嘘のような自己PRを繰り返した就職試験は、不合格の連続だった。秋になっても「まだ就職試験を受けているの？」と言われながら、博の兄から紹介してもらった広告代理店の会社の最終面接では、緊張しないようさくらに教えてもらった小指を引っ張るなどしていたが、「まあまあだった」と思いながら会社から最終結果の電話を自宅で待つ間、満男が火災保険の会社の面接では緊張のあまり退席する時にドアをノックして出て行って大笑いされた話や、友達の中には自分の名前まで忘れるほど緊張したが合格した話などしていると、またも不合格の連絡だった。「母さん、もうやめた、就職活動なんか。俺、就職しねえから」とうつむき、「自分の好きなことして、自由に生きるんだよ」と言い張る満男に、「自分の好きなことと言うけど、あなたにはそれがあるの？　大学四年間一生懸命勉強して、誰にも負けないものを何か持っているの？　ただ就職試験から逃げ出したいんでしょう」とさくらは問いかける。「泣いたって何の解決にもならないじゃないか。お前が選んで歩いてきた道なんだから、壁にぶつかったからと言って、父さんたちに当たるのはやめろ」と博も言い寄ると、「自分が選んだ道じゃないよ、大学なんて。父さんの代わりに行っただけで、行きたくなかったんだ。就職なんてしたくない。自由に生きたい」と、だだをこねる満男を博は平手打ちする。

すっかり嫌気がさした満男は、さくらの止めるのを振り切って、当てもない旅に出る。たまたま飛び乗ったのは高松行きの寝台特急で、車掌とのやりとりを聞いていた乗客から、「行き先も決めずに旅行だとよ。ろくなもんじゃないよ」と陰口をたたかれながら四国に向かい、やがて届いたママカリの瓶詰の小包から満男が瀬戸内海の琴島にいるのが分かり、ちょうど帰ってきていた寅の出番となる。

寅は、想像するに、ふらりと駅に降りて連絡船に乗って島に行って、その一晩が二晩となり、一週間、二週間は夢のうちに過ぎてしまった満男の気持ちを、「旅というものは、行き先を決めてから出かけるもんじゃないよ」と弁護しながら、四国に商売のついでもあるし、いつも迷惑をかけているさくら夫婦への恩返しでもあるからと、「朝一番に満男を迎えに行ってやる」と申し出る。

「どういう風に話するつもり？　満男に会ったら」とさくらに聞かれた寅は、「満男、おじさんの顔をよく見るんだぞ。これが一生就職しなかった人間のなれの果てだ。お前もこうなりたいか」と決め台詞を述べると、「分かっているじゃないか、お前」とおいちゃんが合いの手を入れる。「俺の顔をじっと見ていた満男は、ハッとするな。おじさんの言う通りだ。これからすぐに帰ろう、柴又へ。そして堅気のサラリーマンになろうと、荷物をまとめて帰ってくる」というのが寅の筋書きで、一同を深く納得させるものだった。

ところが、二階に引き揚げようとした寅は、「満男はこんなに心配してくれる人たちがいて、幸せ者だな。今頃東京に向かって手を合わせて反省しているんじゃないか」と言いながら、「駄目！　満男、帰っちゃいけないから」と島の娘が登場すれば、モテる満男の心は、「両親の元に戻るか、この島に止まって愛の巣を営むか」千々に乱れるなと解説し、「去るべきか止まるべきか、それが問題だ」とあらぬ想像を巡らせるものだから、折角安心しかかっていたとらやの面々をしょんぼりとさせてしまう。

さて、満男は、若い人がいない三十四世帯が暮らす島で、ママカリ漁や畑の野良仕事に駆り出されて重宝がられていた。宿は外国船の船長だった人の家で、彼が神戸の女性に産ませた娘葉子（松坂慶子）が、料理屋の女将だったのに借金を抱えて帰り、体調を崩して寝込んでいて、満男は往診に来る診療所の看護婦亜矢（城山美佳子）と出会って、島で頼りにされる彼女と気心が通じ合っていた。

そんなところへ、早すぎて目が回るから新幹線に乗るのは嫌だと、送って行った博にただをこねながら、島までたどり着いた寅が、満男を迎えに来る。しかし、満男は帰ろうとしない。

島の高台にある満男の宿まで続く坂道で、寅はへたばりかけていたが、外出を許されるようになった葉子と出会えば、たちまち元気を取り戻す。島の人たちは歓迎ムード一色で、葉子の快気祝いも兼ねて宴を催してくれたその夜は、船長（島田正吾）もタンゴを子供の時に教えた葉子と踊り、勢い余った彼女は寅に倒れ込み、しなだれかかると、ふと指と指が絡み合っていた。

翌朝、「妙な噂が立つと悪いから」と言う寅は、何人もあちこちに産ませた子供の話をする船長に別れを告げて、雨の降りしきる中、立ち去ろうとすると、慌てて葉子が出てきて、「なんで黙って行ってしまうの。駄目よ。行っては駄目よ」と引き止められても、「幸せになって。ごめんなすって」といい格好で決めたところが、連絡船は欠航の知らせが入って、ほくそ笑んで逆戻りする。

金比羅宮、栗林公園と二人で出かけ、葉子が神戸から島に戻って寅に出会った経緯を話して、「何かお礼をしたい」と言う葉子に、寅は「何もいらない」と素っ気なく、「じゃ温泉でも」と言えば「風呂には入りたくない」と言う寅に、葉子は「意地悪」とすねて横を向いてしまう。

一方、満男は、亜矢との付き合いが次第にエスカレートして、彼女が作った昼食のお弁当を一緒に見晴らしのいい場所で食べているうち、寅の話になって、「美人にふられてばかりだが、相手がその気になると逃げ腰になる」と満男が解説すると、「じゃ、満男さんにも遺伝してるんだ」と言う彼女に、「脱いで」と言われて脱いだトレーナーの代わりに、手編みをプレゼントされて、脱いだトレーナーは「満男さんの匂いがする」と言って彼女が着てしまったことから、「返せよ」と追いかけて行った先の空き家の暗がりで、「好き」と言われて抱き合ってキスを交わしていると、仕事で満男を当てにする呼び声が聞こえてきて、その場をやむなく立ち去るが、そうでなければ二人は一体どうなってしまったことだろうか。後年見果てぬ夢となって悩まされようとも、これも一つの運命なのだ。

満男が、「おじさんは残ると思うが、明日一人で帰る」とさくらに電話した晩、満男の所に来た葉子から、「男の魅力は顔やお金じゃない。寅さんはあたたかい。寅さんて、独身?」と聞かれて、「ずっとだよ。おじさんはお姉さんに恋しているから、結婚してくれると皆が喜ぶんだけど」と答えると、「そんなことは、本人の口から聞きたいの。余計なおせっかいだわ」と言われた話を寅にすると、万事休すと悟った寅は、翌朝島を後にすると腹を決める。寅と同行していく満男に亜矢が気付くと、「就職活動があるから」と言う満男に、「他に訳があるでしょう」と言って走り去った娘の姿に、寅は「もう少し残ったほうがいいよ」と満男に言ってみるが、そのまま乗船すると、埠頭から船を追いかけて手を振って泣き崩れる亜矢の姿に、「島に残ろう」と言い出す満男を、寅は今度は「あきらめが肝心だ」

といさめる。人は、あきらめのあのつらさを思うにつけ、なまじ邂逅してしまったことの僥倖を感謝するどころか、かえって不幸だとすら思ってみたりするものだ。

満男も小さな会社に就職が決まって迎えた正月、港港に女ありで、各地で子供を産ませたが今では自分を慕ってくるのは葉子一人となった船長は、寅から娘の苦境を聞き知って全財産を彼女に譲り、神戸に戻って借金の片を付けた葉子が、とらやを訪ねてきて、寅の代わりに満男と再会して、店を手伝っていく。その頃、小豆島の富丘八幡宮でテキ屋稼業をしていた寅は、晴着姿の亜矢が新しいボーイフレンドと初詣に来たのを見かけると、「幸せになれよ」と声をかけて、「満男、またお前はふられたぞ。ざまぁみろ」と、自分の境遇と重ね合わせる。

男はつらいよ　拝啓車寅次郎様（第四七作）（一九九四年）（寅♥かたせ梨乃・満男♥牧瀬里穂）

謙信公祭に来た寅は、レコード店の前で新曲をＰＲする売れない歌手（小林幸子）に郵便局で声をかけて、「人相では印堂に輝きがあるから大器晩成型だよ」と励ますところから映画が始まる。

靴の商事会社に入って、満員電車に揺られて営業を担当するようになった満男は、残業続きで、向いているのかと悩む様子を専務（すまけい）が察して、「仕事は遊びじゃないんだから、その時の気分で決めないで欲しい。本気でこの会社でやってみようというなら、一生面倒見るよ」と励ましの言葉をかけてくれる中、ちょうど帰ってきた寅から、手近にあった鉛筆を「売ってみろ」と言われる。

満男が型通りに勧めると、「僕は字を書かないから」とすぐに寅に断られる。今度は寅が、その鉛筆を持って、「子供の頃、おふくろが火鉢のそばで削ってくれて、削りかすがブーンといい匂いがした」話を枕に、「鉛筆が短くなる分だけ、頭がよくなったような気がしたものだ。ボールペンは便利だが、味わいがない。鉛筆はにぎり心地が肝心で、木の温もりと共に六角形が指に収まる。書いてみな」と購買意欲をそそり、「デパートで買えば六十円だが、削ってあるし、おまけして二十円でいいよ」と言うと、周りがつられてお金を差し出そうになる、寅の年季の入った営業術に一同は感服してしまう。ところが、タコ社長から「その調子で口説くなら、女の一人や二人」と茶化されて、また一悶着。

そんな満男に、「相談があるから、秋祭りの見物を兼ねて長浜に来い」と大学の先輩川井から絵葉書が届く。ところが、祭りの準備で手が離せない先輩に、電話で言われるまま、郵便局長を兼ねる旧家を訪ねると、昼寝している若い女性をつい見とれて大騒ぎされて、散々な目に遭うが、何も兄から聞いていなかった妹菜穂（牧瀬里穂）と分かる。彼女の怒りは収まらず、市内を案内してもらってもなかなか折り合えなかったが、ようやく打ち解け合う。

その頃寅は、琵琶湖畔で写真を撮る年増の色気のある女性（かたせ梨乃）に声をかけ、岩場で転ばないようにと注意した矢先に彼女は転倒し、腕を骨折したかと思いきや、柔道指導中の接骨院の先生が忙しいと言いながら若い女性と聞けばすぐに施術してくれて、寅と同宿した彼女は、鎌倉の邸宅で一流会社に勤める夫と娘を一人持つ奥さんながら、年一回一週間こうして好きな写真を撮って歩くのが生きがいだと明かす。明朝帰るようにアドバイスする寅に大きなお世話と反発して、帰ろうとしない彼女に、せめて電話で連絡するよう促す。

その翌日、湖畔で彼女は、「近くのスーパーの夫婦の、簡単なやりとりを交わし合って二人一緒に歩いている人生に比べて、勤め人の夫婦はなんて寂しいんだろう。夫が会社で何をしているのか分からないし、妻のやっていることにも関心がない。夜遅く帰ってきてパターンと寝るだけ。感動することや話すことなんかない。笑い合うこともない。一緒に暮らしているだけ。そうよ、愛してないのよ」とぼやく。明日は長浜の祭りだと聞いて、パッと騒ごうと景気づける寅だったが、翌日には夫が「道楽もいい加減にしろ」とあきれ顔で迎えに来て、あっけない別れとなる。

いよいよ祭りの当日、呼び物の子供が演ずる歌舞伎を見に、満男が菜穂と連れ立って出かけると、不意に寅が現れて、「付き合っている人いるの？」と菜穂に聞いていた満男に、「いたっていいじゃないか。そいつと勝負すればいいんだよ。お嬢さん、こいつのことよろしく頼む」と励ましていく。

実は先輩の相談というのは、満男さえその気ならば長浜に来て妹と一緒になってほしいというものだったが、「菜緒ちゃんの気持ちがあるんだし」と答えたところ、「後は任しとき」と先輩に言われて、翌日菜穂と握手して満男は東京に帰る。

ところが、妹にその話をした先輩は大反発を食らう。両親も加わる中、「私をなんやと思うてんの。何が女の幸せよ。大きなお世話や。そんなこと言うたとは到底思えないけど、そんな無神経な男なら私、大嫌いだ。女は必ず結婚しないといけないとか、結婚が女の生活の全てだとかという考え方に根本的な疑問を持っているの。二度と私の生き方に口なんか出さんで」いう訳だった。満男には先輩から「あの話はなかったことにしてくれ」と、その後で駄目を押されている。

鎌倉の女性が旅先でけがをした時のお礼にとらやに訪ねて来て、寅とは会わずじまいになる中、帰ってきた寅から「半日付き合え」と言われて、満男が運転して行った鎌倉の邸宅から出てきた例の奥さんと娘を寅は車の中から確かめると、声もかけずにその場を立ち去る。自分とはあまりにかけ離れた境遇の違いに、寅といえどもとりつく島をなくしたのかもしれない。

寅を見送りに出たプラットホームで、「彼女に見事にふられて、恋などくたびれるし、ホッとしている」と満男が話すと、「それは何十遍も失恋した者の言う台詞で、若いんだから燃えるような恋をしろ。大声出してのた打ち回るような恥ずかしくて死んじゃいそうな恋をしろ。ホッとしたなんて情けないことを言うな、馬鹿野郎」と寅は喝を入れて、また旅に出ていく。

正月を迎えてもどこか浮かぬ風で、家に皆が集まっても満男は一人いじけていたが、江戸川の土手に出ると、向こうから満男の家を目指して菜穂が歩いて来る。

「落ち着いて考えてみると、お兄ちゃんがあほなことをしたのが原因で、友達になれなくなるのは悔しい」と菜穂に言われて、嬉しそうに同調した満男は、「おじさんに近頃似てきたと悪口のつもりで言われるが、僕には悪口には聞こえない。おじさんは他人の悲しみや寂しさをよく理解できる人間だと僕が認めているからだ」と拝啓車寅次郎様に宛てる文面を心の中でつぶやく。

雲仙でバスを待っていた寅たちに、あの歌手が通りかかり、曲がヒットしたとお礼を言われて、「次は紅白だね」と励ますと、その車に同乗してチャリティショーがある島原に向かう。

男はつらいよ　寅次郎紅の花（第四八作）（一九九五年）（寅♥浅丘ルリ子・満男♥後藤久美子）

帰ってこない寅を案じて、とらやでは新聞に尋ね人の広告を出す始末だったが、寅は阪神淡路大震災で被災した神戸にいて、ボランティア活動で先頭に立つ様子がテレビのドキュメンタリー番組で放映される。お世話になったと、地元のパン屋が挨拶にとらやを訪ねて来て、頼もしいと思っていたが被災者に芸者上がりの人がいてお定まりの話となったことを聞かされる。

一方、何人も付き合っている人がいるらしい満男は、名古屋にいる泉が急に訪ねて来て、お見合いをして医者の卵で将来父親の後を継ぐ人と結婚する話を聞かされると、突然家を出て行方をくらます。専務の配慮で休暇扱いとなる中、岡山の津山で結婚式に向かう狭い道路の車の隊列に、満男の運転するレンタカーが突っ込んできて、新郎新婦の乗る車を押し戻して「泉ちゃん、結婚なんかやめろよ」と叫ぶ満男の様子に、結婚式は中止になってしまう。教会で挙式中の彼女の名を絶叫すると、花嫁衣装のまま式場を逃げ出し、手に手を取って通りかかったバスに乗り込んだ映画『卒業』のラストシーンを中途半端にしてしまったような、後味の悪い結末となった。

警察で厳重注意されて、そのまま岡山から酔っぱらって飛び乗った寝台特急は鹿児島行きで、更に船に乗って、満男は奄美大島の名瀬に渡り、また船で加計呂麻島へとたどり着く。

その船に乗り合わせていたリリーに勧められて車に乗るものの、断崖絶壁のある辺りで降ろしてもらって、さ迷う満男をリリーが自宅に連れて帰ると、そこには寅がひと月前から居候していた。何とも映画でしかあり得ないような設定の連続である。

寅の恋物語は、「リリーとの出会いが一番で、運命の不思議な赤い糸で結ばれている」と語り合う中、満男と泉の話になり、「泉ちゃんの立場を考えたか。後悔するくらいなら、なぜ我慢できないんだ。男には耐えなきゃいけない時がある。祝福の電報一つも打って、幸せを祈るのが男だ」と言う寅に、「女から見たら、そんなのは滑稽なだけだよ。カッコ悪くてもいいから、ちゃんと男の気持ちを伝えてほしいんだよ。顔から火が出るようなことばかりでも、それが恋というものだ」とリリーは反論する。「それでも、男は引き際が肝心だ」と言う寅に、「馬鹿にしか見えない。要するに卑怯なの。意気地がないの」と、リリーは口を極めて一蹴する。

そんな時、泉は満男が家出していることを知ると、ついにこの島までやってくるのだ。

寅とリリーに連れられて、浜辺にいる満男に会いに行き、「何であんなことしたの、なぜ」と詰問する泉に、気圧されて後ずさりして膝まで海に浸かり、「愛しているからだよ」と満男が言うと、泉の顔はぱっと輝き、「もう一回言って」と迫られて「俺は!泉ちゃんを」と波打ち際で声を張り上げた途端に、体勢を崩して海中でもがいている満男を泉が助け起こす。それを遠目に眺めていた寅が「無様だなあ、あの男は。何とかなんないのかね」と嘆くと、「若いんだもの。私たちとは違うのよ」とリリーは涙をぬぐう。その背中に寅が手を回そうとすると、「そばに行ってやろう」とリリーは離れていく。

やがて町中の噂になって出迎えを受ける中、寅とリリーは腕を組んでとらやに帰ってくるが、二人の大島での暮らしぶりが話題になり、さくらたちが気をもむのとは裏腹に、寅との関係は一向に進展せず、部屋は別々でリリーは一泊する。その後、施設の老母を見舞うなどして友達の所へ外泊したリリーは、男か女かと嫉妬深い寅とけんかになり大島へ帰ろうとするのをさくらが引きとめて、「お兄ちゃんとリリーさんが一緒になるのが私の夢だったのよ」と泣く泣く訴えると、「お前たち、何か勘違いしてるんじゃないか。リリーと俺は、そんな間柄じゃないんだよ」と言いながら、寅はしぶしぶ折れてリリーの家の「玄関」まで送っていき、満男は泉と名古屋との「中間」の静岡でデートを再開する。

新年を迎えたとらやには、泉からは「満男と一緒にいる」と熱田神宮から電話があり、リリーからは寅が一週間ほど前に酒の上で口げんかをした翌朝に置手紙を残していなくなってしまったと近況を知らせる手紙が届き、面白くもおかしくもない一人ぼっちの正月をぼやくリリーは、「ふられたの」と答える。それはある意味では正解とも言える中で、寅はバラック住宅が立ち並ぶ、阪神淡路大震災の被災地神戸の長田区で再興したパン屋夫婦の歓迎を受けていた。

明らかに病を抱えながら、あくまでも役者魂を貫こうとする、目がくぼみ加減で頬がこけて肩やズボンの辺りが痩せた感じに見える、名優渥美清の風貌が痛々しい。これが遺作となった。

男はつらいよ　寅次郎ハイビスカスの花　特別篇（第四九作）（一九九七年）（寅♥浅丘ルリ子）

前年亡くなった渥美清さんを追悼するために作られた特別篇である。映画の冒頭と終わりに、靴を商う会社のセールスマンとなって地方へ出張に行った満男が登場し、泊まったホテルで寅の夢を見て、二十年近く前のおじさんの、人生とはまるで「夢」であるかのような恋物語を偲ぶ設定になっている。

寅と最も気心が通じ合ったのはリリーだが、彼女が登場した代表的な作品として、第11作と第15作の場面が冒頭にちりばめられ、その圧巻として第25作がストーリーの展開も基本的にそのまま転用されていて、映画の副題にも同じ『寅次郎ハイビスカスの花』が用いられている。

人生は夢のようだとは、年齢を重ねる都度、多くの人が持つ実感である。

その「夢」は、一つは未来に、一つは過去に向かっている。

若い頃は、それこそ目の前に広がる、果てしないほどの未来が、そのまま「夢」の実現の舞台となってくれる世界である。多くの選択肢に迷い悩まされて、絞り込んでいく過程でもついつい右顧左眄しながら、イフ（もしもの可能性）の決断の連続で拓かれていくその世界は、まさに「夢」に生々しい現実をもたらしてくれるのだが、その夢との乖離と現実の厳しさに直面すればするほど、選択し得ずにあえて捨てざるを得なかった、もう一つのイフが、今度は見果てぬ「夢」となって、復讐するかのようにまとわりついてくるものだ。

そして迎えた晩年には、現実だったことでも「夢」のようにすら感じられる過去の出来事に、焦点が当てられていく。それは、「邯鄲《かんたん》の夢」という中国の故事にあるように、人生の栄耀栄華も何もかも、転寝している間に見た、ひと時の夢であったかと貧乏書生が悟った感慨にも等しく、走馬灯の如く巡りゆく人生の変転も、「露と落ち露と消えにし我が身かな　浪花のことも夢のまた夢」と秀吉が辞世に詠んだように、我が物としたはずの全てがその手から空しくこぼれて落ちていくばかりの、止めどもないやるせなさを伴った、何人も大同小異の心の様相を呈していくことだろう。こぼれ落ちてしまえば、それはまた「夢」の世界へと逆戻りしてしまうのだ。

人生は、当人が率直に物語るか胸に秘めたままにしておくかどうかは別にして、こうした未来と過去の両方の「夢」がせめぎ合う、壮大な物語なのだ。

そうした入り組んだ心の情景を織りなすようにして、映画という「夢」物語が製作される。映画こそ、まぎれもない幻影の芸術である。演劇などとは違って、そこには実在する人物は一人もいない。何らかの意図の元に動く影法師が登場するにすぎない。その映画が作り出すリアルと現実が交錯して、リアルが勝ってカタルシスを与えていくようだと、快哉を叫んで人はそこにまだ見ぬあるいはかつて見た「夢」を発見して、その作品をいとおしむのである。

人生は所詮「夢」であるとうそぶこうとしても、それに待ったをかけるのが、「夢」とは対極にある記憶という思い出である。思い出が甘美なものならば、その再現を安っぽく願うあまり、ともすると実は稀有だったその恵みへの感謝を忘れかけてしまうようでは、人生は一期一会であることの厳しさを教えられるかのように、そのしっぺ返しに遭わないとも限らない。思い出がつらいものならば、「夢」の架け橋へと救いを求めたくなり、そこに映画も含めた様々な芸術が、人生の糧として殺伐とした心を潤し、たとえささやかなものであったとしても、明日への希望を抱かせてくれるのだ。

もっとも、寅さんの「夢」物語は、殆ど恋愛のみに終始している。

小宮豊隆氏は『漱石先生と私たち』の中で、漱石と恋愛に触れて、「凡《およ》そ一人の人間の恋愛体験の深さが、その人が実生活で知った女の数できまるものではなく、反対にその人の、心情の純粋と、志操の高貴と、意志の誠実と、反省の深切とによってきまるものであるとすれば、漱石がその実生活に於いて、所謂《いわゆる》文士・小説家の如くに、多くの女に接して、自分の身体を安売し、自分の心情を荒ませる事を敢てしなかったという事は、漱石にとって、祝福でこそあれ、少しもその弱点でも短所でもなかった筈である」と指摘し、「漱石は恋愛に関して、非常にロマンティックな、非常に神秘的な一つの『夢』を持っていたように見える。━恋愛は、いわば、宿命的なものである。自分達の父母の未生以前、自分達の過去の祖先の経験が、長い時間を隔てて、自分達の脳裏に再現するものが、恋愛である。従って恋愛の相手は、その人が生まれない前から、既に定められているのである。（略）人は、一目見て、是が自分の相手だなと『認識』するや否や、鉄が磁石に牽《ひ》き寄せられるように、（略）有無をいわせず牽き付けられるのが、恋愛であるというのである」と述べている。

この漱石の論理を当てはめるなら、寅さんにも「自分の身体を安売し、自分の心情を荒ませる事を敢てしなかった」漱石と同じような祝福が与えられるにしても、恋愛が生まれる前から既に定められている宿命的なものであるにしては、寅さんの恋愛相手は余りにも多すぎる。また、漱石のような「恋愛」を確信するなら、赤い糸で結ばれているはずの相手から、いざとなると逃げ出してしまうのも容易に解せなくなる。

むしろ寅さんの場合は、アドラーの指摘が当を得ているように思われる。

アドラーは、『個人心理学講義』（岸見一郎訳）の中で、結婚について、人が過度に注意深くなるのに理解を示しながらも、「適切な人を選ぶこと、あるいはむしろ、適切な線に沿って人を選ぶことは、それほど困難であってはなりません。（略）実際、理想の結婚相手を探しているが、彼、あるいは、彼女を見つけられない人をみれば、そのような人は、ためらいの態度に苦しんでいる、と確信できます。そもそも前に進みたくはないのです」と断言している。

その一方で、メーテルリンクは、『貧者の宝』の中で夫婦について、「普段は意識せずにいる霊的な故郷から、然るべき時に人生行路の交点で巡り合うように運命が遣わした、たった一人の女性に出会う時、一目でそれとわかる。（略）定められていない別の女性のもとに走ることができるかもしれない。（略）仮にドン・ジュアンのように千三人もの女性を抱いたとしても、（略）目の前にはいつも同じ女性が立っていることに気がつくだろう。気立てがよかろうが悪かろうが、情が深かろうがつれなかろうが、貞淑であろうが不実であろうが、とにかく同じ女性が」と述べている。

仮に気立てが悪くて、情がつれなくて冷淡な女であっても、それがその人に定められた女性だったとしたなら、これはたまったものではなく、こんな砂を噛むような現実を突きつけられても、どんなにもがいてもどこまで行っても結局はその人がたった一人の女性として立ち現れてくるようならば、これもまた女難と呼ぶべきなのであろうが、これでは見かけた「夢」も空しく覚めてしまいかねない。寅さんに定められた、たった一人の人はリリーなのだろうが、彼女の内実がどんなであるにしろ、さりとて彼女からも逃げ出してしまえば、寅さんはどこまで行っても漂流を続けていくほかないのだ。

そんな寅さんの心理を推し量ってみると、結婚とは一人を定める、無限定の責任を伴う決断であり、これまでのように色とりどりの花が補い合って過不足なく美を堪能できる、完全な全体を形成している世界から、一転して不完全な一人を選び取ることは、それは完成したジクソーパズルの中から、あえてひとかけらを取り出すかのようで、とても安住できる心境にはなれなかったのかも知れない。しかし、最初は不完全な素材ではあっても相互に磨き上げて完成品に仕上げいくのが結婚なのであろう。

結婚という誰もが初めての経験から始める未知の世界に乗り出すからには、その導き手となるモデルがあれば、より確信をもって一歩を踏み出せようにも、中学もろくに卒業せずに家出して結局父親と義絶してしまった寅さんには、そうしたお手本が心象形成されておらず、それを一から構築しようにも、負の体験があまりにも重いブレーキとなっていたことは想像に難くない。

物心がつかないうちから親がどう育ててきたかは、子供にしてみれば無条件に受け入れていかざるを得ない現実であるだけに決定的に重要で、親から贈られるその恩寵のような思い出の多寡が、子供の将来を左右すると言っても過言ではない。蟹が甲羅に似せて穴を掘るように、子もまた親の後姿を見て、暗黙の裡に生き方を決め、親の因果はいい意味でも悪い意味でも子に報いていくのである。

加えて寅さんを苦しめたのは、定職を持たないがために安定した結婚生活を思い描くことが難しいこと故のこの身のつらさであろう。さりとて、髪結いの亭主を決め込むことは、寅さんが忌み嫌うことであろう。鷲田小彌太氏は『自分で考える技術』の中で、「ゲーテは、『大人』（人間）とは、さまざまな可能性のうち、ただ一つのものを、自分の使命（職業）として決定できる人のことだ、といいました。自分がいだく希望や可能性にあれこれ迷い、いつまでも自分のゆく道を決定できない人を、大人（人間）になれない人、とみなしたのです」とした上で、翻って「私は、現代は、たんなる技術時代ではなく、芸能時代である、といいたいのです。（略）見せるのは、観客にです。自分の仲間内にではありません。（略）パフォーマンスしてみることが大切なのです」と述べている。

寅さんが芸能ないしは劇場の時代の申し子のような存在であることは紛れもないところであり、生まれてくるのが少し早すぎたのかもしれない。寅さんはゲーテの言う大人の定義の自分の使命（職業）をどう受けとめていたか判然としないものの、第46作で「これが一生就職しなかった人間のなれの果てだ」と言い、第28作で「所帯を持つためには定職を持たなければいけない」と考えて就職試験を受けに行ったところを見ると、その日暮らしのような生活が結婚の責任を果たせない壁となって立ちふさがっていたようにも思われる。だから、寅さんが容易に結婚に踏み切ろうとしないとしても、一概に彼のみを責められまい。

『男はつらいよ』は、寅さんを反面教師として、そうようにならないように戒心しながら楽しめば、究極の少子化対策映画となるが、寅さんへの共感が過ぎて、寅さんのような生き方が広がってしまえば、真逆の映画ともなりかねない。

ともあれ、寅さんの泣き笑いは、そのまま日本人の赤裸々な姿を活写する鏡であり、世の辛酸を嘗めた者への大いなる慰めでもある。

エピローグ　寅さんの復活

男はつらいよ　おかえり 寅さん（第五〇作）（二〇一九年）（寅♥浅丘ルリ子・満男♥後藤久美子）

作家になった満男がある日見た夢は、バイクを乗り回して懸命になって泉を探し求め、鳥取砂丘をさ迷って、とうとう見つけて転がり込んで二人青空を見上げた、あの青春の恋のときめきがいっぱいの第44作のシーンだった。そんな幕開けで『男はつらいよ』の主題歌が流れて、渥美清に代わって桑田佳祐が歌い、懐かしい寅の顔とフーテンの寅と発するあの口上でオープニングが締め括られる。

冒頭の配役を眺めれば、常連だった御前様の笠智衆は既に亡く笹野高史に入れ替わり、タコ社長の太宰久雄や、おいちゃんの下條正巳とおばちゃんの三崎千恵子の名前もない。誰しも老いは避けられないが、当時の面影を十二分に残して健在なのは、さくらの倍賞千恵子、博の前田吟、リリーの浅丘ルリ子、源公の佐藤蛾次郎、タコ社長の娘朱美の美保純、文字通り主役となった満男の吉岡秀隆を数えるにすぎない。第1作から五〇年たった奇跡の第50作という一本なればこれもやむをえないが、生者必滅の理と諸行無常の歳月の無慈悲さ、残酷さを情け容赦なく突きつけられる思いがする。

満男は高校生の娘ユリ（桜田ひより）と二人暮らしで、妻には病気で先立たれていた。娘から「寝言言っていたけれど、どんな夢を見てた?」と聞かれた満男は、「初恋の人の夢」と答え、「美人だったんだぞ」と自慢すれば、「ふられたから、ママと結婚したんでしょ」と言われて、複雑な思いに駆られていたところで、今日は両親がとらやの跡に住む実家で、妻瞳の七回忌の法事があるというので、娘は「学校が終わったら、部活を休んで行く」と言う。「無理すんな、法事なんか」と言いながら満男は、出版社に出かけて、露天商の歴史の資料を渡してくれた担当者の高野(池脇千鶴)から、「この間の作品が高く評価されている」と言われ、「近くサイン会をやりたい」との申し出があり、編集長(カンニング竹山)との食事はまたいずれということで、実家に行けば、源公にさくら夫婦がそれぞれ相応のお年を召して待ち構えていて、そこに妻の父親(小林稔侍)も和歌山から新幹線で出てきていた。満男が小説家になったことが、さくらと義父の間で話題になり、タコ社長の娘朱美は、本屋に行って買ってきた本にサインを求めようとするが、題名を間違って読む始末だった。

代替わりとなった御前様は、一時半と間違えて遅れてきて、博は「ちゃんと十二時半と連絡したんだろうな?」とさくらを疑い、「ちゃんと、十二時半と言いましたよ」と反論するさくらに対し、「もうボケが来ている」なんて話をして、「我が身も同じ」と皆が同調し合う。それにしても、おじいさんとおばあさんになった博とさくらが、あんなに風に臆面もなくやり合うシーンはこれまで見たことがない。特にいつもの常識人で穏やかな博と違って、妙に怒りっぽく、感情もどこかささくれ立っているように見える。読経が始まると、満男は「僕のお父さんの初恋の人が僕のお母さんで、昔あった工場は今はアパートになっているが、そこで住み込みで働いていた父と隣のとらやの二階で暮らしていた母との縁を結果として取り持ったのが、今は懐かしい僕のおじさんだ」と回想する。

その頃の博は、寅に「仮に好きな人がいて、そのお兄さんにあなたは大学を出ていないから結婚させられないと言われたら、どうしますか。それと同じ気持ちですよ」と詰め寄るが、寅からは「冗談言うな。俺とお前が同じ気持ちになってたまるか。早い話が、俺が芋を食ってお前の尻からプーと屁が出るか」と返されるなど、難儀していたのだった。これが引き金になって、不器用な博がさくらに一世一代の愛の告白をしたというか、ともあれ片思いに終わらなくてよかったと満男は総括する。

それは『男はつらいよ』第1作の名シーンであり、寅からさくらをあきらめるように言われた博は、工場を辞めることを決意して別れ際にとらやに立ち寄り、さくらを前にして、「三年間仕事を続けてこれたのも、僕の部屋からさくらさんの部屋が見えて、毎朝毎晩さくらさんに会えるのが楽しみで、その一挙手一投足に胸をときめかせてきたからで。僕は出ていきますけど、幸せになってください」と思いの丈を熱く語って去っていく。タコ社長が「あいつが出て行っては、工場はお手上げなんだ」と嘆き、寅から事情を聞いたさくらは、「お兄ちゃんの馬鹿」と言い、必死の思いで彼を追いかけ、柴又駅のプラットホームで電車を待つ博と一緒に乗り込むと、結婚の承諾の返事をして帰ってきて、報告を聞いた寅も承諾するという顛末をたどったのだ。

法事が終わると、義父は満男に「いい人がいるなら、遠慮しないで再婚してほしい」と言い残して帰っていくが、満男のつれない態度を叱る博に、「余計なお世話だよ」と満男は声を荒らげるが、朱美が「女の子には母親が必要よ」と助言すると、「今日は妻の命日なんだぞ」と言ってまた機嫌を損ねる。

満男は「僕が物心ついた頃、茶の間はいつもにぎやかだった」と再び回想する。

満男の運動会に行く予定だった博が、会社の急用で行けなくなった話をすると、パン食い競走などに目がない寅が「代わりに行ってやろうか？」と買って出るのを、満男は「おじさんは忙しいんじゃないの？」と乗り気ではなかったが、「暇は有り余るほどあるから」と、満男を応援するつもりで買った警笛を吹きながら卑猥な文句を並べた派手な様子を見せられると、収まらない寅を残して、周囲は誰も行かないことに話がまとまる第31作の場面が再現される。

娘ユリは浴衣も似合う女性になり、満男はさくらに朱美から忠告された話をすると、「女同士の話ってあるものよ、親子でも」と言われ、「満男はお父さんと、男同士の話したことあるの？」と逆に尋ねられ、満男は「する訳ないじゃない、そんな話」と言いながら、「俺はおじさんがいたから」と答え、再び回想シーンに入る。

満男は寅に「人間は何のために生きているのか」と聞く。「生まれてきて良かったなあと思うことが、何遍かあるじゃないか。そのために生きてるんじゃないのか」と寅が答えたのは第39作で紹介した通りである。

さくらは満男とユリを送っていく柴又駅のベンチで、「ああ名前が出てこない」と嘆きながら、満男に高校時代の恋人のことを尋ねると、「及川泉はヨーロッパの大学を出て結婚して家族もいて、バリバリ仕事しているらしい。頑張り屋だからな、俺と違って」と彼女の近況を語る。「あなただって、結構頑張ったじゃないの。サラリーマン辞めて小説家になると言われた時には、子供抱えてどうなるのかと随分心配したのよ。何とか食べていけるの？」とさくらが問えば、「まだ分からない。これからが正念場だよ」と満男は決意表明するかのように答える。満男の思いは一挙に高校時代に飛んで、初々しい泉が瞼に浮かんでくるのだった。「おじいさんとけんかしたら逃げてきて」と言う孫娘と満男を見送りながら、さくらもまた、柴又駅の同じプラットホームで寅を何度も見送った思い出を重ね合わせていた。

帰宅したユリは満男の部屋に来て、「話がある」と声をかけると、「小説を書くより、君と話をする時間のほうがずっと大事だ」と言う満男に、娘は和歌山のおじいさんが話していた再婚のことについて尋ねる。「そんなこと、気にする必要はないよ。時間を持て余した暇な人たちが、無責任なおしゃべりをしているだけなんだから」と満男が答えると、「どうして再婚しないの」と聞かれて「別に必要を感じないからだよ」と言われた娘は、「え、結婚は必要があるからすることなの。愛し合うからじゃないの」と真顔で問う。「仮にそんな人がいたとして、何十年も別々の生活をしたいい年の人と、昼も夜も一緒に暮らして、その人をお母さんと呼ばなきゃいけないいんだよ。そんな面倒なこと、うまくいく訳がないだろう」と答える満男に、娘は「ユリのお母さんはママだけど、パパが私に気を遣って再婚しないでいるとしたら、私がパパの幸せを邪魔しているとしたら、そんなの嫌」と言い、「出版社の高野さんて独身でしょ。あんな人なら大丈夫よ」と駄目を押して引き揚げる。満男は娘と同じ年頃に、初恋で無様な思いをして寅に助けられていたことを回想していた。

再び出版社に出向くと、編集長は高野をつかまえて、「たまにはスカートをはいた、きれいな脚を見てみたい」と言い、髪の毛をしきりになでつけている編集長に、「帽子をかぶったほうが、十歳は若返りますよ」と返して、「可愛げのない女だね」とセクハラの応酬をしていた。満男には「サイン会は恥ずかしいと言っているそうだが、小説家は売れてなんぼの時代だよ」と編集長はまくしたて、「字が下手だから」と満男が言えば、「そんなことはないですよ。味のある字です」と高野は否定する。編集長は「昔から有名な作家は悪筆が多いし、サイン会は思わぬ人と出会えたりするぞ。昔の女とか」と鎌をかけて、「後で飯を食おう」とトイレに立つと、高野が編集長のあだ名は「メシダさん」だと満男にささやく。トイレでは編集長が後輩社員に「そのうち、飯を食いに行こうや」と声をかけていた。

その頃イズミは、国連難民高等弁務官事務所の日本での講演会で、シリア二千二百万人の人口の五百六十万人が国外に難民となっていて、国内避難民六百万人と併せると、二人に一人が家を追われて避難生活をしている惨状や、父、夫、息子、孫の四世代も戦地に送り出した老婆が、国連に少しはましな未来を求めている境遇を紹介していた。講演会を終えて銀座を車で通り、にぎわう街の様子に、「みんな幸せなのかしら」と問う女の上司に、イズミは「不満はないと思いますけど」と答えて、満男と銀座を歩いた日々を思い出していた。多額の寄付をした会社に感謝状を持ってお礼に伺い、新聞社のインタビューに応じた後、明日バングラデシュに向かう上司は、「見送りに来なくていいから、三日後に発つまでの日本にいる時間を有効に使って」とイズミに言って別れる。

イズミが八重洲ブックセンターで本を買っていると、サイン会のアナウンスがあり、満男の出版社新人賞受賞記念のサイン会のポスターを目にする。八階の先着百名の会場には、大阪からわざわざ駆けつけたファンもいて、途切れることなく求められるサインをうつむいたまま書き続けて、「あと、どれくらいいるの？」と高野に耳打ちすれば、「もうひと頑張りだ」と励まされている中、「すみません、私の名前も書いていただけますか。泉、スプリングの泉です」と言われて、満男はかつて浜辺で砂に泉と大書したことを思い出して顔を上げれば、そこには泉が立っていた。「驚かすつもりじゃなかったのよ。偶然ポスターを見たから」とイズミは、「あと三〇分くらいで終わりますから」と言う高野に、「大丈夫、私その辺にいますから」と言ってしばし別れるが、びっくりした満男は次の人のサインに間違えて泉と書いてしまうほどだった。

二人で神保町の店に行き、四方山話にイズミは、大学で勉強している頃から難民問題に興味があって、親友がイランの難民だったこともあり、難民のNGOのスタッフとして働いているうちに、UNHCRの人たちと親しくなって現地採用されたのだという。危険と背中合わせの日々を送り、「今は本部勤務で楽になったが、子供は下は小学校、上は来年高校生だ」と言い、「お母さん、留守が多くて大変だな」と満男は同情する。「満男さんもいるんでしょう、子供?」と聞かれて「女の子、君の上の子と同じくらいだよ」と答えるが、「どんな人、あなたの奥さん?」と更に聞かれて、「平凡な普通の人だよ」と答えると、「あんなこと言って。お父さんなのね、満男さんも」と、話は何とも所帯じみていく。浜辺で泉に向かって、「愛してるからだよ」と懸命に言い、泉に「もう一回言って」とやりとりしていた様子を、遠目に眺めていた寅が「無様だね、あの男は」と嘆き、リリーが「いいじゃない、無様で。あたしたちとは違うのよ」と擁護していた第48作の頃が妙に懐かしく、甘酸っぱく切ない思い出として蘇ってくる。二人には別の未来が開けていたかも知れなかったのに…。

そこへ、この店のママになっていたリリー（浅丘ルリ子）が現れて、満男が泉を紹介すると、「最近物忘れがひどくて、昨日の晩ごはん何を食べたか覚えてないのよ」と言いながら、「男なら覚えているけどね。こんな美人、あれ?」と気づき、「もしかして奄美で。泉さん、そうでしょう」と二人は手を取り合って抱き合う。「私はてっきり、この人と一緒になると思っていたのよ」と言うリリーに、「それにはいろいろ事情があることは、前にも話しただろう」と満男が言い訳すると、「要するに、泉ちゃんがヨーロッパに行くのを、あなたは引き止められなかったんでしょう。そういうのをふられたと言うのよ。まあいいけどね。この子は素敵な人と結婚したんだから」と手厳しく、「ああ一人ぼっちは私だけか」とぼやく。すると泉が、「どうして寅さんと一緒にならなかったんですか」と尋ねると、満男はすかさず、「おじさんはふられたんだよ」と言えば、リリーは「それは違う。あんたたちの誤解よ」と否定し、「私と寅さんとは、一緒に暮らしていたこともあるのよ。沖縄とか奄美とか。南国は時間の流れが違うのかしらね。私は寅さんの女房みたいに、ご飯を作ったり洗濯してやったりしたの。とても楽しかった」と懐かしみ、当時の場面が再現される。

私と寅さんは夫婦かと聞かれたリリーは、「まだ式は挙げてないよ」と答えたと言うと、「そういうものの言い方は、誤解を招くんじゃないかな」と困惑する寅に、「あんた、今まで誰かと所帯持ったことあるの」と聞けば、「そういう過去は触れないほうがいいんじゃないの」と寅がはぐらかすと、「私は所帯持ったことがあるよ」と言うリリーに、「こっちがいいなあと思っても、向こうがよくないなあと思うこともあるし、要するにふられっぱなしということさ」と寅が告白する第25作のあの場面である。

「時効だから言うけど、私プロポーズされたこともあるのよ」と話すリリーに、満男が「おじさんが？」と色めき立ち、イズミが身を乗り出すと、「寅さんが直接言った訳じゃないの。さくらさんに『本当に冗談だから怒っちゃだめよ』と前置きされて、『リリーさんがね、お兄さんの奥さんになってくれたらどんなに素敵だろうかって。冗談よ、本当に冗談よ』と駄目を押された」と明かす。

そして、リリーが「いいわよ。私のような女でよかったら」と答えたあの第15作のシーンが再現されて、そこへ寅が帰ってきて、さくらが興奮してその話をすると、寅はリリーに「それ、冗談なんだろう」と、それ以外の答えを許さないようなまなざしで問いかけ、一呼吸置いてリリーも「冗談に決まってるじゃない」と結局お茶を濁してしまうのだ。満男は「それがおじさんなんだ。人生の大事な場面に直面すると、急に怖くなって先延ばしする。つまり自分から逃げてしまう」と寅の深層心理を分析する。リリーも、「そうね、駄目な人ね」と同調するが、「だけど私は、その駄目なところが好きなのね。困ったことに」と言いながら、「おしっこが近くなって」と、今朝から八回目のトイレに向かう。

満男がさくらに電話して、博の了解を得てイズミを元のとらやに迎えることにすると、居合わせた朱美は「満男さんも隅に置けない」と冷やかし、博が「人妻だぞ」と言えば、「不倫の恋だ」などと騒ぎ立てる始末で、帰ってもらおうとするとプリプリと怒り出すところはタコ社長譲りだったが、「今夜イズミさんが泊まることになるかもしれないから」と言われて博が掃除に向かいながら、「久しぶりだな、美人が泊まるのは」とさくらと共に嬉しそうに頷き合う。

そこで、美女とのご対面の名場面として再現されるのは、歌子（吉永小百合）が寅を訪ねてきた第9作、幼馴染の千代坊（八千草薫）と寅が再会した第10作、第2作の夏子（佐藤オリエ）、そして何と言っても圧巻は、芸者ぼたん（太地喜和子）が泊まった第17作で、まさに旬の花々を見る艶やかさと、目もくらむばかりの美女ならではの魅力のオムニバスである。

特に第13作で、夫を亡くした歌子がとらやに再び訪ねてくると分かった時の寅は大張り切りで、「亭主とかダーリンとか、彼女の気に障りそうなことは一切禁句だから」と、「博、お前は即刻死ね」と命令する有様だったと、さくら夫婦はお茶を飲みながら笑い合う。

イズミが来て、夕食の後さくらが泊まっていくよう勧めると、「二十年以上畳の部屋で寝ていない」とイズミは大喜びだった。明日の予定を聞くと、「今のうちに会っておいたほうがいいと母親が言うものだから、生まれ故郷の神奈川の施設に入っている父親に会いに行く」と言うが、「泉ちゃんは許せないの？」と聞く満男に、「許さなければいけないという気持ちだけはあるんだけど」と、どこか浮かないイズミに、満男は「万一ということになっても、ヨーロッパにいる君は簡単に帰ってこれないだろう。後になって後悔しても遅いんだ。僕の車で送ってやるよ」と説得し、まるで博の若い頃を彷彿させるような正論を吐くようになっている。

満男は、さくらが用意した二階の部屋に上がっていくイズミに階下から声をかけながら、泉が思いがけず家の二階に泊まることになって「いつ来たの？」と嬉しそうに階下から声をかけた時のことを思い出していた。あの第43作の初々しさと甘酸っぱいやり取りに胸を突かれながら、満男は博に「イズミには瞳が死んだことは黙っていてくれ。お悔みなんか、言われたくないから」と頼み、「それでいいのか？」と博も応じている。

帰宅すると、高野が来ていて、ユリの英語のリスニングの相手になっていた。「サイン会のお礼も兼ねて伺ったのは、出版社がお願いしている書下ろしの件の返事をそろそろもらって来いと編集長に言われたから」と言う。「高校時代の友達と、あれからどうなさったの？」と聞かれた満男が正直に答えると、高野はユリを「テスト、頑張ってね」と励まして帰っていく。
ぐったりと疲れ切って、書斎のソファに横になっていると、寅が思い起こされて、「どうなっているんだ、泉ちゃんとお前は。もう婚約したのか？」と聞く寅は、更に「立ち入ったことを聞くようだけど、もう接吻はしたのか？　暗闇で手を握る程度か」と追求し、「してない」と言い張る満男に、「何だ、泉ちゃんを愛してないのか。思っているだけで何もしないのは、愛してないのと同じことなんだ。お前の気持ちを相手に通じさせなきゃ。愛してるなら態度で示せよ」とけしかける。満男が「自分はどうなんだよ。あの色っぽい床屋のおばさんとの間は？　立ち入ったことを聞くけど、キスくらいしたの？」と切り返すと、寅は「よくおじさんにそんな口がきけるな。自慢じゃないけど、指一本触れたことはない」と声を荒らげ、「意気地がないだけじゃないか」と満男に反発されて取っ組み合いになる第45作のシーンが挿入されている。恋の葛藤は、泉からイズミに変わっても、ますます深刻になって続いているかのようである。あるいは、その相手は高野に変わりつつあるのかも…。

翌朝、車を運転しながら満男は、「夕べは迷惑だったろう。泉ちゃんが泊まってくれて、おふくろたちは大喜びだったけど。親切なんだけど、押しつけがましくて鬱陶しいんだよ。両親のやることは」と弁解すると、イズミは「満男さんの家庭をどんなに羨ましく思っているか、あなたには分からないのよ。さくらさんのような両親がいれば、ヨーロッパのおばさんの所に行くことはなかったと思うわ。向こうでつらいことはいっぱいあったけど、私には帰りたくとも帰る家がなかったの」と本音を語りながら、「ねえ、昔もあったわね。送ってもらったことが」と問いかけると、第43作の東京駅のプラットホームの場面が再現される。

泉の帰りの新幹線の発車ベルが鳴ると、別れがたくなった満男は、急に車内に乗り込んでしまうのだ。「自分の意思で乗ったんじゃないんだ。意思とは無関係に自分の足が動いた」とは満男の弁で、まるで寅が表現しそうな言いぐさだが、「あきれて自分を眺めている、もう一人の自分がいる」という体験を、あの時初めてしたというのだ。「嬉しかったわ。あなたの愛を感じて、胸を押さえつけられるような」とイズミは言いながら、当時のように満男の手と重ね合う。

施設に着くと、既に母親（夏木マリ）は泉の連絡を受けて待っていた。九州にいた元の夫の身元引受人になり、この施設に連れてきたいきさつを語るが、二人はもはや口もまともに利かない間柄になっていて、第43作が回想されて、「パパ幸せそうだったから、ママ、私と一緒に暮らそう」と泉が話しかけると、グラスを壁に投げつけて、母親が泣いて悔しがる場面が挿入されている。

父親（橋爪功）は、「私は会いたくない。あの女、我慢できない」と泉に感情をぶつけ、「お前は帰らなくていい。そばにいてくれ」と虫のいいことを言う。イズミはその手を握りながら、「私には仕事があり、家族もいる。ここで看病する訳にはいかないのよ」と訴えると、「孫に絵本でも買ってやれ。おじいちゃんからだと言ってな」と、がま口から折りたたんだ一万円札を泉に渡して、「もう帰っていいよ」と言われたイズミが涙ぐみながら立ち去る。残った満男が、九州にいた頃お会いしたことがあると話すと、すっかり夫と勘違いした父親は、「母親に似てきついところもあるが、根はやさしいいい子だから、可愛がってくれよ。浮気なんかしてくれるな」と、自分のことは棚に上げたように頭を下げて頼まれた末に、「少し金を置いていってくれないか。さっきの一万円はこたえた」と、また頼まれる。「香典の前払いだ」と言うので、さらに一万円差し出すと、父親はそそくさとがま口にしまい込む。

ユリから電話があって、さくらがとらやに帰ってくる二人の夕食をお願いされて献立を考えていると、帰って来た博が「あの二人、大丈夫だろうな?」と余計な気を回す。「馬鹿なこと言わないで」とさくらが即座に否定すると、「あいつ、もう六年もやもめなんだぞ」と博が警告する。「満男が怒るわよ。大丈夫よ。あの子はちゃんとした分別があるから」とさくらが言えば、「泉ちゃんに悪いな。そんな想像したら」と博も納得する。

今では喫茶「くるまや」となった店にユリが女友達を連れて来て、朱美の不良っぽい息子浩介を柴又見物の先導役に駆り出す中、さくらと博がもらい物のメロンをユリたちが帰ってきたら御馳走しようとしていると、例の第15作のメロンを巡る口論の場面が出てくる。

リリーを交えて皆で茶の間でメロンを食していると、寅がひょっこり帰ってきて、隠す間もなく、「メロンをお兄ちゃんにも一つ」と所望すると、寅が員数外だったため、皆が食べかけたメロンを差し出したのに腹を立てて、「どうして皆のつばきがついた、汚ねえ食べかすを俺が食べなきゃいけないのか」と啖呵を切る。さくらたちがすぐに謝ったのだが、「どうせ俺はこの家じゃ、勘定に入れてもらえない人間だから。しかし、このメロンは誰の所へ来たメロンだと思う。本来ならば、俺がそろそろ食べ頃だからと言って、ご相伴にあずかる皆が俺に感謝して頂くものなんだろう。それを何だ。俺に断りもなしに皆で食っちゃおう。あいつにはメロンの味なんか分かりもしない。ナスの二つもあてがっておけばいい。そこへ帰ってきたから、大慌てで皿を下に隠そうとしただろう」と大変な権幕だ。とりわけさくらを、「俺はたった一人のお前の兄さんだぞ。それを勘定に入れない。そんな心の冷たい女なのか」となじると、たまりかねたおいちゃんは、金庫から紙幣をつかみ取って寅に投げつけて、「そんなに食いたければ、一切れと言わず好きなだけ買って来い」といきり立つ。寅は「メロン一切れではなく、この家の人間の心の在り方を言っているんだ」と収まらない。おいちゃんとつかみ合いの大げんかになりそうになり、「メロンなんてもらうんじゃなかった」と、おばちゃんは泣きだすのだった。この場合の収拾策は、このおばちゃんの対応ぐらいしか思いつかないほどの寅の執拗さだった。

さて、神奈川の施設では、満男が車を出しに行った間、父親と面会したイズミと母親は、泉が家出して九州に行った頃のことを思い出していた。

それは第43作の場面で、新幹線で娘を追いかけて行った母親は、「そりゃ良妻賢母じゃないわよ。酒もたばこもやるし、水商売していれば男の手ぐらい握るわよ。でも夫を裏切るようなことは、一度もしたことがないのよ」と同行した寅に訴えて、「それなのに、私より若い女性と一緒になって、それをずっと隠していたのよ」と嘆き、「あの人の真面目で正直なところが大好きで、一緒になったのに。一番大事なことで嘘をつかれてたなんて、なんて悲しいこと」と涙にくれると、「夫婦の面倒なことはよく分からないけれども、奥さんが誰かに一生懸命話をしたいという気持ちはよく分かりますよ」と、傾聴した寅は心理カウンセラーのようなことを言って慰め、母親に「優しいのね」と手を握られている。

そんな母親を乗せた帰りの車では、酒を飲みながら母親が、「万一の時どうするのよ。私は赤の他人だから」と言い出してイズミを困らせたので、「その時になって考えればいいことだし、私も力になりますから」と満男がカバーすると、母親は「満男さんと結婚すればよかったね」と放言する。「奥さんも子供もいるのよ」とイズミが満男を気遣うと、「浮気なんてしないでよ」と畳み掛け、あきれたイズミと険悪になり、「降りて電車で帰る」と言い出して、強引に車から出て歩き出したものの、満男に「ここに寅さんがいたら、慰めるのはイズミさんしかいないからと言うよ」と、イズミを足取りもおぼつかない母親に向かわせ、ようやくまた同乗させる。イズミは暗い表情で、車中涙にくれていた。

夜遅く満男は一人で実家に帰ってきて、さくら夫婦がほっとして迎える中、ユリも来ていて布団を四人分並べて用意していた。よく親子げんかをした博とビールを飲みながら、満男は「家出したのも一度や二度ではなく、そんな時にいつも僕の味方になってくれたのはおじさんで、ここにおじさんがいてくれたら、聞いてほしい僕の悲しみを。明日、及川泉と別れなければならない寂しさを」と心の中で叫んでいた。

翌日、イズミを送って成田に行くと、搭乗手続きを座って待っていた満男に「これでお別れね」とため息をつくイズミに、「元気出せよ。元気出して君の生活に戻るんだ。お父さんのことは僕が力になるから」と励ますと、「会ってよかった。会おうか会うまいか、随分悩んだの」と言うイズミに「なぜ」と聞けば、「だって、あなたに迷惑かけるんじゃないかと思って」と言いながら、「ホントはね、ずっと会いたかったのよ。長い間」と、満男の肩に手をかける。「俺もだよ」と満男が応じると、イズミは体ごと身を寄せて、満男の顔の下に顔をあずけてしばらく手を握り合っていたが、「行かなくちゃ」と、その手がすり抜けていく。「愛するお嬢さんと奥さんによろしく。この次来た時はぜひお会いしましょう、と伝えて」とイズミが別れの言葉を振り絞ると、ついに満男は立ち上がり、言わないでおこうと思っていた真相をイズミに伝える。イズミは「六年前！」と絶句し、「なぜ言ってくれなかったの？」と言うイズミに、「君が負担を感じるといけないと思って。騙してごめん」と満男が答えると、イズミは駆け寄って満男と涙ながらのキスを交わす。「そういうところが満男さんね。そういうあなたが好きよ」と、イズミは言いながら、「怒らないか？」と聞く満男に再びキスを与えて立ち去っていく。第45作の新幹線のホームで初々しいキスを交わして別れた場面が対比されるように挿入されている。

満男は家に帰った夜、秋雨の中を赤い傘を差して帰ろうとする高野に電話して、書下ろしの作品を引き受けることを連絡する。高野は「そのうちお伺いします。ユリちゃんの勉強もあるし」と言って、満面の笑みを浮かべる。書斎で机に向かっていると、コーヒーを持ってきたユリが、「パパ、お帰り」と言う。「なんで？」と聞けば、「この三日間、パパは何だか遠い所へ行っていたような気がしたから」と言われて、「そうか」と娘の顔をなでてやる。その新たに書き出した作品は、『おかえり 寅さん』で、「こんな夢を見た」から始まり、玄関に立つ寅に「おかえり」と云うと、「俺の女房だよ」と女性が紹介されるのだった。「満男、困ったことがあったらな、風に向かって俺の名前を呼べ。おじさん、どこからでも飛んで来てやるから」と応援してくれる寅の幻影が最後に登場し、寅とゆかりの女性たちが、次から次へと走馬灯のようにきらびやかに現れては消えていく泡沫の豊饒な余韻に包まれながら、そして遥かなるイズミの面影と堅実さを備えた身近な女性である高野の間を時に揺曳しながら、満男の執筆活動は続いていくのだ。

あとがき

寅さんとの長い旅をさくらさんと一緒にお付き合いいただいて、誠にありがとうございます。

架空な寅さんという人物が、まるで渥美清さんその人であるかのような感覚をもたらすのは、名優の演技力であり、映画の名作たる所以でもある。倍賞千恵子さんはじめ周囲の俳優もまた素晴らしい。

しかし、もし寅さんのような人物が身近にいたとしたら、どう向き合うべきであろうか。

寅さんは、付き合っていくには誠に気難しく、日常的に接するには容易ならざる人物であるように思われる。馬鹿に見えても渡世人として泥水を呑んで鍛え上げてきた腕は確かで、底意地の悪さもあって舌鋒も鋭い。機を見るに敏なようでもある。その世間知の高さは、特に恋愛心理には長じていて、第10作の東大で何十年か一人の逸材の助教授や第35作の法学部の学生ですら、まるで大人と子供だ。

どこまで行っても分からないのは、寅さんには恋愛の本当の修羅場をくぐったことがあるのだろうかという疑問である。つまりは、家出してから二〇年ぶりにとらやに帰ってくるまで、青春真っ只中にあってより多感だったはずの寅さんが懊悩してきた恋の軌跡が全く描かれていないのである。

しかし、世に言う極道者が陥りがちな三悪の通弊をあえて遠ざけてきたからこそ、寅さんという多くの人に愛される人物像ができあがったのであって、また寅さん映画は失恋映画だから受け入れられこそすれ、世の男性の嫉妬を招くであろう名女優とのラブシーンなどあってはならないのである。

寅さんで連想されるのは、硬派と軟派の違いはあれ、無法松と称された車夫松五郎である。彼もまた律儀で正義感に勝る無欲な男で、女性には一線も二線も画して矩を踰えない騎士道精神にあふれていた。稲垣浩監督が『無法松の一生』で描いた、無鉄砲で喧嘩早いが義侠心に富み、竹馬遊びでけがをした男の子を助けた縁で吉岡大尉家に出入りを許されるようになり、大尉が急死した後は夫人と泣き虫の一人息子の父親代わりとなって「涙を見せるな」と諭して懸命に支え、運動会の徒競走では韋駄天一位となり、祭りでは祇園太鼓の技を披露するなどの晴れ姿の思い出を残して、「ぼんぼん」のために貯めた通帳と夫人への思慕の念を隠し持ったまま生涯を終えた車夫（阪東妻三郎）の男の「偉さ」を見せられると、凡百の紳士やなまじ秀才などよりよほど優れた男の一面に感動を覚えるのである。

かくして、身ぎれいで何の負い目もなく啖呵が切れる寅さんだが、今ならば物議を醸しかねない、当時の製作者の意図を尊重した表現が満載であり、そうしたことを前提にして引用させていただいた。

それにしても、作品の一つ一つをまとめてみたつもりでも、再見すればするほど、欠落している部分が気になりだし、結局台詞まで含めてストーリーを細部まで追うようになってしまい、中盤から文章が止めどもなく長くなる傾向から逃れ難くなったため、要約版も参考に付してみた。

ますます国際化が進み、あるいはＡＩに席巻される世の中なればこそ、寅さん映画は、当時の日本人の心情を知るための格好の標本として、あるいは心の故郷として貴重な光を放って、後世に警鐘を鳴らし続けていくことだろう。余りにストレートな表現に辟易しながらのことではあるけれど。

今回も家族に感謝し、両親、乳児で夭折した兄、さくらのような妹の霊前に拙著を捧げる。合掌。

令和六年九月

茂木　繁

【著者略歴】

茂木 繁（もき・しげる）

山形県酒田市出身。一九七二年東京大学法学部卒業。旧労働省に入り、旧労働福祉事業団総務部総務課長、大臣官房総務課行政改革実施準備室長、職業安定局高齢・障害者対策部高齢者雇用対策課長、中央労働委員会事務局審査第二課長、中央労働災害防止協会ゼロ災推進部長、千葉労働基準局長、勤労者退職金共済機構総務部長、厚生労働省北海道労働局長、勤労者退職金共済機構理事、中央職業能力開発協会常務理事、損害保険ジャパン顧問などを経て、公益財団法人建設業福祉共済団理事長。

著書に『ゼロ災運動の新たなる展開 茂木繁講義集』（中央労働災害防止協会）、『母の歌心 親心』（文芸社・編著）、『生き方のスケッチ 55の小宇宙』、『無事の効用』、『映像と本の光の花束』『随筆の玉手箱』（いずれもブイツーソリューション）などがある。

さくらと寅さん

二〇二五年二月一日 初版第一刷発行

著 者 茂木 繁
発行者 谷村勇輔
発行所 ブイツーソリューション
〒四六六・〇八四八
名古屋市昭和区長戸町四・四〇
電 話 〇五二・七九九・七三九一
FAX 〇五二・七九九・七九八四
発売元 星雲社（共同出版社・流通責任出版社）
〒一一二・〇〇〇五
東京都文京区水道一・三・三〇
電 話 〇三・三八六八・三二七五
FAX 〇三・三八六八・六五八八
印刷所 藤原印刷

万一、落丁乱丁のある場合は送料当社負担でお取替えいたします。ブイツーソリューション宛にお送りください。

ISBN978-4-434-34952-2